Die rechtsdogmatische Untersuchung der Anwendungsfälle des § 839a BGB in der Praxis

Europäische Hochschulschriften Recht

European University Studies in Law

Publications Universitaires Européennes de Droit

Band/Volume **6828**

Max H. Hofmann

Die rechtsdogmatische Untersuchung der Anwendungsfälle des § 839a BGB in der Praxis

mit Schwerpunkt der in der höchstrichterlichen Rechtsprechung entwickelten Fallgruppen

PETER LANG
Berlin · Bruxelles · Chennai · Lausanne · New York · Oxford

Bibliografische Information der Deutschen Nationalbibliothek
Die Deutsche Nationalbibliothek verzeichnet diese Publikation in der Deutschen Nationalbibliografie; detaillierte bibliografische Daten sind im Internet über http://dnb.d-nb.de abrufbar.

Zugl.: Würzburg, Univ., Diss., 2024

DE-20
ISSN (Print) 3052-8291
ISSN (eVersion) 3052-8305
ISBN 978-3-631-93679-5 (Print)
ISBN 978-3-631-93702-0 (ePDF)
ISBN 978-3-631-93703-7 (ePUB)
DOI 10.3726/b22854

Verlegt durch Peter Lang GmbH, Berlin (Deutschland)
info@peterlang.com

Diese Publikation wurde begutachtet.

www.peterlang.com

Vorwort

Die vorliegende Arbeit wurde im Wintersemester 2024/25 von der rechtswissenschaftlichen Fakultät der bayerischen Julius-Maximilians-Universität Würzburg als Dissertation angenommen. Für die Druckfassung konnten Rechtsprechung und Literatur bis zur Abgabe berücksichtigt werden.

Die Dissertation markiert den Abschluss meiner juristischen Ausbildung und stellt den Höhepunkt meiner bisherigen akademischen Laufbahn dar.

Meinen tiefsten Dank möchte ich den Menschen aussprechen, die mich auf dem Weg des Promotionsverfahrens begleitet und unterstützt haben.

Ich möchte meiner Doktormutter, *Frau Prof. Dr. Inge Scherer*, herzlich für die inspirierenden Anregungen zu diesem Thema und ihre ständige Unterstützung während der Promotion danken. Ihre intensive und sachverständige Betreuung hat wesentlich zum Gelingen der Arbeit beigetragen. *Frau Prof. Dr. Eva-Maria Kieninger* danke ich für die zügige Erstellung des Zweitgutachtens. Mein Dank gilt ebenso *Frau Prof. Dr. Caroline Rapatz*, die mir durch ihre Unterstützung sowie ihrem Engagement dabei geholfen hat, mein Promotionsvorhaben erfolgreich umzusetzen.

Für die Annahme in der Schriftenreihe *Europäische Hochschulschriften Recht* danke ich *Herrn Dr. Kurt Wallat*.

Bei *Juristisches Repetitorium hemmer* konnte ich wissenschaftliches Arbeiten mit meiner Promotion verbinden, wertvolle Erfahrungen sammeln und meine Forschungsergebnisse vertiefen. Für die kompetente Anleitung danke ich *Christine Hemmer* und *Achim Wüst*.

Ein besonderer Dank geht an meine Großeltern, *Rena* und *Erhard Rosenkranz*, deren finanzielle Unterstützung es mir ermöglicht hat, diese

Dissertation zu verwirklichen. Ihre Großzügigkeit und ihr Glaube an mich waren eine wichtige Stütze während des gesamten Prozesses.

Mein Bruder, *Leo Hofmann*, verdient ebenfalls meinen Dank; seine Geduld und sein Verständnis haben mir oft den nötigen Rückhalt gegeben, um mich auf meine Arbeit zu konzentrieren.

Die Arbeit widme ich meinen Eltern, *Julia* und *Knut Hofmann*, denen an dieser Stelle mein besonders herzlicher Dank gilt. Ihr verständnisvoller Rückhalt, ihre liebevolle Ermutigung und die wertvollen Ratschläge haben mich während der gesamten Promotion inspiriert und unterstützt.

Würzburg, Februar 2025 *Max H. Hofmann*

Inhaltsverzeichnis

Einleitung

„In einer immer stärker technisierten, spezialisierten und ausdifferenzierten Gesellschaft und Wirtschaftsordnung, deren komplexe und komplizierte nicht-juristische Fragestellung die zur Entscheidung berufenen Gerichte ohne sachkundige Unterstützung vielfach nicht zu erfassen vermögen, gewinnt die Tätigkeit gerichtlicher Sachverständiger zunehmend an Bedeutung."[1]

Um Sachverhalte rechtlich korrekt beurteilen zu können, greifen die Gerichte regelmäßig auf externe Expertisen zurück. Für ihre Überzeugungsbildung sind Richter auf die Fachkenntnisse und die Experteneinschätzungen der Sachverständigen angewiesen. Der Sachverständigenbeweis unterliegt der freien richterlichen Beweiswürdigung gem. der §§ 286 Abs. 1 ZPO, 261 StPO und 108 Abs. 1 VwGO. In der Praxis folgt das Gericht regelmäßig der substantiierten Einschätzung des Gutachters. Empirische Untersuchungen haben sogar ergeben, dass Richter ihre Entscheidungen zu 97% auf das vom Sachverständigen erarbeitete Gutachten stützen.[2] Für die Verfahrensbeteiligten sind korrekte, auf den Modalitäten der Begutachtung gründende Resultate des Sachverständigen gleichermaßen von signifikanter Relevanz. Damit nimmt der Sachverständige indirekt ganz entscheidend Einfluss auf den Prozessverlauf und dessen Ausgang. Man kann durchaus von einer Schlüsselrolle des Sachverständigen sprechen.

Die Notwendigkeit externer Sachkenntnisse besteht für nahezu alle Bereiche, in denen es zu Gerichtsverhandlungen kommt. Für die Verfahrensbeteiligten geht es regelmäßig um bedeutende Vermögensschäden und

---

1 FS *Horn/Katzenmeier*, S. 67 (67).

2 *Breunung*, in: *Pieper/Breunung/Stahlmann*, Sachverständige im Zivilprozeß, S. 258 ff.

grundlegende Rechtsgüter. Die sonderdeliktische Haftung des Sachverständigen für ein unrichtiges Gutachten wird seit 2002 durch § 839a BGB unter folgendem Wortlaut reglementiert:

§ 839a BGB Haftung des gerichtlichen Sachverständigen
(1) Erstattet ein vom Gericht ernannter Sachverständiger vorsätzlich oder grob fahrlässig ein unrichtiges Gutachten, so ist er zum Ersatz des Schadens verpflichtet, der einem Verfahrensbeteiligten durch eine gerichtliche Entscheidung entsteht, die auf diesem Gutachten beruht.
(2) § 839 Abs. 3 ist entsprechend anzuwenden.

Im Rahmen eines fachlichen und sachlichen Diskurses wird nachfolgend der Fokus auf die vornehmlich in der Praxis etablierten Anwendungsfälle des § 839a BGB gerichtet.

Es wird konstatiert, wie die verschiedenen Haftungsvoraussetzungen des § 839a BGB interpretiert werden, und ob die Vorschrift ggf. einer Analogiebildung zugänglich ist. Schwerpunkt ist dabei die repräsentative Darstellung und Analyse der höchstrichterlichen Rechtsprechung. Da die im Schrifttum vertretenen Auffassungen maßgeblich zum Diskurs beitragen und in der Rechtspraxis den Stimmen teilweise gefolgt wird, werden diese ebenfalls vertiefend für die Betrachtung herangezogen. In einem weiteren Schritt wird eruiert, inwieweit sich die höchstrichterlichen Erwägungen gegebenenfalls auf parallele Sachverhalte transferieren lassen.

Dabei kann auf einen Forschungsstand aufgebaut werden, der sich insuffizient mit den bestehenden Quaestiones Iuris befasst.

Erste umfangreiche wissenschaftliche Arbeiten zur Neuregelung der Sachverständigenhaftung liegen vor.[3] Bis heute werden zu § 839a BGB immer wieder rechtliche Aspekte und Reflektionen zu höchstrichterlichen Entscheidungen punktuell in der Wissenschaft diskutiert.[4] Eine vertiefte

---

[3] *Blankenhorn*, Die Neuregelung der Haftung des gerichtlichen Sachverständigen durch § 839 a BGB; *Schwab*, Haftung des gerichtlichen Sachverständigen : zur Auslegung des § 839a BGB; *Thole*, Die Haftung des gerichtlichen Sachverständigen nach § 839a BGB.

[4] Etwa *Brückner/Neumann*, MDR 2003, S. 906; *Finkelmeier*, NJW 2020, S. 2471; *Kilian*, ZGS 2004, S. 220; *Linz*, DS 2020, S. 271; *Thora*, VersR 2020, S. 1324; *Volze*, DS 2020, S. 235; *Wagner*, NJW 2002, S. 2049; *Wagner/Thole*, VersR 2004, S. 275; *Zimmermann*, DS 2007, S. 367; *Zimmermann*, BuW 2003, S. 154.

Analyse der ergangenen instruktiven höchstrichterlichen Rechtsprechungen steht bislang aus. In der Rechtsprechung und im Schrifttum unterliegen die Anwendungsfälle einer dynamischen Entwicklung. Insbesondere das Urteil des Bundesgerichtshofs vom 25. Juni 2020 hat einen erneuten rechtlichen Diskurs initiiert.

Die vorliegende Arbeit will vor allem die praktische Anwendung nach Einführung des § 839a BGB erörtern. Dabei werden die für die Praxis relevanten sowie prekären Fallgruppen einer kritischen Betrachtung unterzogen. Die zum Teil konträren Ansichten fordern eine empirische Auseinandersetzung mit der Rechtsprechung sowie den in der Literatur vertretenen Stimmen.

Darüber hinaus werden strittigen Punkte innerhalb einzelner Fallgruppen analysiert sowie Fallgruppen übergreifende Aspekte näher untersucht. Es kann vorweg festgestellt werden, dass erst durch die Praxis die Stärken und Schwächen des § 839a BGB deutlich werden.

Für eine präzise Erörterung werden die Fallgruppen strukturiert geordnet. Der Kern der Dissertation befasst sich mit der prägnanten Definition, der Herleitung, der Systematisierung sowie der Auslegung und Analyse der Fallgruppen. Eine antizipierte Determinierung der Entwicklung der Sachverständigenhaftung geht in eine systematische Untersuchung kontroverser Fallgruppen in der höchstrichterlichen Rechtsprechung, der Rechtsprechung der Untergerichte sowie der Literatur über. Dabei nehmen die Urteile des Bundesgerichtshofs sowie der Oberlandesgerichte eine zentrale Rolle ein. Mitunter wird erörtert, wie die höchstrichterliche Rechtsprechung die Entscheidungen der Untergerichte beeinflusst. Im Mittelpunkt der Untersuchung steht das für die Praxis grundlegende und richtungsweisende Urteil des Bundesgerichtshofs vom 25. Juni 2020,[5] das im Rahmen verschiedener Fallgruppen ausführlich besprochen wird. Innerhalb der Literatur werden die Ansichten der einzelnen Wissenschaftler dargestellt. Soweit eine größere Überschneidung vorliegt, werden die Ansichten thematisch geordnet. Die entsprechenden Stimmen werden getrennt dargestellt, sofern sie das gleiche Argument unter anderem Aspekt aufgreifen.

Im Fokus der Arbeit stehen die Fallgruppe des Wertgutachters im Zwangsversteigerungsverfahren, der staatsanwaltschaftlichen Ernennung in einem

---

5 *BGHZ* 226, 116.

Ermittlungsverfahren sowie die Verfahrenserledigung infolge eines Prozessvergleichs. Hier sind die höchstrichterlichen Rechtsprechungen richtungsweisend, zeigen aber gleichzeitig deutlich den nicht abgeschlossenen Anwendungsbereich des § 839a BGB auf. Daneben werden im Rahmen der höchstrichterlichen Rechtsprechung die Fallgruppe des Anerkenntnisses und Verzichts sowie der Rechtsmittelrücknahme herangezogen. Diese werden durch die Fallgruppen des Verwaltungsverfahrens, des Jugendamts in Verfahren nach § 8a SGB VIII sowie des selbstständigen Beweisverfahrens im Rahmen der Rechtsprechung der Untergerichte komplementiert.

Ergänzend werden die Fallgruppen der Verfahrenserledigung durch eine Klagerücknahme sowie einer beiderseitige Erledigungserklärung behandelt, die in der Literatur diskutiert werden. So können die einzelnen erheblichen Aspekte des § 839a BGB differenziert betrachtet werden.

Die Abschnitte gliedern sich in einen Rechtsprechungsreport, die Darstellung der im Schrifttum vertretenen Ansichten sowie ein anschließendes Zwischenergebnis mit Stellungnahme. Mitunter werden im Rahmen des Rechtsprechungsreports Entscheidungen von Untergerichten angeführt, die sich der höchstrichterlichen Ansicht angeschlossen haben. Evident parallele Fallgruppen werden jeweils im Anschluss an die entsprechende Fallgruppe untersucht, unabhängig davon, ob sich das entsprechende Ausgangsgericht mit der Fallgruppe auseinandergesetzt hat. Sofern es geboten ist, erfolgt im Rahmen der Stellungnahme eine gemeinsame Untersuchung der Rechtsprechung und Literatur.

Perspektivisch wird für einzelne Fallgruppen und fallgruppenübergreifend auf eine Konklusion hingewirkt. Diese Konklusionen betreffen insbesondere die Anwendbarkeit der Vorschrift auf strittige Fallgruppen sowie damit korrelierende Rechtsfragen.

Die Arbeit liefert neben einem Überblick auch eine Kommentierung der festgelegten Fallgruppen sowie einen rechtspolitischen Ausblick. Intention der Arbeit ist es, die Fallgruppen zu referieren und die stetig wachsende Bedeutung des Haftungstatbestandes des § 839a BGB für die Praxis zu verdeutlichen.

Als Methode der Theoriegewinnung wird eine logisch-deduktive und induktive Operation verfolgt. Für die Erkenntnisgewinnung wird von aufgestellten Prämissen auf Konklusionen hingearbeitet. Neben der erläuternden Darstellung der Fragestellung werden die Argumente der Rechtsprechung sowie der Wissenschaftsauffassungen in der Literatur auf ihre Richtigkeit geprüft und entkräftet bzw. bestätigt.

Die Arbeit verknüpft theoretische Konzepte und praktische Anwendungsfälle. Geleitet werden die Explikationen von einem Konsistenzpostulat. Somit steht kein ergebnisorientierter Zweckmäßigkeitsschluss, sondern die Einheitlichkeit und die Widerspruchsfreiheit der Resultate sowie eine saubere rechtsdogmatische Herleitung im Vordergrund. Hierfür werden kovariierende Aussagen zur Interpretation und Anwendbarkeit des § 839a BGB umfassend abgewogen.

ERSTER TEIL

Antizipierte Determinierung der Entwicklung der Sachverständigenhaftung zur Beurteilung der Fallgruppen

A. Entwicklung bis 2002

I. Amtshaftung

Der gerichtlich berufene Sachverständige übt nach einhelliger Auffassung keine hoheitliche Tätigkeit aus. Er ist regelmäßig kein Beamter im haftungsrechtlichen Sinne. Ein Amtshaftungsanspruch scheidet daher in der Regel mangels einer Amtspflichtverletzung i. S. v. § 839 Abs. 1 BGB aus.[6]

Gerichtssachverständige seien, so etwa *Jacobs*, „sowohl rechtsdogmatisch als auch rechtssystematisch als ‚Gehilfen des Gerichts' einzuordnen."[7]

Das Sachverständigengutachten trägt in einem gerichtlichen Verfahren im Wege der freien Beweiswürdigung nach den §§ 286 Abs. 1 ZPO, 261 StPO und 108 VwGO zur Überzeugungsbildung des Gerichts bei und beeinflusst so mittelbar die gerichtliche Entscheidung. Interpretationen sowie Schlussfolgerungen des Gutachtens obliegen ausschließlich dem Gericht.

II. Deliktische Haftung

Die Systematik des Deliktsrechts liefert für die Verfahrensbeteiligten bis in Kraft treten des § 839a BGB nur einen lückenhaften und unzureichenden Schutz. Der gerichtlich berufene Sachverständige ist weder einer einheitlichen noch einer abschließenden Haftung unterworfen. Vielmehr wird auf die allgemeinen Haftungsinstitute aus dem Deliktsrecht zurückgegriffen.

---

6 BT-Drucks. 14/7552, S. 27; *OLG Düsseldorf* NJW 1986, 2891; *Grüneberg/Sprau*, BGB, § 839a Rn. 1a, 2; *Staudinger/Wöstmann*, BGB, § 839a Rn. 2.

7 *Jacobs*, ZRP 2001, S. 489 (492).

Der haftungsbegründende Tatbestand des § 823 Abs. 1 BGB setzt die Verletzung eines absolut geschützten Rechtsguts voraus. Zwar sind die in § 823 Abs.1 BGB ausdrücklich angeführten absolut geschützten Rechtsgüter nicht abschließend. Die sonstigen Rechte gem. § 823 Abs. 1 BGB sind im Lichte des geltenden Enumerationsprinzips des Deliktsrechts allerdings eng auszulegen.[8]

Hierzu zählen gerade keine reinen Vermögensschäden, die allerdings in der Praxis den Regelfall darstellen.[9]

Für die Praxis daher weniger relevant ist der Haftungstatbestand des § 823 Abs. 1 BGB, der bei einer Verletzung eines absolut geschützten Rechtsguts auch im Falle einer fahrlässigen Falschbegutachtung eröffnet ist.

Vor Einfügung des § 839a BGB ist eine Haftungsbegründung maßgeblich an eine Beeidigung des Sachverständigen geknüpft. Der Sachverständige kann so nach § 823 Abs. 2 BGB i. V. m. den §§ 154 und 163 a. F. StGB in Anspruch genommen werden. Eine Qualifizierung der §§ 410 Abs. 1 ZPO und 79 Abs. 1 StPO als Schutzgesetze wird durch den Bundesgerichtshof hingegen abgelehnt.[10]

Nach den §§ 410 Abs. 1, 402, 391 ZPO und 79 Abs. 1 StPO ist ein Sachverständiger nicht obligatorisch zu vereidigen. Einer Haftung nach § 823 Abs. 2 BGB i. V. m. einem Schutzgesetz kommt daher selten praktische Bedeutung zu.

Erfolgt keine Beeidigung, kommt eine Haftung für Vermögensschäden nur nach § 826 BGB in Betracht.[11] Der Tatbestand setzt hier nach höchstrichterlicher Ansicht neben einer vorsätzlichen Schadenszufügung ein mindestens leichtfertiges, gewissenloses Vorgehen in Bezug auf den Sittenverstoß voraus und ist somit an hohe Anforderungen gekoppelt.[12]

III. Weigand Entscheidung

Eine zentrale Bedeutung für die Progression der Haftung des gerichtlich berufenen Sachverständigen kommt der höchstrichterlichen sog. „Weigand

---

8 *Grüneberg/Sprau*, BGB, Einf. v. § 823 Rn. 2, § 823 Rn. 11 ff.

9 BeckOGK/*Dörr*, BGB, § 839a Rn. 2.1; MüKoBGB/*Wagner*, § 839a Rn. 2.

10 BT-Drucks. 14/7552, S. 28; vgl. zu § 410 Abs. 1 ZPO: *BGHZ* 42, 313 (317 f.); vgl. zu § 79 StPO: *BGH* NJW 1968, 787 (788).

11 BT-Drucks. 14/7552, S. 28.

12 *BGH* NJW 2001, 3115 (3118).

Entscheidung" vom 18. Dezember 1973 zu.[13] Diese sieht starke Restriktionen im Rahmen der Sachverständigenhaftung nach § 823 Abs. 1 BGB für den Geschädigten vor.

Der Beklagte, ein medizinischer Sachverständiger, wird in einem gegen den Rechtsanwalt Dr. Weigand geführten Strafverfahren berufen.

Dieser diagnostiziert eine psychopathische progressive Querulanz sowie eine daraus resultierende vollumfängliche Unzurechnungsfähigkeit. Auf Grundlage dieses Gutachtens folgt das Gericht der Empfehlung des Sachverständigen und ordnet die Unterbringung in einer psychiatrischen und neurologischen Klinik an. Die Ergebnisse des Gutachtens werden durch die Pressestelle der Staatsanwaltschaft veröffentlicht. In dem sich anschließenden Hauptverfahren können weitere Sachverständige allerdings keine Einschränkung der Zurechnungsfähigkeit feststellen.

In einem Regressprozess gegen den Sachverständigen macht Weigand insbesondere den Ausgleich eines immateriellen Schadens geltend. Diese Ansprüche begründet er mit der Verletzung seines Persönlichkeitsrechts sowie seines Rechts auf persönliche Freiheit als Folgen des unrichtigen Gutachtens des Gerichtssachverständigen.[14]

Der Senat beschränkt den Haftungsmaßstab des gerichtlich berufenen Sachverständigen im Rahmen einer Haftung nach § 823 Abs. 1 BGB auf bloßes vorsätzliches Handeln. Diese haftungsrechtliche Privilegierung wird mit der Sonderstellung des Gerichtssachverständigen, die diesem in einem Prozess zukomme, begründet. Insbesondere müsse die innere Unabhängigkeit des Sachverständigen gewahrt werden. Zudem sei eine solche Beschränkung vor dem Hintergrund der Rechtssicherheit geboten. Denn es bestehe die Gefahr, dass ein rechtskräftig abgeschlossener Prozess über einen Regressanspruch gegenüber dem Sachverständigen wieder aufgerollt werde. Die Gutachtenerstattung des gerichtlichen Sachverständigen stelle eine staatsbürgerliche Pflicht dar. Privatrechtliche Belange seien demgegenüber sekundär.[15]

---

13 *BGHZ* 62, 54.
14 Ebd. (54 f.).
15 Ebd. (57 ff.).

Eine Haftung des Sachverständigen für ein grob fahrlässig erstattetes Gutachten könne sich lediglich nach § 826 BGB begründen, sofern ein Schadenseintritt billigend in Kauf genommen wird.[16]

Diese Rechtsauffassung des Senats führt somit zu einer nahezu völligen Determinierung des Anwendungsspielraumes des § 823 Abs. 1 BGB, der ohnehin nur in Einzelfällen herangezogen wird.

Das Urteil wird zunächst in der Literatur kontrovers diskutiert. In der Rechtsprechung wird es weitestgehend abgelehnt. Dabei werden vor allem verfassungsrechtliche Bedenken geäußert.[17]

Letztlich hebt das Bundesverfassungsgericht das Revisionsurteil des Bundesgerichtshofs mit Entscheidung vom 11. Oktober 1978 auf. Soweit der Sachverständige von einer Haftung für grob fahrlässiges Handeln freigestellt wird, proklamiert der Senat einen Verstoß gegen die Grenzen richterlicher Rechtsfortbildung.[18]

IV. Reformbestrebungen

Zunächst stark durch die Rechtsprechung geprägt, wird die Idee einer einheitlichen Sachverständigenhaftung immer wieder von der Regierung aufgenommen.

Nach der Gründung einer Kommission für das Zivilprozessrecht 1964, die durch den ehemaligen Bundesjustizminister Ewald Bucher einberufen wird, gibt es erste Impulse für eine Reformierung der Haftung für den gerichtlich berufenen Sachverständigen.

Im Jahr 1977 veröffentlicht die Kommission einen ersten Gesetzesentwurf für eine mögliche Haftungsregelung des gerichtlich berufenen Sachverständigen in Form des § 839a BGB-E. Dieser sieht eine Ersatzpflicht des Prozesssachverständigen vor, sofern einem der Prozessbeteiligten durch eine das Verfahren abschließende Entscheidung, die wiederrum auf einem

---

16 Ebd. (62).

17 *Arndt*, DRiZ 1973, S. 272 (272 f.); *Arndt*, DRiZ 1974, S. 185 (186); *Blomeyer*, Schadensersatzansprüche des im Prozeß Unterlegenen wegen Fehlverhaltens Dritter, S. 117 ff.; *Blomeyer*, ZRP 1974, S. 214 (215 ff.); *Damm*, JuS 1976, S. 359 (359 ff.); *Franzki*, DRiZ 1976, S. 97 (101); *Hellmer*, NJW 1974, S. 556 (556 f.); *Hopt*, JZ 1974, S. 548 (551 ff.); *Raseborn*, NJW 1974, S. 1172 (1173 f.).

18 *BVerfGE* 49, 304 (304 ff.).

unrichtigen Gutachten beruht, ein Schaden entsteht. § 839a BGB-E entspricht in weiten Teilen dem heute gültigen § 839a BGB.[19]

Die zu § 839a BGB entwickelten Ansätze werden in der 13. Legislaturperiode in den Gesetzesentwurf zum Zweiten Schadensersatzrechtsänderungsgesetz vom 21. April 1998 inkludiert. Die Vorschrift wird dabei um ihren heutigen, auf § 839 Abs. 3 BGB verweisenden, Abs. 2 ergänzt.[20]

Allerdings verfällt der Entwurf der Diskontinuität, sodass mit Ablauf der 13. Legislaturperiode keine Regelung beschlossen wird.[21]

In der 14. Legislaturperiode werden die Reformbestrebungen erneut aufgenommen. Der Gesetzesentwurf findet diesmal seinen Anstoß durch den Bundesrat, der die Gesetzesvorlage und insbesondere § 839a BGB in unveränderter Fassung beim Bundestag einbringt.[22] Das Gesetzgebungsverfahren wird mit der Verkündung des § 839a BGB am 19. Juli 2002 abgeschlossen.[23]

V. Übergangsvorschrift Art. 229 § 8 Abs. 1 Nr. 2 EGBGB

Als Übergangsvorschrift dient Art. 229 § 8 Abs. 1 Nr. 2 EGBGB. Dieser wird durch Art. 12 des Zweiten Gesetzes zur Änderung schadensersatzrechtlicher Vorschriften vom 19. Juli 2002 in das EGBGB eingefügt.[24]

Als intertemporale Kollisionsnorm regelt die Vorschrift das Verhältnis der konkurrierenden Rechtsnormen in zeitlicher Hinsicht. Sie definiert, ob sich die Haftung aus dem neu eingefügten § 839a BGB oder dem bis dato maßgeblichen allgemeinen Deliktsrecht ergibt. Dem Wortlaut des Art. 229 § 8 Abs. 1 EGBGB nach ist § 839a BGB anzuwenden, wenn das schädigende Ereignis nach dem 31. Juli 2002 eingetreten ist.[25]

Hinsichtlich der konkreten Definition des schädigenden Ereignisses i. S. d. Art. 229 § 8 Abs. 1 EGBGB bzw. dem maßgeblichen Zeitpunkt werden unterschiedliche Rechtsaufassungen vertreten.

---

19 Bericht der Kommission für das Zivilprozessrecht, S. 142 f. (358).
20 BT-Drucks. 13/10435, S. 4, 18.
21 *Tödtmann/Schwab*, DS 2012, S. 302 (303).
22 BR-Drucks. 742/01, S. 8, 68 ff.
23 BGBl. 2002 I, S. 2674 (2675).
24 Ebd. (2680).
25 Ebenso BT-Drucks. 14/7552, S. 44.

Der Bundesgerichtshof vertritt die Rechtsauffassung, dass die gerichtliche Entscheidung das schädigende Ereignis i. S. v. Art. 229 § 8 Abs. 1 EGBGB darstelle.[26]

Demgegenüber sieht die im Schrifttum überwiegend vertretene Ansicht dieses in der Erstattung des Gutachtens.[27] Insbesondere in der Rechtsprechung der Untergerichte kommt es zu einer Manifestierung dieser Ansicht.

So vertreten das Oberlandesgericht Brandenburg mit Urteil vom 11. November 2009 sowie das Oberlandesgericht Zweibrücken mit Urteil vom 10. Dezember 2013 die Ansicht, dass sich das schädigende Ereignis nach der zum Schadensersatz verpflichtenden Handlung bestimme.[28]

Letztlich ist der Meinungsstreit nicht mehr relevant, da sich die neu hinzutretenden rechtlichen Sachverhalte maßgeblich nach § 839a BGB richten.[29] Eine kollisionsrechtliche Abgrenzung ist daher obsolet.

---

[26] *BGH* NJW 2004, 3488 (3489).

[27] BeckOGK/*Dörr*, BGB, § 839a Rn. 91; *Geigel/Haag*, Haftpflichtprozess, Kap. 34 Rn. 2; *Kilian*, VersR 2003, S. 683 (688); MüKoBGB/*Oetker*, EGBGB, Art. 229 § 8 Rn. 2; MüKoBGB/*Wagner*, § 839a Rn. 47; *Soergel/Spickhoff*, BGB, § 839a Rn. 53.

[28] *OLG Zweibrücken* BeckRS 2015, 16524; *OLG Brandenburg* BeckRS 2009, 86068.

[29] BeckOGK/*Dörr*, BGB, § 839a Rn. 91; MüKoBGB/*Oetker*, EGBGB, Art. 229 § 8 Rn. 2.

B. Entwicklung seit 1. August 2002

I. Einführung § 839a BGB

§ 839a BGB wird durch Art. 2 Nr. 5 des Zweiten Gesetzes zur Änderung schadensersatzrechtlicher Vorschriften vom 19. Juli 2002 in das BGB eingefügt und tritt am 1. August 2002 in Kraft.[30]

Demnach haftet ein vom Gericht ernannter Sachverständiger für ein vorsätzlich oder grob fahrlässig unrichtig erstattetes Gutachten, wenn einem Verfahrensbeteiligten durch eine auf dem Gutachten beruhende gerichtliche Entscheidung ein Schaden entsteht.

Mit § 839a BGB wird erstmals ein Haftungstatbestand etabliert, der speziell die Haftung des gerichtlich berufenen Sachverständigen regelt und das inkonsistente Haftungssystem durch ein einheitliches Haftungskonzept substituiert.

Die Vorschrift statuiert eine abschließende deliktische Haftung des gerichtlichen Sachverständigen unter Berücksichtigung der bis dahin massiv divergierenden Haftung privat und gerichtlich beauftragter sowie beeideter und nicht beeideter Sachverständiger.

§ 839a BGB kommt sowohl eine Erweiterungsfunktion als auch eine Beschränkungsfunktion zu.[31]

Für die Fälle, in denen der Sachverständige ein öffentliches Amt ausübt, richtet sich die Haftung nach § 839 BGB, der § 839a BGB als lex specialis verdrängt.

---

30 BGBl. 2002 I, S. 2674 (2680).

31 MüKoBGB/*Wagner*, § 839a Rn. 3.

II. Allgemeine Definition der Tatbestandsmerkmale des § 839a Abs. 1 BGB

1. Definition des gerichtlich berufenen Sachverständigen in einem gerichtlichen Verfahren

Der Sachverständigenhaftung kann gem. § 839a Abs. 1 BGB nur ein vom Gericht ernannter Sachverständiger im gerichtlichen Verfahren unterliegen. Es ist festzustellen, wie diese Haftungsvoraussetzung zu definieren ist und auf welche konkreten Sachverhalte dies zutrifft. Im Übrigen ist diese Haftungsvoraussetzung gegenüber nicht einschlägigen Fällen abzugrenzen.

§ 839a BGB knüpft, so *Dörr*, „an die Bestimmungen des Sachverständigenbeweises in den Verfahrensordnungen aller Gerichtszweige an."[32] Dabei würden in einem Zivilverfahren die §§ 402 ff. ZPO herangezogen werden. In den Verfahrensordnungen der Arbeitsgerichte, der Verwaltungsgerichte, der Sozialgerichte und der Finanzgerichte werde für die Erbringung des Sachverständigenbeweises entsprechend auf die Vorschriften der ZPO verwiesen.[33] Gleiches gelte für Verfahren in Familiensachen sowie in den Angelegenheiten der freiwilligen Gerichtsbarkeit.[34] In Bußgeldverfahren werde für die Erbringung des Sachverständigenbeweises hingegen entsprechend auf die in einem Strafverfahren maßgeblichen Vorschriften der §§ 72 ff. StPO Bezug genommen.[35] Grundsätzlich gelte § 839a Abs. 1 BGB unabhängig von einer bestimmten Verfahrensart. Es komme daher nicht etwa auf die Erstattung eines Gutachtens durch den gerichtlich ernannten Sachverständigen im Erkenntnisverfahren an.[36]

Nach *Wagner* richtet sich die Ernennung des Sachverständigen in einem Zivilprozess nach den §§ 358, 358a S. 2 Nr. 4 und 359 ZPO. Sie erfolge regelmäßig gem. § 358 ZPO in Form eines Beweisbeschlusses. Ein förmlicher Beschluss müsse allerdings nicht zwingend ergehen. So könne das Tatbestandsmerkmal des gerichtlich berufenen Sachverständigen etwa auch auf geladene Zeugen zutreffen. Dies sei bei solchen Zeugen der Fall, die

---

32 BeckOGK/*Dörr*, BGB, § 839a Rn. 9.
33 Siehe: §§ 46 Abs. 2 S. 1 ArbGG, 98 VwGO, 118 Abs. 1 SGG und 82 FGO.
34 Siehe: §§ 29 und 30 FamFG.
35 Siehe: § 71 Abs. 1 OWiG.
36 BeckOGK/*Dörr*, BGB, § 839a Rn. 9.

im Verlauf des Verfahrens durch das Gericht als Sachverständige bestimmt werden würden.

Die Haftungsregelung des § 839a Abs. 1 BGB knüpfe so lediglich an die gerichtliche Bestimmung als Sachverständigenbeweis an. In strafprozessualen Gerichtsverfahren ergehe zur Ernennung des Sachverständigen hingegen regelmäßig eine einfache Beweisanordnung durch den Vorsitzenden des Strafgerichts. Auch *Wagner* sieht § 839a BGB „über zivil- und strafprozessuale Erkenntnisverfahren hinaus im Rahmen sämtlicher Gerichtsverfahren"[37] für anwendbar an.[38]

Brückner und *Neumann* merken an: „§ 839a BGB gilt ausschließlich für den durch ein staatliches Gericht in einem gerichtlichen Verfahren gleich welcher Art bestellten Sachverständigen und orientiert sich hierbei am Wortlaut des § 404 Abs. 1 S. 2 und 3 ZPO sowie des § 407 Abs. 1 ZPO."[39] Maßgeblich für eine Anwendung des § 839a BGB sei daher die Ernennung durch das Gericht.[40]

Abzugrenzen ist der gerichtlich berufene Sachverständige vom privat beauftragten Sachverständigen. Die Schadensersatzhaftung privat beauftragter Sachverständiger richtet sich gerade nicht nach § 839a Abs. 1 BGB.

Ausgangspunkt für diese Differenzierung sind nach *Wagner* die divergierenden Rechtsstellungen von gerichtlich und privat beauftragten Sachverständigen. Privat beauftragte Gutachter seien einer vertraglichen Schadensersatzhaftung unterworfen. Zwischen Privatgutachtern und der kontrahierenden Partei werde ein Werkvertrag i. S. d. §§ 631 ff. BGB geschlossen. Der privat beauftragte Sachverständige könne im Falle einer Schlechtleistung aus den vertraglichen Schadensersatzansprüchen insbesondere gem. der §§ 634, 280 und 281 BGB in Anspruch genommen werden.

Gegenüber weiteren Verfahrensbeteiligten sei die Haftung höchstrichterlich über die Grundsätze des Vertrags mit Schutzwirkung zugunsten Dritter erweitert worden.[41]

Etwas anderes gilt nach *Dörr* für gerichtlich berufene Sachverständige. Dieser kontrahiere weder mit den Prozessparteien noch mit dem Gericht

---

37 MüKoBGB/*Wagner*, § 839a Rn. 7.
38 Ebd.
39 *Brückner/Neumann*, MDR 2003, S. 906 (907).
40 Ebd.
41 MüKoBGB/*Wagner*, § 839a Rn. 2.

und sei daher gegenüber den Parteien des Rechtsstreites sowie etwaiger Verfahrensbeteiligter keiner Vertragshaftung unterworfen. Daher komme von vornherein nur eine deliktische Haftung des Gerichtssachverständigen in Betracht.[42]

Dabei wird durch *Wagner* unterstrichen: „Das Deliktsrecht wiederum eignete sich nur in eng begrenztem Rahmen als Grundlage für Schadensersatzbegehren. Da in den allermeisten Zivilprozessen allein Vermögensinteressen auf dem Spiel stehen, haftete der Sachverständige nur für vorsätzlich-sittenwidrige Schädigung nach § 826. Die allgemeine Fahrlässigkeitshaftung nach § 823 Abs. 1 kam nur in den seltenen Fällen von Eingriffen in subjektive Rechte eines Verfahrensbeteiligten in Betracht, etwa bei zwangsweiser Unterbringung in einer psychiatrischen Anstalt."[43] Einer Haftung aus § 823 Abs. 2 BGB i. V. m. einem Schutzgesetz komme in der Praxis kaum Relevanz zu.[44]

Nach *Zimmermann* wird durch den gerichtlichen Hoheitsakt zwischen dem Sachverständigen und dem Staat als Rechtsträger der Gerichtsbarkeit „ein besonderes und auf das jeweilige Verfahren beschränktes öffentlich-rechtliches Rechtsverhältnis auf dem Gebiet des Prozessrechts begründet."[45]

Teilweise wird vertreten, dass zwischen dem Gericht und dem Sachverständigen ein öffentlich-rechtliches vertragsähnliches Schuldverhältnis bestehe. Nach *Heumann* können sich aus diesem Verhältnis Schutzwirkungen für die Verfahrensbeteiligten ergeben.[46]

Jankowski geht von einem öffentlich-rechtlichen Vertrag aus. Als Argument wird dabei unter anderem der Wortlaut des § 8 JVEG genannt, der von einer Vergütung bzw. einem Honorar spreche.

Auch auf den Vergütungsanspruch gem. § 8 Abs. 1 JVEG als sinngemäßen Leistungsanspruch sowie den komplementären Leistungsbegriff i. S. v. § 8 Abs. 3 JVEG wird durch *Jankowski* abgestellt. Somit werde ein Austauschverhältnis suggeriert.[47]

---

42 BeckOGK/*Dörr*, BGB, § 839a Rn. 1.
43 MüKoBGB/*Wagner*, § 839a Rn. 2.
44 Ebd.
45 *Zimmermann*, DS 2007, S. 367 (368).
46 *Heumann*, FuR 2002, S. 483 (488 f.).
47 *Jankowski*, NZBau 2006, S. 96 (97 f.).

2. Definition der gerichtlichen Entscheidung

a. Historisch-genetische Auslegung des Tatbestandsmerkmals

Die Begriffsbestimmung der gerichtlichen Entscheidung ist durch einen progressiven juristischen Meinungsbildungsprozess geprägt.

Bereits in der 13. Legislaturperiode wird ein erster Gesetzesentwurf zu § 839a BGB durch die Bundesregierung eingebracht. Dieser sieht noch eine „das Verfahren abschließende Entscheidung" als Haftungsvoraussetzung vor.[48] Im Beschluss des Bundesrats wird diese Fassung beibehalten.[49]

Der Bundesrat distanziert sich erst in einer anschließenden Stellungnahme ausdrücklich von diesem Wortlaut.[50]

In der Stellungnahme des Bundesrats heißt es dazu: „Die Beschränkung der Ersatzpflicht des Sachverständigen auf den Schaden, der Verfahrensbeteiligten durch eine das Verfahren abschließende gerichtliche Entscheidung entsteht, ist nicht sachgerecht und sollte entfallen."[51] Damit sollen durch § 839a BGB auch vorläufige gerichtliche Entscheidungen insbesondere im Rahmen der freiwilligen Gerichtsbarkeit erfasst werden. Dabei wird argumentiert, dass diese ebenfalls mit einem starken Eingriff in die Rechte der Betroffenen verbunden sein könnten. Explizit genannt wird etwa eine vorläufige Unterbringung. Beruhe eine solche vorläufige Unterbringung auf einem vorsätzlich unrichtig erstatteten Gutachten, erscheine es ungerechtfertigt, sofern keine Schadensersatzpflicht begründet werde. Auch darüber hinaus könnten durch vorläufige gerichtliche Entscheidungen irreversible Schäden entstehen.

Daneben lässt diese Fassung des § 839a BGB, so der Bundesrat, hinsichtlich der Formulierung „Verfahren" Raum für Interpretationen. Aus dieser Formulierung gehe nicht klar hervor, ob es auch ein, auf einem unrichtigen Gutachten beruhendes, Teil- und Vorbehaltsurteil einschließe. An ein solches Urteil knüpfe regelmäßig erst ein das Verfahren abschließendes Schlussurteil an.

---

48 BT-Drucks. 10/435, S. 4.
49 BR-Drucks. 265/98, S. 9.
50 BT-Drucks. 13/10766, S. 5.
51 Ebd.

Auch seien Entscheidungen des Revisionsgerichts, die auf einem in der Tatsacheninstanz erstatteten Gutachten beruhen, zu berücksichtigen. Hier scheine sich ebenfalls eine Haftung des Sachverständigen zu empfehlen.

Vor diesem Hintergrund wird von der Haftungsvoraussetzung einer verfahrensabschließenden Entscheidung abgesehen.[52]

Zudem wird betont, dass, sofern sich die Parteien nach einer gerichtlichen Entscheidung verglichen, die gerichtliche Entscheidung nicht kausal für einen späteren Schaden sei.[53]

Der Stellungnahme des Bundesrats wird in der Gegenäußerung der Bundesregierung dann zugestimmt.[54]

Das Gesetzgebungsverfahren kommt in der laufenden Legislaturperiode zu keinem Abschluss. In der 14. Legislaturperiode wird diese Fassung jedoch dann in den Gesetzentwurf der Bundesregierung integriert.[55] Die abschließende Fassung zu § 839a BGB, die in die Systematik des Deliktsrecht eingegliedert wird, sieht eine Haftungsbegründung vor, sofern das Verfahren durch eine gerichtliche Entscheidung abgeschlossen wird.

Generell kann aus der Festlegung des Gesetzgebers auf den konkreten Wortlaut im Gesetzgebungsprozess darauf geschlossen werden, dass eine Reduktion des Tatbestandsmerkmals durch den Gesetzgeber nicht gewollt ist. Vielmehr lässt sich durch eine historisch-genetische Auslegung feststellen, dass eine weite Auslegung des Begriffs der gerichtlichen Entscheidung den gesetzgeberischen Willen widerspiegelt. Die Anwendungsfälle werden somit eindeutig erweitert.

b. Literatur

Eine weitere konstitutive Voraussetzung der Haftungsbegründung des § 839a Abs. 1 BGB ist der Erlass einer auf einem unrichtigen Gutachten beruhenden gerichtlichen Entscheidung.

---

52 Ebd.

53 Ebd., S. 6.

54 Ebd., S. 9.

55 BT-Drucks. 14/7552, S. 6.

In der Literatur herrscht Einigkeit darüber, dass jede gerichtliche Entscheidung eine Haftung nach § 839a Abs. 1 BGB begründen kann.[56]

Nach *Dörr* stellt § 839a Abs. 1 BGB keine besonderen Voraussetzungen an eine gerichtliche Entscheidung. Insbesondere müsse eine gerichtliche Entscheidung nicht dem Spruchrichterprivileg unterliegen. Eine Bezugnahme auf § 839 Abs. 2 S. 1 BGB unterbleibe.[57]

In einem gemeinsamen Aufsatz beziehen sich *Wagner* und *Thole* auf die oben erörterte Festlegung des Gesetzgebers auf den Wortlaut. Aus dieser Festlegung lasse sich ableiten, dass es nicht auf eine Entscheidung ankomme, die ein gerichtliches Verfahren abschließe, ihr also eine Instanz beendende Wirkung zukomme. Demnach zählen zu einer gerichtlichen Entscheidung i. S. v. § 839a BGB auch vorläufige Entscheidungen, insbesondere einstweilige Anordnungen im Familienverfahren.[58]

Ebenso bedarf eine gerichtliche Entscheidung nach *Wagner*[59] und *Haag*,[60] unter Verweis auf die identische Begründung, keiner besonderen Form. Die gerichtliche Entscheidung könne in Form eines Urteils, eines Beschlusses oder einer Verfügung ergehen.

Kilian führt in einem maßgeblichen Aufsatz an, dass nicht rechtskräftige und nicht rechtskraftfähige Entscheidungen eine Haftung nach § 839a Abs. 1 BGB auslösen könnten.[61]

---

56 BeckOGK/*Dörr*, BGB, § 839a Rn. 45; *Erman/Mayen*, BGB, § 839a Rn. 9; MüKoBGB/*Wagner*, § 839a Rn. 24; *Soergel/Spickhoff*, BGB, § 839a Rn. 33; *Staudinger/Wöstmann*, BGB, § 839a Rn. 15 f..

57 BeckOGK/*Dörr*, BGB, § 839a Rn. 45.

58 *Wagner/Thole*, FPR 2003, S. 521 (523).

59 MüKoBGB/*Wagner*, § 839a Rn. 24.

60 *Geigel/Haag*, Haftpflichtprozess, Kap. 34 Rn. 8.

61 *Kilian*, ZGS 2004, S. 220 (224); anders *Kilian*, VersR 2003, S. 683 (686), der vor dem Hintergrund des Verweises auf § 839 Abs. 3 BGB auf die Rechtskraftfähigkeit der Entscheidung abstellt.

ZWEITER TEIL

Untersuchung kontroverser Fallgruppen in der höchstrichterlichen Rechtsprechung

A. Wertgutachter im Zwangsversteigerungsverfahren

I. Höchstrichterliche Rechtsprechung

1. BGH, III. Zivilsenat, Urteil vom 6. Februar 2003, NVwZ-RR 2003, 401

Der durch einen Gutachterausschuss im Rahmen einer Zwangsversteigerung ermittelte Verkehrswert eines Grundstücks wird durch das beauftragende Gericht festgesetzt. Der Kläger ersteigert das Grundstück, trägt später jedoch vor, dass es sich bei dem Wohnhaus und dem ausgebauten Stallgebäude um Schwarzbauten handele und sich zu beseitigender Bauschutt auf dem Grundstück befinde.[62]

Der Senat weist auf die Einfügung des § 839a BGB hin, merkt allerdings an, dass sich die Ersatzpflicht des Sachverständigen gem. der intertemporalen Kollisionsnorm in casu nicht nach der sonderdeliktischen Haftungsnorm richte.[63]

Nach Ansicht des Senats richtet sich ein Anspruch letztlich nach § 839 BGB i. V. m. Art. 34 S. 1 GG gegen das beklagte Bundesland als Rechtsträger des in seiner Funktion als gerichtlicher Sachverständiger tätig werdenden Gutachterausschusses.[64]

Insbesondere seien die im Rahmen einer Zwangsversteigerung bestehenden Amtspflichten sowohl gegenüber den nach § 9 ZVG förmlichen

---

62 *BGH* NVwZ-RR 2003, 401 (401).
63 Ebd. (402).
64 Ebd. (401).

Verfahrensbeteiligten als auch gegenüber den Bietern drittgerichtet.[65] Grundsätzlich solle mit der gerichtlichen Wertermittlung und -festsetzung zwar eine Verschleuderung des Grundbesitzes obstruiert werden. Dem widerspreche es jedoch nicht, auch die Interessen des Ersteigerers zu schützen, indem den betroffenen Amtspflichten auch gegenüber dem Ersteigerer eine Drittbezogenheit zukomme. Ungeachtet des Ausschlusses von Gewährleistungsansprüchen nach § 56 S. 3 ZVG dürfe der Ersteher „in schutzwürdiger Weise darauf vertrauen, daß das Gericht bei der Festsetzung des Grundstückswerts, die die Grundlage für die Höhe des Gebots bildet, mit der erforderlichen Sorgfalt verfahren ist."[66]

Auch den in diesem Fall als gerichtlichen Sachverständigen hinzugezogenen Gutachterausschuss würden im Rahmen der Wertermittlung nach § 74a Abs. 5 ZVG Amtspflichten treffen. Hinsichtlich der dargestellten Erwägungen sei der Ersteigerer vom Kreis der geschützten Dritten dieser Amtspflichten erfasst.[67]

Bereits mit Entscheidung vom 13. September 2001[68] sei der Senat zu dem Entschluss gekommen, dass der geschützte Kreis der Dritten im Rahmen der das Versteigerungsgericht treffenden Amtspflicht zur Einhaltung der gesetzlichen Vorschriften im Zwangsversteigerungsverfahren auch den Ersteigerer erfasse.

Dieser dürfe auch mit Blick auf einen Anfechtungsausschluss nach § 74a Abs. 5 S. 4 ZVG, der lediglich der Sicherung der Bestandskraft des Zuschlagsbeschlusses diene und daher keinen Einfluss auf haftungsrechtliche Frage nehme, in schutzwürdiger Weise auf eine sachgemäße und korrekte Wertermittlung vertrauen. Die Drittbezogenheit der Amtspflichten des mit der Wertermittlung beauftragten Gutachterausschusses sei kongruent zu denen des Gerichts bei der Wertfestsetzung.[69]

Hinsichtlich des Umfangs der Schadensersatzpflicht bestätigt der Senat die Auffassung des Berufungsgerichts, dass der Geschädigte „einen Anspruch darauf hat, so gestellt zu werden, als hätte er das Objekt nicht ersteigert."[70]

---

65 So bereits *BGH* NJW-RR 2002, 124 m. w. N.
66 *BGH* NVwZ-RR 2003, 401 (402).
67 Ebd. (401 f.).
68 *BGH* NJW-RR 2002, 307 (307 f.).
69 *BGH* NVwZ-RR 2003, 401 (402).
70 Ebd. (403).

2. BGH, VI. Zivilsenat, Urteil vom 20. Mai 2003, NJW 2003, 2825

Auf Grundalge des erstatteten Gutachtens wird ein Verkehrswert durch das Vollstreckungsgericht festgesetzt. Nachdem der Kläger vor dem Versteigerungstermin in das Gutachten einsehen konnte, gibt er ein Gebot für das Grundstück ab. Nach der Ersteigerung trägt der Kläger vor, das dem Grundstück ein geringerer objektiver Wert zukomme, als im Gutachten ermittelt und er bei Kenntnis dessen ein niedrigeres Angebot abgegeben hätte. Der Kläger macht Schadensersatz gegen einen gerichtlich berufenen Wertgutachter für Grundstücke wegen sittenwidriger vorsätzlicher Schädigung geltend.[71]

Der Senat lässt erkennen, dass sich die Haftung eines gerichtlich berufenen Wertgutachters grundsätzlich nach § 839a BGB begründe. Insbesondere ein Anspruch gem. § 839 BGB komme nicht in Betracht. „Gerichtliche Sachverständige werden, auch wenn sie öffentlich bestellt sind (...), durch die gerichtliche Beauftragung nicht Beamte im haftungsrechtlichen Sinn.“[72] Der Gutachter werde auch mit Blick auf die Sachverständigenpflicht gem. § 407 Abs. 1 ZPO als Privatperson tätig.

§ 839a Abs. 1 BGB komme in dem vorliegenden Streitfall nicht zur Anwendung, da das schädigende Ereignis i. S. d. intertemporalen Kollisionsnorm Art. 229 § 8 Abs. 1 EGBGB nach dem 31. Juli 2002 eingetreten ist. Die Ersteigerung des Grundstücks sei aber im Vorfeld erfolgt. Die Haftung für die durch das fehlerhafte Gutachten entstandenen Vermögensschäden richte sich daher noch nach dem allgemeinen Deliktsrecht.[73]

3. BGH, III. Zivilsenat, Beschluss vom 16. September 2004, NJW 2004, 3488

Ein gerichtlich berufener Grundstücksachverständiger erstattet in einem selbstständigen Beweisverfahren ein Wertgutachten, auf dessen Grundlage das Zwangsversteigerungsgericht den Verkehrswert des Grundstücks festsetzt. Die Antragsteller erhalten den Zuschlag. Sie machen geltend, der Gutachter habe Gebäudemängel und -schäden nicht in die Wertermittlung miteinbezogen. Hierdurch sei ein Mehraufwand in Höhe von 50.000 € entstanden.

---

[71] *BGH* NJW 2003, 2825 (2825 f.).

[72] Ebd. (2826).

[73] Ebd.

In einem sich anschließenden Verfahren weist das Landgericht Kiel einen Antrag auf Einholung eines weiteren Sachverständigengutachtens zurück. Eine sofortige Beschwerde der Antragsteller bleibt ohne Erfolg. Über eine Rechtsbeschwerde wird das Begehren durch die Antragsteller weiterverfolgt.[74]

Das Oberlandesgericht Schleswig habe eine Haftungsbegründung nach § 839a BGB unter Berücksichtigung folgender Erwägungen ausgeschlossen:

Insbesondere eine haftungsbegründende Kausalität zwischen Wertgutachten und Zuschlag sei abzulehnen. Ein Wertfestsetzungsverfahren stelle ein selbstständiges Nebenverfahren dar. Werde ein unzutreffender Grundstückswert festgesetzt, wirke sich dies nicht auf die materielle Richtigkeit des Zuschlagsbeschlusses aus.

Zudem könne ein Zuschlag gem. § 74a Abs. 5 S. 4 ZVG nicht mit der Begründung angefochten werden, dass der Grundstückswert unrichtig festgesetzt worden sei. Hieraus leite das Oberlandesgericht Schleswig ab, dass lediglich ein rechtskräftiger Wertfestsetzungsbeschluss auf einem unrichtigen Gutachten beruhen könne. Ein Schaden könne aber lediglich durch einen Zuschlagsbeschluss herbeigeführt werden.[75]

Der erkennende Senat führt weiter aus:

Eine Anwendung des § 839a BGB sei mit Blick auf die intertemporale Kollisionsnorm des Art. 229 § 8 Abs. 1 EGBGB nicht ausgeschlossen. Die Ersteigerung des Grundstücks als maßgebliches Schadensereignis sei nach dem 3. Juli 2002 erfolgt.

Zwar merkt der Senat an, dass er mit Urteil vom 6. Februar 2003[76] sowie Urteil vom 20. Mai 2003[77] für die vorliegend konzipierte Fallgestaltung eine Anwendbarkeit des § 839a BGB erwogen habe. Jedoch klärt der Bundesgerichtshof die bestehenden Rechtsfragen nicht abschließend, da dies mit einer Vorwegnahme der Hauptsache einhergehe.[78]

4. BGH, III. Zivilsenat, Urteil vom 9. März 2006, BGHZ 166, 313

Die Kläger machen Schadensersatz gegen einen in einem Zwangsversteigerungsverfahren durch ein Gerich betrauten Wertgutachter für Grundstücke

[74] *BGH* NJW 2004, 3488 (3488).
[75] Ebd. (3489).
[76] *BGH* NVwZ-RR 2003, 401.
[77] *BGH* NJW 2003, 2825.
[78] *BGH* NJW 2004, 3488 (3489).

geltend. Der durch den Gutachter ermittelte Verkehrswert des Grundstücks wird durch das Gericht festgesetzt. Den Klägern als Meistbietende wird das Grundstück zugeschlagen. Diese erklären, das Grundstück zu einem niedrigeren Gebot hätten ersteigern können, da der Gutachter grob fahrlässig einen fehlerhaften Wert kalkuliert habe.[79]

Der Senat führt ausdrücklich an, dass sich die Haftung des Wertgutachters nach den Voraussetzungen des § 839a BGB begründe.[80] Die Vorschrift verdränge insbesondere die bisherige allgemeine Deliktshaftung.[81]

Im Weiteren klassifiziert der Senat den Meistbietenden entschieden als Verfahrensbeteiligten i. S. v. § 839a BGB.[82]

Grundsätzlich sei ein Meistbietender in einem Zwangsvollstreckungsverfahren nicht den förmlichen Beteiligten gem. § 9 ZVG zuzurechnen. Allerdings sei in den vorliegenden konzipierten Verfahrenssituationen eine Erweiterung des Beteiligtenbegriffes erforderlich, da sich eine „formalisierte, streng prozessrechtliche Betrachtung"[83] nicht interessengerecht auswirke.[84]

Für seine Argumentation bezieht sich das Gericht in seinen Entscheidungsgründen auf die höchstrichterlich entwickelten und in der Entscheidung vom 6. Februar 2003[85] dargestellten Grundsätze zur Bestimmung des geschützten Kreises der Dritten i. S. v. § 839 BGB i. V. m. Art. 34 S. 1 GG der im Rahmen einer gerichtlichen Wertfestsetzung bestehenden Amtspflichten. Diese können nach Ansicht des Senats zugunsten des Ersteigerers drittgerichtet sein. Sinn und Zweck der Wertermittlung und -festsetzung sei zwar zunächst die Gewährleistung der Einhaltung einer Untergrenze von 7/10 des Grundstückswerts, um eine unverhältnismäßige Verwertung des Grundbesitzes unter dem tatsächlichen Wert zu obstruieren. Mit Blick auf eine Anwendung des § 839a BGB erklärt der Senat im Weiteren: „Dies schließt es jedoch nicht aus, dass auch die Interessen des Ersteigerers geschützt werden, und zwar nicht nur im Wege eines bloßen Reflexes, sondern durch Einbeziehung in

---

[79] *BGHZ* 166, 313, Rn. 1 ff.
[80] Der Senat schließt sich insoweit der Auffassung der Vorinstanzen an.
[81] *BGHZ* 166, 313, Rn. 5.
[82] Im Ergebnis bereits *BGH* NJW 2003, 2825 (2826).
[83] *BGHZ* 166, 313, Rn. 6.
[84] Ebd., Rn. 6 ff.
[85] *BGH* NVwZ-RR 2003, 401.

die insoweit bestehenden drittgerichteten Amtspflichten."[86] Der Ersteigerer dürfe „in schutzwürdiger Weise darauf vertrauen, dass das Gericht bei der Festsetzung des Grundstückswerts (...) mit der erforderlichen Sorgfalt verfahren ist."[87] Dieses schutzwürdige Vertrauen bestehe unabhängig davon, ob dem Ersteigerer Mängelgewährleistungsansprüche zuständen.[88]

Auf die Haftung eines gerichtlich mit der Wertermittlung beauftragten Gutachterausschusses seien die oben dargestellten Grundsätze mit Entscheidung vom 6. Februar 2003[89] durch den Bundesgerichtshof bereits transferiert worden. Die einen Gutachterausschuss bei der Wertermittlung zukommenden Amtspflichten seien demnach kongruent drittschützend zu den Amtspflichten eines Gerichts bei der Wertfestsetzung. Ein Anspruch gem. § 839 BGB i. V. m. Art. 34 S. 1 GG scheide gegen einen privaten Grundstückssachverständigen zwar aus, da dieser keine Amtspflicht ausübe. Der Gedanke der Schutzwürdigkeit des Meistbietenden kann nach Ansicht des Senates aber insoweit bedenkenlos auf die vorliegende Konstellation übertragen werden.[90]

Im Weiteren qualifiziert der Senat den gegenüber dem Meistbietenden ergehenden Zuschlagsbeschluss als gerichtliche Entscheidung i. S. v. § 839a Abs. 1 BGB.[91]

Dabei pointiert der Senat: „Vollzieht sich die gerichtliche Entscheidungsfindung über mehrere Stufen, von denen die jeweils folgende auf der vorangegangenen aufbaut, so kann haftungsbegründende Entscheidung nicht nur diejenige auf der Stufe sein, auf der das Sachverständigengutachten eingeholt worden ist, sondern auch die folgende Endentscheidung. Dies gilt auch dann, wenn die Entscheidung auf der vorangegangenen Stufe einer selbstständigen Anfechtbarkeit mit Rechtsmitteln unterlegen hatte."[92] Ein Wertgutachten beeinflusse nicht lediglich die gerichtliche Wertfestsetzung. Vielmehr wirke es sich maßgeblich auf das gesamte weitere Verfahren aus. Dies bedeute, dass die Wirkung des Gutachtens sich nicht nur in der Wertfestsetzung erschöpfe,

---

86 *BGHZ* 166, 313, Rn. 7.
87 Ebd.
88 Ebd.
89 *BGH* NVwZ-RR 2003, 401.
90 *BGHZ* 166, 313, Rn. 8.
91 Ebd., Rn. 9.
92 Ebd., Rn. 10.

sondern über diese hinaus den weiteren Gang des Verfahrens bis zur Erteilung des Zuschlags beeinflusse.[93]

Gegen die Annahme, dass der Zuschlag die schadensursächliche gerichtliche Entscheidung darstelle, könne vorgebracht werden, dass der Geschädigte auf Grundlage des Wertgutachtens eine eigene, autonome Entscheidung treffe.[94] Die Fallkonstellation weise somit Parallelen zu einer aufgrund potentieller Nachweisschwierigkeiten in der Gesetzesbegründung ausdrücklich ausgeschlossenen konsensualen Streitbeilegung auf.[95]

Diese Ansicht lehnt der Senat unter Berufung auf folgende Erwägungen entschieden ab:

Zwar seien die Fälle einer anderweitigen Erledigung des Verfahrens von einer Haftungsbegründung in den Gesetzesmaterialien ausgeklammert worden. Hierzu zählten explizit die Fälle einer vergleichsweisen Erledigung des Verfahrens. Dieser Grundsatz werde teilweise auf die Fälle einer nichtstreitigen Erledigung des Verfahrens etwa einer Klage- und Rechtsmittelrücknahme sowie eines Klageanerkenntnisses und -verzichts übertragen.[96] Der Senat erklärt: „Die Gemeinsamkeit dieser Fallgestaltungen liegt jedoch darin, dass die betroffenen Parteien von ihrem bisherigen Rechtsschutzbegehren Abstand nehmen und auf eine streitige Gerichtsentscheidung verzichten."[97] Damit lasse sich eine sachliche Differenz zu den Fällen eines auf Grundlage des Wertgutachtens abgegebenen Gebots im Rahmen eines Zwangsversteigerungsverfahrens konstatieren. Das originäre Ziel des Bieters, namentlich die Ersteigerung des Grundstücks, werde gerade aufrechterhalten.[98]

Ferner befasst sich der Senat mit dem ersatzfähigen Schaden, sofern ein Höchstgebot in einem Zwangsversteigerungsverfahren auf einem unrichtigen Wertgutachten beruht.

Hierbei führt der Senat an: „Der zu leistende Schadensersatz soll die Vermögenslage herstellen, die bei pflichtgemäßem Verhalten des Sachverständigen

---

93 Ebd.

94 Diese Erwägungen wurden durch das Oberlandesgericht Köln als vorinstanzliches Berufungsgericht vorgebracht.

95 *BGHZ* 166, 313, Rn. 11.

96 Inzwischen weicht auch die höchstrichterliche Rechtsprechung von dieser Ansicht ab.

97 *BGHZ* 166, 313, Rn. 12.

98 Ebd.

eingetreten wäre, das heißt hier: wenn der Grundstückswert korrekt ermittelt worden wäre."[99]

Bereits in dem Urteil vom 6. Februar 2003[100] hat sich der Bundesgerichtshof mit der Bestimmung des ersatzfähigen Schadens befasst, der auf dem im Rahmen einer Zwangsversteigerung ergehenden Zuschlag beruht. Dort wurde jedoch ein Anspruch gegen einen Gutachterausschuss und nicht gegen einen gerichtlich beauftragten Gutachter geltend gemacht. Dennoch verweist der Senat auf diese Entscheidung, nimmt konkretisierend Stellung und ergänzt seine Rechtsauffassung. Der Entscheidung lasse sich zunächst entnehmen, dass der Meistbietende „allenfalls einen Anspruch darauf hat, so gestellt zu werden, als hätte er das Objekt nicht ersteigert."[101]

Daneben komme eine weitere Alternative zur Schadensberechnung in Betracht.

Für den Geschädigten bestehe außerdem die Möglichkeit, „geltend zu machen, daß er bei korrekter Wertfestsetzung das Grundstück zu einem niedrigeren Meistgebot hätte ersteigern können."[102] Diese Möglichkeit der Restitution solle auch unabhängig davon bestehen, ob dem Geschädigten de facto eine „objektiv adäquate Gegenleistung"[103] zukomme. Es könne nicht per se ausgeschlossen werden, dass dem Ersteigerer bei einer zutreffenden Wertfestsetzung der Zuschlag für ein noch niedrigeres Gebot erteilt worden wäre.[104]

Der Senat merkt an, dass die geringe Abweichung des ermittelten vom tatsächlichen Objektwert vermutlich nicht entscheidend für die Höhe des Gebots war, da das Höchstgebot deutlich unter dem festgesetzten Verkehrswert lag.[105]

Einige Untergerichte haben sich der Entscheidung des Bundesgerichtshofs in der Praxis angeschlossen.

Das Oberlandesgericht Celle äußert mit Entscheidung vom 6. Mai 2004 bereits im Vorfeld der Senatsentscheidung eine der höchstrichterlichen

---

99 Ebd., Rn. 13.
100 *BGH* NVwZ-RR 2003, 401.
101 *BGHZ* 166, 313, Rn. 13.
102 Ebd.
103 Ebd.
104 Ebd.
105 Ebd., Rn. 14.

Ansicht entgegenstehende Auffassung. Demnach ließen sich die Erwägungen hinsichtlich der Drittgerichtetheit der Amtspflichten eines Gutachterausschusses aufgrund grundlegender haftungsrechtlicher Unterschiede nicht auf einen Gerichtssachverständigen übertragen.[106]

Fraglich scheine auch, ob in dem Zuschlagsbeschluss eine auf dem Wertgutachten beruhende gerichtliche Entscheidung i. S. v. § 839a Abs. 1 BGB gesehen werden könne, denn unmittelbar beruhe lediglich der Wertfestsetzungsbeschluss auf dem Gutachten.[107]

Das Oberlandesgericht Koblenz lässt in seinem Urteil vom 14. Juli 2006 die Eröffnung des persönlichen Anwendungsbereichs des § 839a Abs. 1 BGB hingegen offen, da bereits dessen Haftungsvoraussetzungen nicht erfüllt seien. Das Gericht verweist allerdings ausdrücklich darauf, dass der Bundesgerichtshof die Rechtsauffassung vertrete, § 839a Abs. 1 BGB zugunsten des Meistbietenden im Zwangsvollstreckungsverfahren anzuwenden.[108]

Das Oberlandesgericht Schleswig schließt sich mit Urteil vom 6. Juli 2007 der höchstrichterlichen Auffassung vom 9. März 2006 an, dass § 839a Abs. 1 BGB zugunsten des Ersteigerers im Zwangsversteigerungsverfahren anwendbar sei.[109]

Das Oberlandesgericht Rostock nimmt in einem Urteil vom 27. Juni 2008 die Anwendbarkeit des § 839a Abs. 1 BGB zugunsten des Meistbietenden in einem Zwangsversteigerungsverfahren gegenüber dem Verkehrswertgutachter unter Verweis auf die Entscheidung des Bundesgerichtshofs vom 9. März 2006 ebenfalls an. Demnach diene die Verkehrswertermittlung neben der Verschleuderung des Grundbesitzes auch der Orientierung der Bieter. Somit werde ein schutzwürdiges Vertrauen begründet, dass der Verkehrswert unter Beachtung der erforderlichen Sorgfalt festgesetzt worden sei.[110]

5. BGH, III. Zivilsenat, Urteil vom 10. Oktober 2013, BGHZ 198, 265

Der Senat befasst sich mit einem Schadensersatzanspruch gegen einen Sachverständigen für Grundstücksbewertung. Durch den Kläger wird geltend

---

106 *OLG Celle* BauR 2004, 1481, Rn. 5.
107 Ebd., Rn. 7.
108 *OLG Koblenz* DS 2007, 193 (194).
109 *OLG Schleswig* DS 2008, 32 (32).
110 *OLG Rostock* DS 2008, 386 (386).

gemacht, der Sachverständige habe im Rahmen eines Zwangsversteigerungsverfahrens ein unrichtiges Verkehrswertgutachten für ein Grundstück erstattet.

Unter Bezugnahme auf weitere, zuvor in einem selbstständigen Beweisverfahren erstattete Gutachten habe der beklagte Sachverständige einen Wert des Hauses ermittelt, der nicht der objektiven Sachlage entsprochen hätte. In dem Gutachten seien unter anderem Feuchtigkeits- und Putzschäden als Baumängel und Bauschäden vermerkt worden. Der Kläger bringt allerdings vor, dass der Beklagte bzgl. des Ausmaßes der Feuchtigkeitsschäden und das Vorhandensein von Fäulnisschäden grob fahrlässig unrichtige Aussagen gemacht hätte. Insbesondere eine Sanierung des Hauses sei entgegen den Angaben des Sachverständigen wirtschaftlich sinnlos.[111] Das Landgericht Frankfurt a. M. lehnt in erster Instanz einen Schadensersatzanspruch nach § 839a Abs. 1 BGB ab, da der Sachverständige nicht vorsätzlich oder grob fahrlässig gehandelt habe.[112]

Das Oberlandesgericht Frankfurt a. M.[113] bejaht in der Berufung hingegen auf Grundlage weiterer eingeholter Gutachten einen Schadensersatzanspruch nach § 839a BGB.[114]

Nach Ansicht des Bundesgerichtshofs kommt als Anspruchsgrundlage für die Haftung des Sachverständigen ausschließlich § 839a Abs. 1 BGB in Betracht.[115] Insbesondere ein Rückgriff auf das frühere Haftungskonzept sei ausgeschlossen. § 839a BGB komme insoweit eine abschließende Wirkung zu.[116]

Der Senat betont, dass § 839a BGB auch zugunsten des Meistbietenden im Rahmen eines Wertfestsetzungsverfahrens gem. § 74a Abs. 5 S. 1 ZVG Anwendung finde. Der Senat qualifiziert den Meistbietenden als Verfahrensbeteiligten i. S. v. § 839a Abs. 1 BGB.

---

[111] *BGHZ* 198, 265, Rn. 1 ff.
[112] Ebd., Rn. 6.
[113] *OLG Frankfurt a. M.* BeckRS 2013, 18847.
[114] *BGHZ* 198, 265, Rn. 6.
[115] Ebd., Rn. 13.
[116] Ebd., Rn. 14.

Dies sei vor dem Hintergrund der in den höchstrichterlichen Entscheidungen vom 6. Februar 2003[117] sowie vom 9. März 2006[118] dargestellten Schutzwürdigkeit des Meistbietenden geboten.[119]

Im Weiteren definiert der Senat die Unrichtigkeit eines Gutachtens.

Grundsätzlich müsse das Gutachten hierfür von der objektiven Sachlage abweichen. Dies sei etwa der Fall, sofern ein Sachverhalt ermittelt werde, der nicht den Tatsachen entspreche oder aus einem korrekten Sachverhalt fehlerhafte Konklusionen abgeleitet würden.[120]

Explizit für ein Verkehrswertgutachten i. S. v. § 74a Abs. 5 S. 1 ZVG gelte, dass ein objektiv unzutreffender Verkehrswert ermittelt werden müsse. Denn: „Mit der Wertermittlung und -festsetzung soll vornehmlich der ‚Verschleuderung' des Grundbesitzes entgegengewirkt werden."[121] Mittelbare Faktoren, wie etwa Bauschäden, seien daher nur relevant, soweit sie sich im Verkehrswert realisieren. Es genüge gerade eine allgemeine Inaugenscheinnahme des Versteigerungsobjekts durch den Verkehrswertgutachter. Etwas anderes könne nur für besonders sachkundige Gutachter gelten, auf deren Expertise explizit zur Feststellung von Baumängeln zurückgegriffen wird.[122] Sofern es der Einzelfall erfordere, seien im Anschluss an die allgemeine Inaugenscheinnahme weitere Ermittlungen erforderlich. Der Gutachter sei dann verpflichtet, etwaige Mängel genauer zu untersuchen. Teilweise sei der Zutritt zum Versteigerungsobjekt nur eingeschränkt und insbesondere nicht gegen den Willen des Eigentümers möglich. So sei ein unvollständiges Gutachten oder ein Gutachten, das auf Grundlage ungesicherter Tatsachen erstattet werde, gerechtfertigt. Diese Umstände müssen dann aber zwingend deutlich aus dem Gutachten hervor gehen.[123]

Der Senat führt dazu näher aus, dass es keiner präzisen Ermittlung des Verkehrswertes des Objekts bedürfe. Vielmehr genüge ein Verkehrswert

---

117 *BGH* NVwZ-RR 2003, 401.

118 *BGHZ* 166, 313.

119 *BGHZ* 198, 265, Rn. 15.

120 Ebd., Rn. 17.

121 Ebd., Rn. 19.

122 Etwa bei Gutachtern, die speziell zur Feststellung von Bodenkontaminationen beauftragt werden.

123 *BGHZ* 198, 265, Rn. 19; so bereits *BGH* NJW 2003, 2825 (2827).

der „annäherungsweise“[124] der objektiven Sachlage entspreche. Die individuelle Würdigung des Wertgutachters vermöge nicht zu suggerieren, dass der ermittelte Wert exakt den Tatsachen entspreche. Eine Haftung nach § 839a Abs. 1 BGB werde daher nicht durch marginale „Diskrepanzen zwischen dem vom Regressgericht festgestellten und dem vom Sachverständigen ermittelten Verkehrswert“[125] begründet. Eine Grenze werde jedoch in den Fällen gezogen, in denen der im Verkehrswertgutachten ermittelte Wert des Objekts erheblich von dem Wert abweiche, den das Regressgericht feststelle. Für eine Erheblichkeit der Abweichung komme es entscheidend auf eine konkrete Einzelfallbetrachtung an.[126]

Darüber hinaus geht der Senat auf ein Verschulden des Sachverständigen i. S. v. § 839a Abs. 1 BGB ein. Dabei ließe sich festhalten, dass die Kriterien für ein Verschulden des Sachverständigen variierten. Explizit für den vorliegenden Sachverhalt müsse etwa zwischen einem Verkehrswertgutachter und einem Bauschadenssachverständigen ohne Fachkunde differenziert werden.[127]

Grundsätzlich setze grobe Fahrlässigkeit „einen in objektiver Hinsicht schweren und in subjektiver Hinsicht nicht entschuldbaren Verstoß gegen die Anforderungen der im Verkehr erforderlichen Sorgfalt (voraus). Diese Sorgfalt müsse in ungewöhnlich hohem Maße verletzt und es muss dasjenige unbeachtet geblieben sein, was im gegebenen Fall jedem hätte einleuchten müssen. Es muss eine auch subjektiv schlechthin unentschuldbare Pflichtverletzung vorliegen, die das in § 276 II BGB bestimmte Maß erheblich überschreitet.“[128] Diese allgemein gültige Definition gelte, auch unter Verweis auf Rechtsprechungen der Untergerichte,[129] entsprechend im Rahmen von § 839a Abs. 1 BGB. In concreto sei auf einen allgemein sachkundigen Gutachter als Maßstab abzustellen.[130]

---

[124] Ebd., Rn. 20.

[125] Ebd.

[126] Ebd.

[127] Ebd., Rn. 25, 32.

[128] Ebd., Rn. 26.

[129] *OLG Köln* BeckRS 2011, 25253; *OLG Schleswig* DS 2008, 32 (33).

[130] Für eine tatrichterliche Würdigung des Verschuldens sei daher die Beurteilung eines weiteren Sachverständigen des tangierten Fachgebiets erforderlich, der dabei nicht zwingend gefolgt werden müsse vgl. *BGHZ* 198, 265, Rn. 32.

Der Senat betont noch einmal ausdrücklich die mit der Beschränkung des Haftungsmaßstabs des Sachverständigen verfolgte gesetzgeberische Intention.[131]

Hinsichtlich eines kausalen Schadens erklärt der Senat:

Es solle eine hypothetische Vermögenslage herbeigeführt werden, die im Falle fehlerfreien Handelns des Sachverständigen bestehen würde. Abzustellen sei dabei auf die Ermittlung eines korrekten Verkehrswerts. Im Ergebnis kämen zwei Alternativen der Restitution in Betracht. „Demnach kann der Schadensersatz entweder dahin gehen, dass der Geschädigte so gestellt wird, als hätte er das Objekt nicht ersteigert, oder darauf gestützt werden, dass der Geschädigte bei korrekter Wertfestsetzung das Grundstück zu einem niedrigeren Meistgebot hätte ersteigern können."[132]

Zudem sei auch im Rahmen der haftungsbegründenden Kausalität der ermittelte Verkehrswert und nicht der übrige Inhalt des Gutachtens maßgeblich. Daraus leite sich folgende Konsequenz ab:

Grundsätzlich müsse für eine haftungsbegründende Kausalität die Entscheidung, das Objekt zu ersteigern, auf dem unrichtigen Gutachten beruhen. Die Entscheidung des Meistbietenden müsse dabei aus dem im Gutachten ermittelten Verkehrswert resultieren.[133]

Folgende Untergerichte haben sich der Entscheidung des Bundesgerichtshofs angeschlossen:

Bereits mit Urteil vom 7. März 2018 bezieht sich das Oberlandesgericht Brandenburg auf das Urteil des Bundesgerichtshofs vom 10. Oktober 2013. Hier nimmt das Oberlandesgericht Brandenburg die Anwendbarkeit des § 839a Abs. 1 BGB, insbesondere die Qualifikation des Erstehers als Verfahrensbeteiligter noch unbegründet an. Jedoch wird unter Berufung auf die höchstrichterliche Entscheidung für die Unrichtigkeit des Gutachtens eine Erheblichkeit der unzutreffenden Verkehrswertermittlung vorausgesetzt, sodass dieser lediglich annäherungsweise ermittelt werden müsse. Auch hinsichtlich des Verschuldensmaßstabs verweist das Gericht auf die Entscheidung des Bundesgerichtshofs.[134]

---

131 Ebd., Rn. 27.

132 Ebd., Rn. 36.

133 Ebd., Rn. 37.

134 *OLG Brandenburg* BeckRS 2018, 9692, Rn. 30 ff.

Mit Urteil vom 23. Juni 2020 vertritt das Oberlandesgericht Brandenburg dann unter Verweis auf die Entscheidung des Senats vom 10. Oktober 2013 die Rechtsauffassung, dass der Anwendungsbereich des § 839a Abs. 1 BGB zugunsten des Meistbietenden im Zwangsversteigerungsverfahren gegenüber dem Verkehrswertgutachter i. S. v. § 74a Abs. 5 S. 1 ZVG eröffnet sei. Demnach bestehe ein schutzwürdiges Vertrauen des Ersteigerers auf eine sorgfältige und sachgerechte Verkehrswertermittlung durch den Gutachter. § 839a BGB regele die Haftung des gerichtlichen Sachverständigen abschließend.[135] Auch für den Maßstab zur Begründung des Vorliegens eines unrichtigen Gutachtens sowie zur Bestimmung des Verschuldensmaßstabes bezieht sich das Gericht auf die Entscheidung des Bundesgerichtshofs.[136]

II. Darstellung der im Schrifttum vertretenen Rechtsauffassungen

In Reaktion auf die höchstrichterliche Entscheidung vom 20. Mai 2003[137] setzen sich *Wagner* und *Thole* kontrovers mit der Haftung eines in einem Wertfestsetzungsverfahren berufenen Gutachters gegenüber dem Meistbietenden auseinander.

Zunächst wird die enorme praktische Bedeutung dieser Rechtsfrage betont. Der auf Grundlage des Wertgutachtens festgesetzte Grundstückswert diene als ausschlaggebende Orientierung für potentielle Erwerbsinteressenten. Zudem sei die Ermittlung des Verkehrswerts für Fehlkalkulationen prädestiniert. Auch seien in der Regel erhebliche Vermögensinteressen betroffen. Demgegenüber sei ein Anspruch auf Gewährleistung hinsichtlich des ersteigerten Objekts über § 56 S. 3 ZVG generell ausgeschlossen. Daher komme eine Restitution lediglich durch eine Beanspruchung des Sachverständigen in Betracht.[138]

Eine unmittelbare Inanspruchnahme des Sachverständigen sei unter Verweis auf einschlägige Rechtsprechungen bis dato in der Regel erfolglos geblieben.[139]

---

135 *OLG Brandenburg* BeckRS 2020, 17114, Rn. 17.
136 Ebd., Rn. 18, 26.
137 *BGH* NJW 2003, 2825.
138 *Wagner/Thole*, VersR 2004, S. 275 (275).
139 Ebd.

Wagner und *Thole* sprechen sich für eine Haftung des Wertgutachters gegenüber einem Ersteigerer nach § 826 BGB aus.

Ein Amtshaftungsanspruch sei ausgeschlossen, denn ein Wertgutachter sei ungeachtet einer Gutachtenerstattungspflicht i. S. v. § 407 Abs. 1 ZPO kein Beamter im haftungsrechtlichen Sinne. Vielmehr werde das Gutachten durch eine Privatperson erstattet. Trotz seiner beratenden und unterstützenden Funktion sei der Gutachter institutionell vom Gericht abzugrenzen. Auch das erstattete Gutachten stelle keinen Bestandteil der gerichtlichen Entscheidung dar, sondern könne diese lediglich maßgeblich beeinflussen. Zudem sei zu berücksichtigen, dass im Fall einer Qualifikation des Sachverständigen als Beamter im haftungsrechtlichen Sinn das Haftungsinstitut des § 839a BGB für die Sachverständigenhaftung obsolet sei, da allgemein eine Haftungsbegründung nach § 839 BGB als lex specialis vorgehen würde.[140]

Auch eine Haftung nach § 823 Abs. 2 BGB i. V. m. § 163 StGB für fahrlässig verursachte Vermögenschäden scheide generell aus, da eine Beeidigung des in einem Wertfestsetzungsverfahren berufenen Sachverständigen nicht vorgesehen sei.[141]

Im Weiteren lehnen *Wagner* und *Thole* eine Anwendung des § 839a BGB ab. Dabei wird insbesondere die Qualifikation des Höchstbietenden als Verfahrensbeteiligter i. S. v. § 839a Abs. 1 BGB entschieden abgelehnt. Da der Ersteigerer nicht in den Schutzbereich des § 839a BGB falle, fehle es letztlich an der Aktivlegitimation.

Die formellen Verfahrensbeteiligten eines Zwangsversteigerungsverfahrens und insbesondere eines Wertfestsetzungsverfahrens würden in § 9 ZVG aufgeführt werden. Bieter und Ersteher würden dabei gerade nicht erfasst werden. Über eine solch streng prozessuale Definition des Verfahrensbeteiligten hinaus komme zwar grundsätzlich eine extensivere Auslegung in Betracht. So lasse sich etwa der Rechtsinhaber bei einer gesetzlichen sowie einer gewillkürten Prozessstandschaft, aber auch der Rechtsnachfolger eines streitbefangenen Gegenstands nach den §§ 265, 325 und 727 ZPO als Verfahrensbeteiligte i. S. v. § 839a Abs. 1 BGB qualifizieren.

Im Hinblick auf eine durch *Wagner* und *Thole* konstatierte Parallele zur Haftung eines Vollstreckungsgerichts sowie eines gemeindlichen

140 Ebd. (276).

141 Ebd.

Gutachterausschusses könne zwar erwogen werden, auch einen Ersteigerer unter den Begriff des Verfahrensbeteiligten i. S. v. § 839a Abs. 1 BGB zu subsumieren. Insbesondere komme eine Transferierung der höchstrichterlichen Erwägungen der Entscheidung vom 6. Februar 2003[142] hinsichtlich der Haftung eines Gutachterausschusses in Betracht. Zudem wird angemerkt, dass eine Haftungsfreistellung zulasten des Ersteigerers nicht überzeugen könne.[143]

Gegen eine solche Erstreckung des Begriffs des Verfahrensbeteiligten spräche jedoch, „dass ein falsches Wertgutachten den Bieter und Ersteher nicht in seiner Rechtsstellung, sondern lediglich in seinen Vermögensinteressen betrifft."[144] Damit lasse sich eine deutliche sachliche Differenz zu den Verfahrensbeteiligten i. S. d. § 9 ZVG sowie den Fällen einer Gleichstellung konstatieren.[145]

Durch ein Festsetzungsverfahren werde zwar bezweckt, dass die Gebote dem objektiven Wert des Objekts entsprächen. Hierdurch sollten aber lediglich Schuldner sowie Gläubiger und gerade nicht die Bieter geschützt werden. Normativ finde diese These etwa in den §§ 74a Abs. 1 S. 1 und 85a ZVG einen Niederschlag. Diese Vorschriften „sollen einer Verschleuderung des Schuldnervermögens entgegenwirken."[146] Demgegenüber lägen die Interessen des Bieters, der von einer solchen Verschleuderung und einer damit einhergehenden günstigen Ersteigerung wirtschaftlich profitieren würde.[147]

Unterdies monieren *Wagner* und *Thole*, dass im vorliegenden Fall vom 20. Mai 2003[148] das Höchstgebot den ermittelten Verkehrswert des Objekts nicht überstiegen habe und der Meistbietende lediglich einen höheren Gewinn geltend gemacht habe. Dieser werde nicht vom Schutzbereich des § 839a BGB tangiert. Andernfalls würde der Sachverständige gewährleisten, „dass der Ersteher das Grundstück zu einem möglichst niedrigen Preis erwirbt"[149] und folglich einen niedrigeren Verkehrswert ansetzen.

---

142 *BGH* NVwZ-RR 2003, 401.
143 *Wagner/Thole*, VersR 2004, S. 275 (276 f.).
144 Ebd. (277).
145 Ebd.
146 Ebd. (277 f.).
147 Ebd.
148 *BGH* NJW 2003, 2825.
149 *Wagner/Thole*, VersR 2004, S. 275 (278).

Auch mit Blick auf die weiteren Haftungsvoraussetzungen des § 839a BGB werde deutlich, dass der Ersteher nicht aktivlegitimiert sei.

Zunächst könne dabei das Tatbestandsmerkmal einer gerichtlichen Entscheidung i. S. v. § 839a Abs. 1 BGB angeführt werden, das im Ergebnis nicht erfüllt sei.

In Betracht komme, für die gerichtliche Entscheidung i. S. v. § 839a Abs. 1 BGB auf den vom Rechtspfleger erlassenen Wertfestsetzungsbeschluss abzustellen. Dieser könne für den Entschluss des Bieters zu Abgabe eines Gebots äquivalent kausal sein. Jedoch liege kein haftungsausfüllend kausaler Schaden i. S. d. § 839a Abs. 1 BGB vor. Dieser Wertfestsetzungsbeschluss verursache keinen unmittelbaren Schaden. Vielmehr sei der Beschluss „der Auslöser für eine wirtschaftlich nachteilige Vermögensdisposition, nämlich den Erwerb des Grundstücks im Versteigerungsverfahren."[150]

Ebenso wenig könne überzeugen, den Zuschlagsbeschluss als gerichtliche Entscheidung zu qualifizieren. Zum einen stelle das Zuschlagsverfahren ein gegenüber dem Wertfestsetzungsverfahren autonomes Verfahren dar. Zum anderen spiegele sich die Festsetzung eines unzutreffenden Objektwerts nicht in einer materiellen Inkorrektheit des Zuschlagsbeschlusses wider.[151]

Überdies müsse bei der Bestimmung der Aktivlegitimation der Haftungsausschluss gem. § 839a Abs. 2 i. V. m. § 839 Abs. 3 BGB berücksichtigt werden.

In einem Zwangsversteigerungsverfahren könne weder gegen ein unrichtiges Gutachten noch gegen eine auf dieser beruhenden gerichtlichen Entscheidung – in diesem Fall die unrichtige Wertfestsetzung – ein Rechtsmittel eingelegt werden. Für eine in Betracht kommende sofortigen Beschwerde gem. § 74a Abs. 5 S. 3 ZVG fehle es an der Beschwerdeberechtigung des Ersteigerers. Eine Anfechtung des Zuschlags mit der Begründung, dass der Grundstückswert unrichtig festgesetzt worden sei, werde durch § 74a Abs. 5 S. 4 ZVG hingegen generell ausgeschlossen.[152]

Die Haftung des Sachverständigen begründet sich, so *Wagner* und *Thole*, nach dem allgemeinen Deliktsrecht.

---

150 Ebd.

151 Ebd.

152 Ebd.

Insbesondere entfalte § 839a BGB keine Sperrwirkung. Ein abschließender Charakter komme der Vorschrift lediglich zu, sofern die Tatbestandvoraussetzungen eines auf einer gerichtlichen Entscheidung beruhenden Schadens erfüllt seien. Demgegenüber lägen Begleitschäden, die von einer Sperrwirkung des § 839a BGB ausgenommen seien. Vorliegend handele es sich um einen solchen Begleitschaden, da dieser auf dem fehlerhaften Gutachten und nicht auf dem gerichtlichen Wertfestsetzungsbeschluss beruhe.[153]

Im Weiteren kritisieren *Wagner* und *Thole* insbesondere den variierenden Haftungsmaßstab. Während etwa bei einem Gutachterausschuss leichte Fahrlässigkeit gem. § 839 BGB genüge, begründe sich eine Haftung nach § 839a BGB insbesondere für Verfahrensbeteiligte i. S. v. § 9 ZVG bei grober Fahrlässigkeit. Darüber hinaus erfasse § 826 BGB lediglich eine vorsätzlich sittenwidrige Schädigung des Erstehers. Hierbei könne jedoch lediglich der Gesetzgeber Abhilfe schaffen.

Sie befürworten eine einheitliche Auslegung sowie Anwendung der §§ 839, 839a BGB und § 826 BGB. Erforderlich sei dabei insbesondere ein strenger Haftungsmaßstab im Rahmen der Anwendung des § 839 BGB. Der Vertrauensschutz des Ersteigerers bleibe in diesem Fall weiterhin gewahrt.[154]

Mit Blick auf § 74a Abs. 5 S. 3 ZVG halten *Wagner* und *Thole* jedoch auch fest, dass ein Wertfestsetzungsverfahren „ein verselbstständigtes Verfahren mit eigenen Rechtsbehelfen darstellt."[155] Zudem betonen *Wagner* und *Thole*, dass der Bundesgerichtshof mit Entscheidung vom 6. Februar 2003[156] feststelle, dass die Bestandskraft des Zuschlagsbeschlusses die Sachverständigenhaftung nicht ausschließe.[157]

In späteren Publikationen verweist *Wagner* auf die höchstrichterliche Rechtsprechung vom 9. März 2006[158] sowie vom 10. Oktober 2013.[159] Demnach könne § 839a BGB im Wertfestsetzungsverfahren einer Zwangsversteigerung angewendet werden.[160]

---

153 Ebd.

154 Ebd. (278 f.).

155 Ebd. (276).

156 *BGH* NVwZ-RR 2003, 401.

157 *Wagner/Thole*, VersR 2004, S. 275 (278).

158 *BGHZ* 166, 313.

159 *BGHZ* 198, 265.

160 MüKoBGB/*Wagner*, § 839a Rn. 8.

Wagner setzt sich mit der haftungsbegründenden Kausalität auseinander. Diese sei in einem Zwangsversteigerungsverfahren zwischen Wertgutachten und Zuschlagsbeschluss nicht a priori vor dem Hintergrund zu negieren, dass „das Wertfestsetzungsverfahren der eigentlichen Wertfestsetzungsentscheidung als ein eigenständiges, mit Rechtsmittelbefugnissen versehenes Verfahren vorgeschaltet ist."[161] Dies gelte gleichermaßen für die haftungsausfüllende Kausalität zwischen Zuschlagsbeschluss und Vermögensschaden, obschon dem Zuschlag eine autonome wirtschaftliche Entscheidung vorangehe. Daher sei der Ersteher vom Anwendungsbereich des § 839a BGB erfasst. Dem stehe nicht entgegen, dass er kein Verfahrensbeteiligter i. S. d. § 9 ZVG sei, sowie dass ihm kein Rechtsmittel i. S. v. § 839a Abs. 2 i. V. m. § 839 Abs. 3 BGB zur Verfügung stehe.[162]

In der Rechtsfolge sei dann die hypothetische Vermögenslage bei korrekter Ermittlung des Grundstückswerts herzustellen. Der Ersteigerer hätte vermutlich kein oder ein geringeres Gebot abgegeben.[163]

Trotzdem hält *Wagner* die vorherig aufgestellte These, dass es sich bei einem durch ein Wertgutachten in einem Zwangsversteigerungsverfahren entstandenen Schaden um einen Begleitschaden handele, aufrecht. Eine Restitution könne dabei lediglich über § 826 BGB erfolgen. Grundsätzlich seien die Verfahrensbeteiligten des Ausgangsprozesses, in dem der Sachverständige berufen worden sei, aktivlegitimiert i. S. v. § 839a Abs. 1 BGB. In einem Wertfestsetzungsverfahren gem. § 74a Abs. 5 ZVG seien die Bieter des Zwangsersteigerungsverfahrens durch § 9 ZVG nicht als Verfahrensbeteiligte erfasst.[164]

Eine weitere Replik auf die höchstrichterliche Entscheidung vom 9. März 2006[165] erging durch *Alff*, der eine Haftung des Gutachters nach § 839a BGB gegenüber dem Ersteigerer in einem Zwangsversteigerungsverfahren grundsätzlich befürwortet. Die Gebotsabgabe des Bieters werde maßgeblich durch das Gutachten gelenkt, da dem Bieter der Zugang zum Grundstück regelmäßig verwehrt bleibt. Dies sei insbesondere auch dem Sachverständigen

---

[161] Ebd., § 839a Rn. 30.

[162] Ebd.

[163] Ebd., § 839a Rn. 30, 33.

[164] Ebd., § 839a Rn. 38.

[165] *BGHZ* 166, 313.

bewusst. Teilweise erfolge die Einholung des Wertgutachtens ausschließlich zugunsten der Bieter.

Im Rahmen eines Zwangsversteigerungsverfahrens könne der Tatbestand des § 839a BGB zweifelslos unter anderem gegenüber dem Vollstreckungsschuldner erfüllt sein. Demnach liege eine auf einem Gutachten beruhende unrichtige gerichtliche Entscheidung vor, wenn der Zuschlag infolge des Gutachtens erteilt werde, ohne dass das Meistgebot die Hälfte des tatsächlichen Wertes des Objekts übersteige. In diesem Fall sei der Zuschlag nach § 85a ZVG zu versagen. *Alff* macht indes darauf aufmerksam, dass ein Haftungsausschluss nur eingeschränkt in Betracht komme. Eine Zuschlagsbeschwerde sei gem. § 74a Abs. 5 S. 4 ZVG allgemein ausgeschlossen, sodass lediglich eine Verkehrswertbeschwerde nach § 74a Abs. 5 S. 2 ZVG denkbar sei.[166]

Kritisch sieht *Alff* jedoch explizit eine Haftungsbegründung gegenüber dem Meistbietenden. Bedenken ergäben sich angesichts des eindeutigen Gesetzeswortlauts sowie der Gesetzesmaterialien.

Zunächst könne die durch den Bundesgerichtshof vorgenommene Erweiterung der streng formalistischen, an § 9 ZVG orientierten, Definition des Verfahrensbeteiligten durchaus überzeugen, denn das Gutachten stelle regelmäßig die einzige verlässliche Entscheidungsgrundlage dar.[167]

Alff zweifelt indessen die haftungsbegründende Kausalität zwischen Gutachten und Zuschlagsbeschluss und insbesondere dessen Inhalt an.

So diene die Wertermittlung in einem Zwangsversteigerungsverfahren lediglich zur Determinierung der Wertgrenze nach den §§ 74a und 85a ZVG sowie der Höhe der Sicherheitsleistung nach § 68 ZVG. Übersteige das Höchstgebot diese Wertgrenze, „ist das Gutachten für die Zuschlagentscheidung nicht mehr relevant.“[168] Es werden im Anschluss lediglich etwaige Zuschlagversagungsgründe nach § 83 ZVG geprüft, die durch das Gutachten nicht tangiert werden würden. Darüber hinaus merkt *Alff* an: „Selbst eine objektiv unrichtige Wertfestsetzung ist bindende Grundlage für den Zuschlag und kann im Rahmen der Zuschlagsentscheidung nicht mehr korrigiert werden.“[169]

---

166 *Alff*, Rpfleger 2006, S. 551 (553).
167 Ebd.
168 Ebd.
169 Ebd. (554).

Gegen eine haftungsbegründende Kausalität lasse sich zudem der Wortlaut des § 74a Abs. 5 ZVG anführen, der die Einholung eines Gutachtens nicht obligatorisch voraussetze.

Zudem lasse sich eine haftungsausfüllende Kausalität lediglich zum Verkehrswertbeschluss konstatieren.

Die Verpflichtung zur Zahlung begründe sich bereits mit Zulassung des Gebots und nicht erst mit der Erteilung des Zuschlags. Ab diesem Zeitpunkt, der dem Zuschlagsbeschluss als gerichtliche Entscheidung vorausgehe, könne sich der Bieter nicht mehr frei von seinem Gebot sowie den damit einhergehenden Pflichten lösen. Insbesondere auf die Zuschlagsversagungsgründe habe er keinen Einfluss.

Im Übrigen widerspricht *Alff* der Qualifizierung des Zuschlagsbeschlusses als „gerichtliche Streitentscheidung über konkurrierende Gebote", die als solche mit dem Verfahrensrecht des ZVG kollidiere. Faktisch bestehe durchgehend nur ein wirksames Gebot. § 72 ZVG sieht ein Erlöschen des Gebots mit Zulassung eines Übergebots vor.

In der Konsequenz bestehe eine Parallele zu einer vergleichsweisen Erledigung des Verfahrens. Konkret müsse der Meistbietende einen Nachweis über die Kausalität zwischen der Höhe seines Gebots und dem unrichtigen Gutachten erbringen. Mache der entstandene Schaden, wie etwa im einschlägigen Fall, im relativen Vergleich nur einen marginalen Anteil aus, sei dies umso diffiziler.

Teilweise „beeinflussen völlig unkaufmännische, jenseits jeglichen Renditekalküls liegende Motive die Gebotshöhe."[170]

Alff geht von einer nicht gerechtfertigten Besserstellung des Ersteigerers gegenüber Parteien aus, die in der Zwangsversteigerung einen Vergleich schließen und denen in der Folge kein Schadenersatzanspruch nach § 839a BGB zustehe.[171]

Im Ergebnis befürwortet *Alff* einen Rückgriff auf § 826 BGB.[172]

Nach *Spickhoff* stellt ein Zwangsversteigerungsverfahren und insbesondere ein Wertfestsetzungsverfahren grundsätzlich ein gerichtliches Verfahren

---

170 Ebd.
171 Ebd.
172 Ebd.

i. S. v. § 839a Abs. 1 BGB dar.[173] Dennoch sieht *Spickhoff* eine Qualifikation des Erstehers als Verfahrensbeteiligter i. S. v. § 839a Abs. 1 BGB vor dem Hintergrund des § 9 ZVG gleichermaßen kritisch. Eine Restitution habe daher über § 826 BGB zu erfolgen. § 839a BGB diene nicht dem Schutz wirtschaftlicher Interessen des Erstehers. Mit den Verfahrensregeln in der Zwangsversteigerung werde eine adäquate Verwertung des Objekts angestrebt. Dementsprechend komme § 74a Abs. 5 ZVG lediglich den Interessen der Vollstreckungsparteien zugute.[174]

Wöstmann führt folgende allgemeine These an: „Vollzieht sich die gerichtliche Entscheidungsfindung über mehrere Stufen, von denen die jeweils folgende auf der vorangegangenen aufbaut, so kommt als haftungsbegründende Entscheidung nicht nur diejenige auf der Stufe in Betracht, auf der das Sachverständigengutachten eingeholt worden ist, sondern auch die folgende Endscheidung. Dies gilt auch dann, wenn die Entscheidung auf der vorangegangenen Stufe einer selbständigen Anfechtbarkeit mit Rechtsmitteln unterlegen hatte."[175] Hierzu zählten insbesondere auch die Fälle, in denen der maßgeblich schädigende Zuschlag in einem Zwangsversteigerungsverfahren infolge der gerichtlichen Wertfestsetzung ergehe.[176]

Wöstmann geht mit *Wagner* und *Thole*[177] insoweit konform, dass für die Definition eines Verfahrensbeteiligten „eine formalisierte, streng prozessrechtliche Betrachtung"[178] nicht überzeuge. Vor diesem Hintergrund verweist *Wöstmann*[179] insbesondere auf die höchstrichterliche Entscheidung vom 9. März 2006.[180]

Dörr schließt sich der Rechtsauffassung des Bundesgerichtshofs vom 10. Oktober 2013[181] an. Demnach stelle ein Zwangsversteigerungsverfahren und insbesondere auch ein Wertfestsetzungsverfahren gem. § 74a ZVG ein gerichtliches Verfahren i. S. v. § 839a Abs. 1 BGB dar.[182]

---

173 *Soergel/Spickhoff*, BGB, § 839a Rn. 9.
174 Ebd., § 839a Rn. 44.
175 *Staudinger/Wöstmann*, BGB, § 839a Rn. 17.
176 Ebd.
177 *Wagner/Thole*, VersR 2004, S. 275 (277).
178 *Staudinger/Wöstmann*, BGB, § 839a Rn. 24.
179 Ebd.
180 *BGHZ* 166, 313.
181 *BGHZ* 198, 265.
182 BeckOGK/*Dörr*, BGB, § 839a Rn. 9.

Auch nach *Dörr* steht die mehrstufige Ausgestaltung des Zwangsversteigerungsverfahrens einer Haftungsbegründung des § 839a BGB nicht entgegen. Ein unrichtiges Gutachten, auf dem die Wertfestsetzung beruhe, beeinflusse maßgebend das weitere Verfahren, insbesondere die Entscheidung des Erstehers. Dies sei etwa auch der Fall, sofern durch einen Gutachterausschuss ein unrichtiges Verkehrswertgutachten erstattet werde.[183]

Sprau spricht sich ebenfalls für eine Anwendbarkeit des § 839a BGB im Rahmen der gerichtlichen Wertfestsetzung im Zwangsversteigerungsverfahren aus.[184]

Nach *Becker* besteht unter Verweis auf die höchstrichterliche Rechtsprechung vom 9. März 2006[185] sowie vom 10. Oktober 2013[186] eine Schadensersatzpflicht des Wertgutachters nach § 839a BGB sowohl gegenüber den Verfahrensbeteiligten nach § 9 ZVG als auch gegenüber dem Ersteher in einem Zwangsversteigerungsverfahren.[187]

III. Zwischenergebnis / Stellungnahme

1. BGH, III. Zivilsenat, Urteil vom 6. Februar 2003, NVwZ-RR 2003, 401

Die Entscheidung stellt ein obiter dictum hinsichtlich der Anwendbarkeit des § 839a BGB dar. Obgleich der Senat anmerkt, dass § 839a BGB für den vorliegenden Fall noch nicht greife, sei § 839 BGB als speziellere Vorschrift gegenüber § 839a BGB nach dem Grundsatz lex specialis derogat legi generali allgemein vorrangig anzuwenden. Es wird deutlich, dass ein Gutachter, der im Rahmen der Wertfestsetzung in einem Zwangsversteigerungsverfahren ein Gutachten erstattet, dem Schutzbereich des § 839a BGB unterfällt.

2. BGH, VI. Zivilsenat, Urteil vom 20. Mai 2003, NJW 2003, 2825

Der Bundesgerichtshof stellt mit Entscheidung vom 20. Mai 2003 in einem weiteren obiter dictum fest, dass sich die Haftung eines Gutachters, der in einem Wertfestsetzungsverfahren berufen werde, nach § 839a BGB begründe.

---

183 Ebd., § 839a Rn. 45.

184 *Grüneberg/Sprau*, BGB, § 839a Rn. 7.

185 *BGHZ* 166, 313.

186 *BGHZ* 198, 265.

187 *Stöber/Becker*, ZVG, § 74a Rn. 66.

Eine Anwendbarkeit des § 839a BGB ist vorliegend nicht entscheidungsrelevant. Die intertemporale Kollisionsnorm Art. 229 § 8 Abs. 1 EGBGB sieht die Anwendbarkeit des § 839a BGB vor, sofern das schädigende Ereignis nach dem 31. Juli 2002 liegt. Während die herrschende Lehre bereits in der Erstattung des Gutachtens das schädigende Ereignis i. S. v. Art. 229 § 8 Abs. 1 EGBGB sieht, stellt der Bundesgerichtshof auf den Erlass der gerichtlichen Entscheidung ab. Beides liegt hier vor dem 31. Juli 2002, sodass dieser Meinungsstreit vorliegend nicht maßgebend ist. Die Besonderheit der in Rede stehenden Fälle wird an dieser Stelle unter einem anderen relevanten Aspekt deutlich. Der Senat stellt für die gerichtliche Entscheidung als schädigendes Ereignis im Rahmen der intertemporalen Kollisionsnorm auf die Ersteigerung des Grundstücks ab. Gem. § 74 ZVG wird das Eigentum an dem Grundstück durch den Zuschlag erworben. Damit wird bereits in diesem Urteil deutlich, dass der Senat den Zuschlagsbeschluss und gerade nicht die gerichtliche Wertfestsetzung als gerichtliche Entscheidung i. S. v. § 839a Abs. 1 BGB qualifiziert.

Auch die Abgrenzung zu § 839 BGB kann überzeugen. Der gerichtlich berufene Sachverständige wird als Privatperson tätig. Er übernimmt grundsätzlich keine hoheitliche Tätigkeit. Auch die Gutachtenerstattungspflicht wirkt sich nicht auf die Tätigkeit an sich aus. Eine Ausnahme ist zwar denkbar, ist hier jedoch nicht erfüllt.

Im Ergebnis wird mit dem Urteil eine erste Weiche in Richtung Anwendung des Haftungsinstitutes des § 839a Abs. 1 BGB gestellt. Das Urteil bildet die Ausgangsentscheidung für die Sachverständigenhaftung des Wertgutachters nach § 839a Abs. 1 BGB zugunsten des Meistbietenden im Zwangsvollstreckungsverfahren.

3. BGH, III. Zivilsenat, Beschluss vom 16. September 2004, NJW 2004, 3488

In einem weiteren obiter dictum vom 16. September 2004 bestätigt der Senat seine Rechtsauffassung vom 6. Februar 2003[188] sowie vom 20. Mai 2003.[189]

Zudem wird erneut ersichtlich, dass der Senat den Zuschlagsbeschluss als gerichtliche Entscheidung i. S. v. § 839a BGB qualifiziert, indem er für das

---

[188] *BGH* NVwZ-RR 2003, 401.
[189] *BGH* NJW 2003, 2825.

schädliche Ereignis i. S. v. Art. 229 § 8 Abs. 1 EGBGB auf die Ersteigerung des Grundstücks abstellt, die nach § 90 ZVG faktisch mit dem Zuschlagbeschluss vollzogen wird.

4. BGH, III. Zivilsenat, Urteil vom 9. März 2006, BGHZ 166, 313

Erstmalig wendet der Bundesgerichtshof § 839a BGB in einem Urteil vom 9. März 2006 im Rahmen der Haftung des Wertgutachters zugunsten des Meistbietenden an. Demnach könne gegenüber dem Ersteigerer im Zwangsversteigerungsverfahren eine Sachverständigenhaftung des Wertgutachters bestehen, vorausgesetzt das Höchstgebot und der ihm folgende Zuschlagsbeschluss beruhen auf dem durch den Wertgutachter erstatteten unrichtigen Gutachten.

In diesem Urteil nimmt der Bundesgerichtshof zu kontroversen Rechtsfragen hinsichtlich der Haftung des Wertgutachters nach § 839a Abs. 1 BGB Stellung.

Von zentraler Bedeutung ist, ob der Ersteigerer als Verfahrensbeteiligter angesehen werden kann.

Generell ist der Begriff des Verfahrensbeteiligten i. S. v. § 839a Abs. 1 BGB zumindest kongruent zu dem des Ausgangsprozesses, in dem der Gutachter berufen wird, zu interpretieren.

Vor diesem Hintergrund verweist der Senat auf § 9 ZVG. Bereits hier nimmt sich der Senat eines erweiterten Blicks an, indem er nicht lediglich auf das Wertfestsetzungsverfahren, sondern auf das gesamte Zwangsversteigerungsverfahren abstellt.

Im Ergebnis qualifiziert der Senat den Ersteigerer als Verfahrensbeteiligten i. S. d. § 839a Abs. 1 BGB. Hinsichtlich der Erweiterung des Begriffs des Verfahrensbeteiligten schließt sich der Senat dabei einer in der Literatur zunächst durch *Wurm*[190] und später durch *Wöstmann*[191] vertretenen Auffassung an.

Für die vorliegend konzipierte Fallgestaltung scheint dies in Anbetracht folgender Reflexion tatsächlich geboten:

Diese Rechtsauffassung des Senats hat sich unter Berücksichtigung der höchstrichterlichen Entscheidungen vom 13. September 2001[192] sowie vom

---

190 *Staudinger/Wurm*, BGB, bis Stand 2013, § 839a Rn. 24.
191 *Staudinger/Wöstmann*, BGB, § 839a Rn. 24.
192 *BGH* NJW-RR 2002, 307 (307 f.).

6. Februar 2003[193] bereits abgezeichnet. Zwar geht es hier explizit um die Drittgerichtetheit von Amtspflichten i. S. v. § 839 BGB. Die hier dargestellten Erwägungen sind jedoch evident transferierbar. Auch der Ersteigerer darf in schutzwürdiger Weise darauf vertrauen, dass der Gutachter bei der Ermittlung des Verkehrswerts sorgfältig und sachgemäß vorgeht. Damit steht nicht etwa die Harmonisierung der Haftungsgrundlagen bzw. eine einheitliche Haftung von Gericht, Gutachterausschuss sowie Wertgutachter im Vordergrund. Vielmehr kann die Aktivlegitimation zugunsten des Meistbietenden im Rahmen der Zwangsversteigerung im Zuge der vergleichbaren Interessenlage zur Wertfestsetzung durch ein Versteigerungsgericht sowie die Wertermittlung durch einen Gutachterausschuss bejaht werden. Darüber hinaus scheint eine divergierende haftungsrechtliche Behandlung in der Tat widersprüchlich und für den Ersteigerer mit Rechtsunsicherheiten verbunden und kann daher kaum überzeugen.

Alternativen zu einer Haftung nach § 839a Abs. 1 BGB kommen mit Blick auf die abschließende Wirkung des § 839a BGB nicht in Betracht. Eine Haftungsfreistellung wäre nicht zu rechtfertigen. In der Sache Weigang wird 1978 eine Haftungsfreistellung durch das Bundesverfassungsgericht als nicht verfassungskonform judiziert.[194]

Auch die differierenden ratio legis des § 74a ZVG sowie des § 839a BGB lassen sich vorliegend anführen. Geht man davon aus, dass das Wertfestsetzungsverfahren dem Schutz der Parteien des Zwangsvollstreckungsverfahrens dient, so verschiebt sich die Perspektive für einen Regressprozess nach § 839a BGB.

Insbesondere wird nicht ersichtlich, weshalb der Kreis der Verfahrensbeteiligten deckungsgleich zu dem des Verfahrens definiert werden soll, in dem der Sachverständige beauftragt wird.

Instruktiv ist hier auch die amtliche Begründung zu § 839a BGB, in der es heißt: „Mit der Regelung soll auch dem Umstand Rechnung getragen werden, dass der Rückgriff auf den Sachverständigen für den in einem Rechtsstreit auf Grund eines falschen Sachverständigengutachtens Unterlegenen oft die einzige Möglichkeit ist, materielle Gerechtigkeit zu erlangen."[195]

---

[193] *BGH* NVwZ-RR 2003, 401.

[194] *BVerfGE* 49, 304 (304 ff.).

[195] BT-Drucks. 14/7552 S. 28.

Gem. § 74a Abs. 5 S. 4 ZVG ist eine Anfechtung des Zuschlags mit der Begründung, dass der Grundstückswert unrichtig festgesetzt sei, ausgeschlossen. Damit scheidet eine Beschwerde gem. § 95 ZVG sowie weitere Rechtsbehelfe gegen den Zuschlagsbeschluss allgemein aus. Eine Auslegung des Begriffs des Verfahrensbeteiligten dahingehend, dass er auch den Ersteher erfasst, steht daher im Einklang mit den normativen Wertungen des § 839a BGB und scheint sogar geboten.

Konkludent lässt sich aus den Ausführungen des Senats ableiten, dass der Schutzbereich des § 839a BGB unproblematisch die Verfahrensbeteiligten i. S. v. § 9 ZVG erfasst und damit insbesondere zugunsten des Vollstreckungsgläubigers sowie zugunsten des Vollstreckungsschuldners Anwendung findet.

Im Weiteren bedarf es einer Definition und Feststellung der konkreten höchstrichterlich etablierten Haftungsvoraussetzungen im Rahmen der Sachverständigenhaftung im Zwangsversteigerungsverfahren.

Zunächst ist auf die Voraussetzung des gerichtlichen Verfahrens i. S. v § 839a Abs. 1 BGB einzugehen.

Technisch wird der Gutachter im Rahmen eines Zwangsversteigerungsverfahrens regelmäßig in einem Wertfestsetzungsverfahren berufen, um einen Grundstückswert zu taxieren. Neben dem Zwangsvollstreckungsverfahren als solches kommt auch das Wertfestsetzungsverfahren gem. § 74a ZVG als gerichtliches Verfahren in Betracht.

Hierfür kann die verfahrensähnliche Ausgestaltung angeführt werden. So besteht etwa die Möglichkeit der sofortigen Festsetzungsbeschwerde nach § 74a Abs. 5 S. 3 ZVG. Es kann von einem zumindest partiell eigenständigen Verfahren gesprochen werden.

An dieser Stelle kann auf die Parallele des Wertfestsetzungsverfahrens zum selbständigen Beweisverfahren hingewiesen werden. Das in einem selbständigen Beweisverfahren erstattete Gutachten kann zweifellos nach Klageerhebung im Hauptverfahren eine Haftung des Sachverständigen begründen.

Daneben ist die gerichtliche Entscheidung i. S. v. § 839a Abs. 1 BGB im Rahmen eines Zwangsversteigerungsverfahrens zu bestimmen. Dabei ist festzuhalten, dass das Wertgutachten keine schädigende gerichtliche Entscheidung im technischen Sinne gem. § 839a Abs. 1 BGB kausal herbeiführt. Problematisch bei der Bestimmung der gerichtlichen Entscheidung i. S. d. § 839a Abs. 1 BGB ist die prozessuale Ausgestaltung des Zwangsvollstreckungsverfahrens.

In Betracht kommt zunächst, den Festsetzungsbeschluss des Vollstreckungsgerichts als gerichtliche Entscheidung i. S. v. § 839a Abs. 1 BGB zu qualifizieren. Gegen die Annahme, dass der gesetzliche Festsetzungsbeschluss eine gerichtliche Entscheidung i. S. v. § 839a Abs. 1 BGB darstellt, spricht allerdings, dass die Festsetzung des Gebotspreises per Beschluss unter Berücksichtigung des Wertgutachtens ganz eindeutig gerade nicht unmittelbar zu einem äquivalent kausalen Schaden führt. Das Wertgutachten trägt vielmehr zu einer Gebotsabgabeentscheidung des Meistbietenden bei. Die gerichtliche Entscheidung ist im Kontext des Zwangsversteigerungsverfahrens zu sehen. Für die Anwendung des § 839a Abs. 1 BGB ist daher defacto eine Tatbestandsverschiebung geboten. Nach Ansicht des Senats kann für die gerichtliche Entscheidung bei der Haftung des Wertgutachters auf den im Zwangsvollstreckungsverfahren erlassenen Zuschlagsbeschluss abgestellt werden. Dieser Zuschlagsbeschluss ergeht in Folge des Höchstgebotes.

Der Zuschlag stellt einen Hoheitsakt dar. Gem. § 90 ZVG erwirbt der Ersteher durch den Zuschlag Eigentum am Grundstück. Der Zuschlag entfaltet insoweit zunächst eine dingliche Wirkung. Dies ist vergleichbar mit einer typischen gerichtlichen Entscheidung i. S. v. § 839a Abs. 1 BGB. Zwar wird durch einen Zuschlag kein Vollstreckungstitel geschaffen.

Gleichzeitig geht der Beschluss aber weiter, in dem er, ähnlich wie bei einem Gestaltungsurteil, unmittelbar ein Rechtsverhältnis ändert. Daneben begründet der Zuschlagsbeschluss sowohl die Verpflichtung des Höchstbietenden zur Zahlung des Meistgebots als auch die Amtspflicht der öffentlichen Hand zur Aushändigung des Versteigerungsguts. Hierin kann eine gewisse Similarität zu einem Leistungsurteil gesehen werden.

Ebenso wenig ist es zwingend erforderlich, auf die erste kausal herbeigeführte Gerichtsentscheidung abzustellen. Damit wäre es auch bei Qualifizierung des Wertfestsetzungsbeschlusses als gerichtliche Entscheidung nicht schädlich, für die Haftungsbegründung auf den Zuschlagsbeschluss abzustellen.

Qualifiziert man die Wertfestsetzung im Zwangsversteigerungsverfahren als gerichtliches Verfahren und den Zuschlagsbeschluss als gerichtliche Entscheidung, kann § 839a BGB Anwendung finden.

Im Ergebnis können als ersatzfähiger Schaden zwei Alternativen erwogen werden. Der Geschädigte kann sowohl den Differenzbetrag zwischen seinem hypothetischen und seinem tatsächlich abgegeben Gebot geltend machen als auch beanspruchen, so gestellt zu werden, als hätte er das Objekt nicht ersteigert. Hierbei handelt es sich jedoch um keine spezifische Besonderheit. Vielmehr entspricht dies der allgemeinen Pflicht zur Naturalrestitution i. S. v. § 249 Abs. 1 BGB.

5. BGH, III. Zivilsenat, Urteil vom 10. Oktober 2013, BGHZ 198, 265

Die Entscheidung des Bundesgerichtshofs vom 9. März 2006[196] wird mit Urteil vom 10. Oktober 2013 bestätigt und fortgeführt.

Der Senat bestätigt, dass § 839a Abs. 1 BGB auch zugunsten des Meistbietenden im Zwangsversteigerungsverfahren gegenüber dem Verkehrswertgutachter i. S. v. § 74a Abs. 5 S. 1 ZVG Anwendung findet.

In diesem Kontext wird erneut betont, dass der Ersteher als Verfahrensbeteiligter des Zwangsversteigerungsverfahrens i. S. v. § 839a Abs. 1 BGB anzusehen sei.

Ausdrücklich wird ein Wertfestsetzungsverfahren gem. § 74a Abs. 5 ZVG erstmals explizit als gerichtliches Verfahren i. S. v. § 839a Abs. 1 BGB qualifiziert. Dabei handelt es sich um eine überzeugende Ergänzung zum Urteil vom 9. März 2006.

Darüber hinaus wird das Urteil vom 9. März 2006[197] fortgeführt. Der Bundesgerichtshof geht in seiner Entscheidung vom 10. Oktober 2013 vertieft auf weitere Haftungsvoraussetzungen ein und nimmt dabei teilweise Modifikationen vor.

Zwingende Voraussetzung für die Begründung eines Anspruchs aus § 839a Abs. 1 BGB ist die Erstattung eines unrichtigen Gutachtens durch den gerichtlich berufenen Sachverständigen. Zu klären ist, worauf sich diese Unrichtigkeit in den vorliegenden Fällen bezieht.

Die durch den Bundesgerichtshof angeführte allgemeine Definition der Unrichtigkeit entspricht der einhelligen Auffassung in Rechtsprechung und Schrifttum.[198]

---

[196] *BGHZ* 166, 313.

[197] Ebd.

[198] *OLG Köln*, BeckRS 2011, 25253; BeckOGK/*Dörr*, BGB, § 839a Rn. 26; *Grüneberg/Sprau*, BGB, § 839a Rn. 3; MüKoBGB/*Wagner*, § 839a Rn. 19; *Schöpflin*, ZfS 2004, S. 241 (243); *Soergel/Spickhoff*, BGB, § 839a Rn. 20; *Staudinger/Wöstmann*, BGB, § 839a Rn. 9.

Vorliegend begründet sich die Haftung des Sachverständigen spezifisch durch die Erstellung eines unrichtigen Verkehrswertgutachtens nach § 74a Abs. 5 S. 1 ZVG. Berücksichtigt man die durch ein Verkehrswertgutachten geschützten Interessen, scheint es geboten, die Bestimmung eines unrichtigen Gutachtens zu modifizieren. Der Maßstab für die Unrichtigkeit des Gutachtens i. S. v. § 839a Abs. 1 BGB muss sich daher zu Recht nach einem korrekt ermittelten Verkehrswert richten. Der Bundegerichtshof übernimmt dabei die schlüssige Auffassung des Oberlandesgerichts Schleswig sowie des Oberlandesgerichts Rostock.[199]

Zu erwägen ist, ob darüber hinaus auch eine Haftung des Sachverständigen für inhaltliche Fehler des Gutachtens in Betracht kommt. Hierfür sprechen vor allem praktische Erwägungen. Dem Ersteigerer ist es mangels Zugangs zum Grundstück bzw. zu entscheidungserheblichen Daten nicht möglich, eine eigene Bewertung bzw. Kalkulation aufzustellen und so eigenhändig den Verkehrswert zu ermitteln. Dem Meistbietenden komme somit eine erhebliche Schutzwürdigkeit zu.

Allerdings würde eine Haftung des Sachverständigen für jede inhaltliche Diskrepanz eine uferlose Restitutionspflicht bedeuten. Damit wäre dem Sachverständigen eine unbefangene Taxierung kaum möglich. Dies steht diametral zur gesetzgeberischen Wertung des § 839a BGB, dass „dem Sachverständigen (nicht) die innere Freiheit genommen (wird), derer er bedarf, um sein Gutachten unabhängig und ohne Druck eines möglichen Rückgriffs erstatten zu können."[200] Dem könnte entgegengehalten werden, dass sich die normative Wertung explizit im Verschuldensmaßstab niederschlägt und der Sachverständige durch dessen Beschränkung bereits privilegiert wird. Dennoch knüpft die Auffassung des Senats hier an, sodass die Auslegung des Senats zumindest im Einklang mit dieser normativen Wertung steht.

Letztlich könnte es nicht überzeugen, sofern eindeutig nicht ausschlaggebende Fehler die Möglichkeit einer Remedur eröffnen. Nur durch die Voraussetzung einer Erheblichkeit der unzutreffenden Wertermittlung kann eine exorbitante Belastung des Verkehrswertgutachters vermieden werden. Zudem wäre in der Praxis eine Beweisführung sowie Gegenbeweisführung schlechthin diffizil, sodass erhebliche Nachweisschwierigkeiten bestehen

---

199 *OLG Schleswig* DS 2008, 32 (32 f.); *OLG Rostock* DS 2008, 386 (387).
200 BT-Drucks. 14/7552 S. 28.

würden. Insbesondere bleibt zu berücksichtigen, dass sich schwerwiegende inhaltliche Fehler auch mittelbar im Verkehrswert widerspiegeln. Damit kann von einer Haftung für inhaltliche Fehler über Umwege gesprochen werden. Es scheint überzeugend, dass nicht jede inhaltliche Unkorrektheit eine Haftung begründet. Hinsichtlich der Unrichtigkeit des Gutachtens wird somit eine ergebnisorientierte Auslegung verfolgt, die inhaltliche Aspekte des Gutachtens primär unberücksichtigt lässt.

Vor dem Hintergrund der dargestellten normativen Wertung scheint es in der Sache auch gerechtfertigt, dass es lediglich einer annäherungsweisen Ermittlung des Verkehrswerts bedarf. Eine durchweg korrekte Wertermittlung kann nicht gewährleistet werden. Dieser gewisse Grad an potentiellem Risiko für beide Parteien hinsichtlich der Taxierung des Objekts wohnt einer Zwangsversteigerung naturgemäß inne. Es ist unvermeidbar, dass das Regressgericht und der Wertgutachter unter Umständen nicht den identischen Verkehrswert feststellen. Indem für die Erheblichkeit die Gesamtumstände entscheidend sind, besteht keine statische Grenze im Sinne eines absoluten Wertes oder eines bestimmten Prozentsatzes. Es muss flexibel auf den Einzelfall reagiert werden.

Die annäherungsweise Wertermittlung entspricht dabei allgemein der im Rahmen der Zwangsvollstreckung etablierten höchstrichterlichen Rechtsprechungen.[201] Somit setzt eine Haftungsbegründung eine gewisse Intensität der Pflichtverletzung des Sachverständigen voraus.

Auch unter einem weiteren Aspekt wird deutlich, dass eine annäherungsweise Wertermittlung zu einem billigen Ergebnis führt. In der Praxis ist es durchaus üblich, dass teilweise auf Gutachten zu vergleichbaren Objekten zurückgegriffen wird[202] und keine genaue individuelle Wertermittlung erfolgt. Damit wäre es inadäquat, für die Fälle, in denen ein konkretes Gutachten eingeholt wird, einen exakt ermittelten Verkehrswert zu insistieren.

Die Ermittlung des korrekten Verkehrswerts ist bereits für das Urteil des Bundesgerichtshofs vom 9. März 2006[203] zur Bestimmung des ersatzfähigen Schadens relevant. Demnach solle bei Vorliegen der Haftungsvoraussetzungen die Vermögenslage hergestellt werden, die bei pflichtgemäßem Verhalten

---

201 *BGH* NJW-RR 2008, 1741, Rn. 11; *BGHZ* 160, 8 (14).
202 *Alff*, Rpfleger 2006, S. 551 (553).
203 *BGHZ* 166, 313.

des Sachverständigen eingetreten wäre. Konkret sei für das pflichtgemäße Verhalten des Sachverständigen auf die korrekte Ermittlung des Grundstückswerts abzustellen. Erst in seinem Urteil vom 10. Oktober 2013 geht der Senat dann konkret auf die Problematik der Bestimmung der Tatbestandvoraussetzung des unrichtigen Gutachtens ein und liefert eine schlüssige Argumentation für dessen Auslegung.

Ebenfalls von Bedeutung ist die Auslegung des Verschuldensmaßstabs. Nach den Ausführungen des Senats richtet sich dieser explizit nach der Expertise des begutachtenden Sachverständigen. Auch damit ist es möglich, auf den konkreten Einzelfall zu reagieren. Die Auslegung wirkt sich für den Sachverständigen begünstigend aus. Eine Orientierung an der Expertise eines besonders sach- und fachkundigen Sachverständigen würde eine strengere Haftung bedeuten. Der Gesetzgeber hat über eine Beschränkung der Haftung auf grobe Fahrlässigkeit gerade eine Haftungsbeschränkung zur Privilegierung des Sachverständigen vorgesehen. Diese Privilegierung würde im Fall des Maßstabs einer besonderen Fach- und Sachkunde größtenteils konterkariert werden. Somit kann davon ausgegangen werden, dass die Auslegung des Bundesgerichtshofs dem gesetzgeberischen Willen entspricht.

Im Weiteren stellen auch die Ausführungen hinsichtlich des ersatzfähigen Schadens eine Bestätigung der Entscheidung vom 9. März 2006[204] dar. Daneben nimmt der Bundesgerichtshof entschieden zur haftungsausfüllenden Kausalität i. S. v. § 839a Abs. 1 BGB Stellung und betont, dass der ermittelte Verkehrswert als Anknüpfungspunkt diene. Dies ist bereits für die haftungsbegründende Kausalität entschieden und stellt daher eine stringente und logische Schlussfolgerung dar. Da sich im Rahmen der haftungsausfüllenden Kausalität der Umfang der Schadenspflicht ergibt, wird der Sachverständige so insbesondere nicht zum Ausgleich marginaler Fehler verpflichtet.

Somit besteht in der Praxis gerechtfertigter Weise ein breiter Konsens bezüglich der Anwendbarkeit des § 839a BGB im Zwangsversteigerungsverfahren i. S. v. § 74a Abs. 5 S. 1 ZVG sowie der damit einhergehenden modifizierten Haftungsvoraussetzungen des § 839a Abs. 1 BGB. Die Rechtsansichten des Bundesgerichtshofs haben sich als gefestigte höchstrichterliche Rechtsprechung etabliert. Hierfür sprechen sowohl die bestätigenden und

---

[204] Ebd.

fortführenden Urteile des Bundesgerichtshofs vom 9. März 2006[205] sowie vom 10. Oktober 2013 als auch die hierauf Bezug nehmenden Urteile der Untergerichte.

6. Darstellung der im Schrifttum vertretenen Rechtsauffassungen

Nach der herrschenden Ansicht im Schrifttum stellt ein Zwangsversteigerungsverfahren und insbesondere auch ein Wertfestsetzungsverfahren gem. § 74a ZVG ein gerichtliches Verfahren i. S. v. § 839a Abs. 1 BGB dar.

Umstritten ist im Schrifttum vor allem, ob die Definition des Verfahrensbeteiligten i. S. v. § 839a Abs. 1 BGB auch den Ersteigerer umfasst.

Mit dieser haben sich vor allem *Wagner* und *Thole*[206] intensiv auseinandergesetzt, deren Argumente teilweise entkräftet werden können.

Gegen die Interpretation der Voraussetzung des Verfahrensbeteiligten durch *Wagner* und *Thole* spricht die eigens ins Feld geführte nicht überzeugende streng formalistische prozessuale Auslegung des Begriffs.

Zudem bleibt die kongruente Interessenlage zu einem Ersteher im Falle der Verletzung einer drittgerichteten Amtspflicht eines Vollstreckungsgerichts sowie eines Gutachterausschusses bestehen.

Geht man mit der Ansicht konform, dass der Ersteher, anders als die in § 9 ZVG aufgeführten Verfahrensbeteiligten, lediglich in seinen Vermögensinteressen betroffen sei, stellt dies kein Argument gegen eine Erweiterung des Begriffs des Verfahrensbeteiligten dar. Vielmehr scheint dies angesichts der normativen Wertungen des § 839a BGB sogar geboten, denn § 839a BGB soll gerade ein generelles Haftungsinstitut für Vermögensschäden statuieren.[207] Ferner sind wohl auch beim Vollstreckungsgläubiger sowie beim Vollstreckungsschuldner in erste Linie Vermögensinteressen betroffen.

Folgt man der Annahme, dass sich die Interessen der Vollstreckungsparteien und der Bieter hinsichtlich des Wertgutachtens gegenüberstehen, stellt es keinen Widerspruch dar, dass dieses beiden zugutekommt. Auch die Bieter profitieren aus einem korrekten Wertgutachten. Sie erhalten Gewissheit zumindest über den groben Objektwert. So schützt das Gutachten die Bieter

---

[205] Ebd.

[206] *Wagner/Thole*, VersR 2004, S. 275.

[207] BT-Drucks. 14/7752, S. 28.

davor, ein unverhältnismäßiges Gebot abzugeben. Dies stellt zumindest eine mittelbare Folge der Wertfestsetzung dar.

Wagner und *Thole* beanstanden, dass das Höchstgebot in der höchstrichterlichen Entscheidung vom 20. Mai 2003[208] den tatsächlichen Verkehrswert des Objekts nicht überstiegen habe.[209] Dies stellt sicherlich einen wirtschaftlichen Vorteil für den Ersteher dar. Dennoch kann nicht ausgeschlossen werden, dass der Ersteher bei korrekter Taxierung ein niedrigeres Gebot abgegeben hätte oder von der Abgabe eines Gebots abgesehen hätte. Eine faktisch profitable Ersteigerung kann auch im Falle einer unzutreffenden Begutachtung nicht ausschlaggebend sein. Andernfalls würde man die Dispositionsfreiheit des Erstehers einschränken. Dies widerspricht offensichtlich dem verfassungsrechtlich garantierten Grundsatz der Privatautonomie. Bezeichnenderweise eröffnet ein Zwangsversteigerungsverfahren dem Bieter mitunter die Möglichkeit, eine besonders wirtschaftliche Situation zu induzieren.

Auch die Perspektive *Wagners* und *Tholes*, der Sachverständige könne zum Garanten für einen möglichst niedrigen Wert werden,[210] kann nicht unbedingt überzeugen. Für die Erfüllung der Haftungsvoraussetzung der Unrichtigkeit i. S. v. § 839a Abs. 1 BGB kommt es auf eine unzutreffende Ermittlung des tatsächlichen Objektwerts an. In der Praxis bedarf es dabei bereits einer Erheblichkeit der abweichenden Verkehrswertermittlung. Zudem wird der Sachverständige gerade keinen überzogen niedrigeren Verkehrswert, zumindest keinen der unangemessen ist, ansetzen. Einem solchen Vorgehen kommt das reziproke Potential zu, eine Haftung zugunsten der Vollstreckungsparteien zu begründen.

Daneben erwägen *Wagner* und *Thole*, auf den Wertfestsetzungsbeschluss als die gerichtliche Entscheidung im Rahmen eines Zwangsversteigerungsverfahrens abzustellen.[211] Dieser beruht zwar unmittelbar auf dem Wertgutachten. Jedoch fehlt es an einer haftungsausfüllenden Kausalität. Es scheint bereits fraglich, ob in dem Wertfestsetzungsbeschluss ein Hoheitsakt zu sehen ist. Der Beschluss entfaltet keine unmittelbare Wirkung gegenüber

[208] *BGH* NJW 2003, 2825.
[209] *Wagner/Thole*, VersR 2004, S. 275 (278).
[210] Ebd.
[211] Ebd.

den Bietern. Lediglich in Kombination mit § 85 ZVG muss das Höchstgebot mindestens die Hälfte des ermittelten Werts erreichen, sodass dem Beschluss die Entscheidungsfreiheit der Bieter hinsichtlich der Gebotsabgabe in gewissem Maße einschränkt. Somit scheint es überzeugender, hier der etablierten höchstrichterlichen Rechtsprechung zu folgen und den Zuschlagsbeschluss als gerichtliche Entscheidung i. S. v. § 839a Abs. 1 BGB zu qualifizieren.

Zu Recht merken *Wagner* und *Thole* an, dass der Ersteigerer weder gegen das Wertgutachten noch gegen den Zuschlagsbeschluss ein Rechtsmittel i. S. v. § 839a Abs. 2 i. V. m. § 839 Abs. 3 BGB eingelegen kann.[212] De jure bedeutet dies eine Haftungsverschärfung zulasten des Gutachters. Dies ist mit Blick auf das interessenspezifisch ausgewogene Haftungskonzept kritisch zu betrachten. Das Haftungsinstitut sieht in mehrfacher Hinsicht eine Privilegierung des Sachverständigen vor. So ist etwa gerade ein vollumfänglicher Haftungsausschluss nach dem Alles-oder-Nichts-Prinzip anstatt einer Quotelung der Schadensersatzpflicht über § 254 BGB vorgesehen. Eine wertungsmäßige Korrektur über § 242 BGB kommt ebenso wenig in Betracht. Dem Geschädigten kann letztlich nicht vorgeworfen werden, kein Rechtsmittel eingelegt zu haben, soweit diesem keines zur Verfügung steht. Der Verweis des § 839a Abs. 2 BGB auf § 839 Abs. 3 BGB stellt „sicher, dass die schuldhafte Nichteinlegung eines Rechtsmittels auch hier zum Haftungsausschluss führt."[213] Damit ist der Haftungsausschluss auch von einer subjektiven Komponente in Form eines Verschuldens gekennzeichnet. Da kein Rechtsmittel zur Verfügung steht, lässt sich argumentieren, dass den Ersteigerer auch kein Verschulden trifft. Damit kann in Betracht gezogen werden, dass eine Auslegung dieser gesetzgeberischen Intention die faktische Haftungsverschärfung rechtfertigt. Zudem intendiert § 839 Abs. 3 BGB, auf den § 839a Abs. 2 BGB verweist, lediglich den Vorrang des Primärrechtschutzes. Es besteht jedoch kein zwingendes Postulat, dass ein solcher generell ergriffen werden muss. Letztlich kann es dem Geschädigten auch nicht zum Nachteil gereicht werden, dass der Gesetzgeber keine vorrangige materiell-rechtliche Regelung zur Schadensrestitution vorgesehen hat.

§ 839a BGB kommt ausweislich der Gesetzesbegründung eine abschließende Wirkung zu. Hierzu wird ausgeführt: „Mit der vorgeschlagenen

---

212 Ebd.

213 BT-Drucks. 14/7552 S. 28.

Regelung wird ein neuer Haftungstatbestand geschaffen, der die Haftung des gerichtlichen Sachverständigen für ein unrichtiges Gutachten abschließend regelt."[214] Maßgeblich für die Sperrwirkung ist die Erstattung eines unrichtigen Gutachtens. Ein Rückgriff auf die allgemeinen deliktischen Vorschriften, insbesondere auch auf § 826 BGB, ist ausgeschlossen. Somit steht die dargestellte Haftungsalternative *Wagners* und *Tholes*[215] in Diskrepanz zur gesetzgeberischen Intention.

Als Begründung für die Anwendbarkeit der allgemeinen deliktischen Vorschriften führen *Wagner* und *Thole* an, dass es sich bei den durch den Zuschlagsbeschluss verursachten Schäden um Begleitschäden handele.[216] Dies muss ebenfalls kritisch betrachtet werden. Bei sogenannten Begleitschäden handelt es sich um Schäden, die während der Begutachtung selbst verursacht werden. Hier ist die Begutachtung bei der Entstehung des Schadens bereits abgeschlossen. Vielmehr beruht der Schaden auf der maßgeblich unzutreffenden Verkehrswertermittlung. Begleitschäden sind zudem durch einen Eingriff in ein absolut geschütztes Rechtsgut i. S. v. § 823 Abs. 1 BGB gekennzeichnet. Demgegenüber liegt hier gerade nur ein Vermögensschaden des Ersteigerers vor.

§ 839a BGB regelt die Haftung des gerichtlich berufenen Sachverständigen für eine unrichtige Begutachtung abschließend. Damit ist auch unerheblich, ob der Schaden, wie durch *Wagner* und *Thole* angeführt,[217] auf dem Gutachten oder auf dem Wertfestsetzungsbeschluss beruht. § 839a BGB entfaltet in jedem Fall eine Sperrwirkung.

Die einheitliche Auslegung der §§ 839, 839a und 826 BGB und insbesondere des Verschuldensmaßstabes würde im Rahmen einer Haftung nach § 839 BGB eine Haftungsprivilegierung bedeuten, die de facto dem Staat zugutekommt. Dies kann auch mit Blick auf den differierenden Verschuldensmaßstab nicht gerechtfertigt werden. Zum einen ist dies nicht erforderlich, da ein Sachverständiger außerhalb einer gerichtlichen Ernennung nicht zu einer Begutachtung verpflichtet ist. Damit greift insbesondere nicht die normative Wertung, die mitunter zu einer Haftungsprivilegierung des Sachverständigen

---

214 *Wagner/Thole*, VersR 2004, S. 275 (278).
215 Ebd. (279).
216 Ebd. (278).
217 Ebd.

im Rahmen von § 839a Abs. 1 BGB führt. Zum anderen erscheint eine faktische Begünstigung des staatlichen Rechtsträgers zweifelhaft.

Auch *Alff* spricht essentielle Punkte an, die näher betrachtet werden müssen.

Alff bestreitet zunächst die haftungsbegründende Kausalität, sofern die Wertgrenze der §§ 74a und 85a ZVG erreicht wird.[218] In diesem Fall sei das Gutachten nicht kausal für den Zuschlag. Vorliegend ist jedoch zu berücksichtigen, dass es sich um einen Fall der mittelbaren Kausalität handelt. Dabei wird der Meistbietende durch das Gutachten dahingehend beeinflusst, ein Gebot abzugeben, dass mittelbar den Zuschlag herbeiführt. Das Wertgutachten ist, wie *Alff* selbst feststellt, insbesondere für die Willensbildung der Bieter maßgeblich. Wird die Wertgrenze überstiegen, kann das Gutachten weiterhin zur Abgabe eines Höchstgebots und damit zu einem anschließenden Zuschlag beitragen. Damit kann durchaus eine haftungsbegründende Kausalität konstatiert werden. Nach der in der höchstrichterlichen Rechtsprechung etablierten Herausforderungsformel sind Fälle der mittelbaren Kausalität für eine Haftungsbegründung ausreichend.[219]

Damit ist auch unerheblich, dass § 74a Abs. 5 ZVG ein Gutachten nicht obligatorisch voraussetzt. Ergeht ein Gutachten, kann dieses zumindest mittelbar einen Zuschlagsbeschluss verursachen und eine Haftung nach § 839a BGB begründen. Ergeht kein Gutachten, wird insbesondere auch kein schützenswertes Vertrauen der Bieter geschaffen.

Gegen eine haftungsausfüllende Kausalität führt *Allf* an, dass die Verpflichtung zur Zahlung bereits mit der Zulassung des Gebots begründet werde.[220] Dem ist zu widersprechen. Die Zahlungspflicht, und damit korrelierend der Schaden, tritt objektiv mit Erteilung des Zuschlags ein. Erst dann erfolgt die Annahme des Höchstgebots und ein Rechtsverhältnis wird begründet, das Rechten und Pflichten, primär eine Zahlungspflicht, für den Ersteher vorsieht. So ist etwa auch das Bargebot nach § 49 Abs. 2 ZVG erst vom Zeitpunkt des Zuschlags an zu verzinsen. Zudem wird der Ersteher nach § 90 ZVG erst mit dem Zuschlag Eigentümer. Die Zahlungspflicht hängt schließlich von dem Vorbehalt bzw. der Bedingung ab, dass

---

218 *Alff*, Rpfleger 2006, S. 551 (553).

219 *BGHZ* 192, 261, Rn. 8.

220 *Alff*, Rpfleger 2006, S. 551 (554).

kein höheres Gebot abgegeben wird. Bezeichnenderweise wird jedes Gebot lediglich zugelassen und nicht angenommen. Andernfalls würde mit jedem weiteren Höchstgebot erneut eine Zahlungspflicht begründet und die ursprüngliche Zahlungspflicht hoheitlich einseitig aufgehoben werden. Auch der Wortlaut des § 72 ZVG deutet dies an. Dieser sieht im Falle eines Übergebots ein Erlöschen des Gebots vor, und nicht das Erlöschen einer Zahlungspflicht oder eines Rechtsverhältnisses. Dass der Bieter sein Gebot nicht zurücknehmen kann bzw. auf dieses keinen Einfluss hat, ist insoweit irrelevant. Würde man dieser Argumentation folgen, müsste sich der Schaden konsequent begründen, sobald der Geschädigte keinen Einfluss mehr hat, den Schadenseintritt zu verhindern. Dies würde zu einer unnatürlichen Aufspaltung zwischen der Möglichkeit der Einflussnahme des Geschädigten auf den Schaden und dem tatsächlichen Schadenseintritt führen.

Nach *Alff* sieht der Bundesgerichtshof im Zuschlagsbeschluss eine gerichtliche Streitentscheidung über konkurrierende Gebote.[221] Dies lässt sich der höchstrichterlichen Entscheidung nicht zweifelsfrei entnehmen. Der Senat stellt vielmehr auf die rechtliche Wirkung des Zuschlags ab.

Auch die zu einer vergleichsweisen Erledigung des Verfahrens gezogene Parallele hinkt. Wie der Bundesgerichtshof bereits angeführt hat, wird mit der Abgabe eines Gebots das ursprüngliche wirtschaftliche Ziel gerade aufrechterhalten, sodass eine klare sachliche Differenz gegeben ist.

Zudem kann etwaigen vergleichbaren Nachweisschwierigkeiten durch Beweiserleichterungen entgegnet werden. Zwar obliegt dem Geschädigten die Darlegungs- und Beweislast. Allerdings kommen ihm die Beweiserleichterungen des § 287 ZPO zugute. Dabei gelten nach Ansicht des Senats jedoch strengere Anforderungen, „je geringer die Differenz zwischen dem vom Sachverständigen ermittelten und dem richtigen Verkehrswert ist und je deutlicher das zum Zuge gekommene Meistgebot unter diesen Werten liegt."[222] Die Bedenken *Allfs*, dass im Falle eines niedrigen Schadens ein Kausalitätsnachweis weiter erschwert werde,[223] finden somit in der von *Allf* zitierten Rechtsprechung sowie in der aktuellen höchstrichterlichen Rechtsprechung

[221] Ebd.
[222] *BGHZ* 198, 265, Rn. 36.
[223] *Alff*, Rpfleger 2006, S. 551 (554).

insoweit Anklang. Entscheidend ist jedoch, dem Einzelfall gerecht zu werden, und eine haftungsausfüllende Kausalität nicht pauschal auszuschließen.

Die durch *Alff* postulierte Besserstellung der Ersteigerer gegenüber sich vergleichenden Parteien in einem Zwangsversteigerungsverfahren[224] ist in sich widersprüchlich. Aus der Gesetzesbegründung lässt sich induzieren, dass den Parteien bei einer konsensualen Streitbeilegung ein Schadensersatzanspruch nach § 839a BGB generell versagt ist und im Umkehrschluss damit ein allgemeiner haftungsrechtlicher Nachteil intendiert ist. Dies gilt auch im Rahmen eines Zwangsversteigerungsverfahrens. Somit lässt sich keine explizite Schlechterstellung konstatieren. Es ist nicht ersichtlich, weshalb für ein Zwangsversteigerungsverfahren eine Ausnahme von diesem Grundsatz geboten sein sollte.

Ausgangspunkt für die höchstrichterliche Auslegung des Tatbestandsmerkmals der gerichtlichen Entscheidung i. S. v § 839a Abs. 1 BGB in einem Zwangsversteigerungsverfahren stellt folgende entscheidende und zutreffende These dar, die durch *Wurm* aufgestellt wurde:

„Vollzieht sich die gerichtliche Entscheidungsfindung über mehrere Stufen, von denen die jeweils folgende auf der vorangegangenen aufbaut, so kann haftungsbegründende Entscheidung nicht nur diejenige auf der Stufe sein, auf der das Sachverständigengutachten eingeholt worden ist, sondern auch die folgende Endentscheidung. Dies gilt auch dann, wenn die Entscheidung auf der vorangegangenen Stufe einer selbständigen Anfechtbarkeit mit Rechtsmitteln unterlegen hatte."[225] Diese These wurde durch *Wöstmann* übernommen.[226]

In der Konsequenz kommt eine Ersatzpflicht nach § 839a BGB auch dann in Betracht, sofern ein in einem Wertfestsetzungsverfahren erstattetes Gutachten mit Blick auf die mehrstufige Ausgestaltung des Zwangsversteigerungsverfahrens im späteren Verlauf verwertet wird. Es ist nicht erforderlich, dass bereits im Rahmen des Wertfestsetzungsverfahren eine Verwertung erfolgt.

---

[224] Ebd.

[225] *Staudinger/Wurm*, BGB, bis Stand 2013, § 839a Rn. 17.

[226] *Staudinger/Wöstmann*, BGB, § 839a Rn. 17.

IV. Zwangsversteigerung in einem Strafverfahren

1. LG Freiburg, I. Zivilammer, Urteil vom 25. Januar 2019, DAR 2019, 521

Im Rahmen einer Notveräußerung in einem strafrechtlichen Ermittlungsverfahren wird ein Gerichtsvollzieher durch die Staatsanwaltschaft mit der Durchführung einer Versteigerung beauftragt. Der Sachverständige wird durch den zur Einholung eines Verkehrswertgutachtens ermächtigten Gerichtsvollzieher zur Erstellung eines Gutachtens für ein sichergestelltes Kraftfahrzeug herangezogen. Die Auktion erfolgt auf einer Internetplattform, sodass eine eigene Überprüfung des Fahrzeugzustands durch die Bieter nicht möglich ist. Die Angaben zum Fahrzeugzustand sowie die Benotung nach dem Institut für Sachverständige IfS sind dem verfügbaren Gutachten zu entnehmen. Der Kläger, der den Zuschlag erhält, macht Schadensersatz wegen fehlerhafter Erstellung eines Wertgutachtens geltend und trägt eine Unrichtigkeit des Gutachtens vor, die zu einem niedrigeren Gesamtwert sowie einer schlechteren Benotung führt. Bei Kenntnis dessen hätte er kein Gebot abgegeben. Der Kläger beantragt insbesondere Aufwendungsersatz für den Transport des nicht fahrbereiten Fahrzeugs zu seinem Wohnort, für die Einholung eines Privatgutachtens sowie für die außergerichtliche Tätigkeit seiner Prozessbevollmächtigten.[227]

Nach Ansicht des Landgerichts Freiburg handelt es sich bei einer Versteigerung auf einer Internetplattform in einem Strafverfahren um eine öffentliche Versteigerung im Sinne der §§ 814 ff. ZPO. Eine solche stelle ein gerichtliches Vollstreckungsverfahren dar. Der Gerichtsvollzieher übe „als Organ der Rechtspflege selbstständig und weisungsfrei öffentliche Gewalt“[228] aus. Zwischen Gericht und Sachverständigem werde ein öffentlich-rechtliches Rechtsverhältnis begründet. Damit sei die Anwendung privatrechtlicher Werkvertragsvorschriften ausgeschlossen. Dem stehe auch die Abrechnung der Beklagten als privatrechtlicher Auftrag nicht entgegen.

Hierdurch bleibe das bereits begründete öffentlich-rechtliche Verhältnis unberührt. Zudem sei zumindest „die in § 839 a BGB festgeschriebene

[227] *LG Freiburg* DAR 2019, 521 (521).
[228] Ebd. (522).

Haftungsprivilegierung zur Erreichung eines einheitlichen Haftungsmaßstabs gerichtlicher Sachverständiger auch bei privat-rechtlicher Vertragshaftung heranzuziehen."[229] In der Konsequenz würden vorliegend Ansprüche wegen der schuldhaften Verletzung werkvertraglicher Sorgfaltspflichten i. V. m. den Grundsätzen über den Vertrag mit Schutzwirkung für Dritte ausscheiden.[230]

Das Landgericht Freiburg vertritt die Auffassung, dass § 839a BGB hier anzuwenden ist.

Das Landgericht beruft sich darauf, dass sich bereits die Haftung des durch ein Vollstreckungsgericht in einem Zwangsversteigerungsverfahren berufenen Wertgutachter nach § 839a BGB richte. Die in casu erfolgte Beauftragung des Sachverständigen durch einen Gerichtsvollzieher, der hierzu staatsanwaltschaftlich ermächtigt worden sei, entspreche einer gerichtlichen Berufung.[231]

Im Einzelnen führt das Landgericht folgendes aus:

Zunächst sei der Ersteher vorliegend aktivlegitimiert. Infolge der Zwangsvollstreckung werde zwar allein zwischen Vollstreckungsgläubiger und Vollstreckungsschuldner ein Prozessrechtsverhältnis begründet.

Unter Verweis auf die höchstrichterliche Rechtsprechung vom 10. Oktober 2013[232] sei der Ersteher jedoch als Verfahrensbeteiligter des Zwangsversteigerungsverfahrens i. S. v. § 839a BGB zu sehen. Dieser „darf in schutzwürdiger Weise darauf vertrauen, dass der Gutachter bei der Ermittlung des Verkehrswerts sorgfältig und sachgemäß verfahren ist."[233] Mit der Einholung eines Wertgutachtens werden grundsätzlich die Interessen des Vollstreckungsgläubigers sowie die des Vollstreckungsschuldners geschützt, da hierdurch der Verschleuderung des zu versteigernden Objekts entgegengewirkt werden solle. Allerdings sei die Taxierung offensichtlich auch für die wirtschaftliche Disposition des Ersteigerers maßgeblich, insbesondere da eine Inaugenscheinnahme des Objekts vorliegend ausgeschlossen gewesen sei.[234]

---

229 Ebd.
230 Ebd.
231 Ebd.
232 *BGHZ* 198, 265.
233 *LG Freiburg* DAR 2019, 521 (522).
234 Ebd.

Das Landgericht differenziert hinsichtlich der fachlichen Expertise zwischen einem Wertgutachter für Kraftfahrzeuge sowie einem Gutachter für Oldtimer.[235]

Im Weiteren ordnet das Landgericht Freiburg den Zuschlagsbeschluss als gerichtliche Entscheidung i. S. v. § 839a Abs. 1 BGB ein.

Der Zuschlag wird definiert als „ein Hoheitsakt, der durch den GV als Organ der Rechtspflege im Zwangsversteigerungsverfahren ergangen ist und durch den weitreichende Rechtspflichten begründet worden sind, insbesondere die Verpflichtung des Höchstbietenden zur Zahlung des Meistgebots und die Amtspflicht der öffentlichen Hand zur Aushändigung des Versteigerungsguts."[236] Dieser Interpretation der Haftungsvoraussetzung widerspreche es auch nicht, dass der Inhalt des Beschlusses von einer autonomen wirtschaftlichen Disposition des Ersteigerers abhänge. Das Höchstgebot richte sich maßgeblich nach dem im Gutachten ermittelten Wert.[237]

Ferner befasst sich das Landgericht Freiburg mit dem ersatzfähigen Schaden.

Demnach sei der Schaden, der durch das unrichtige Gutachten entstanden sei, durch den Wertgutachter auszugleichen.

Dieser sei insbesondere im Differenzbetrag zwischen Höchstgebot und objektiven Wert zu sehen. Für das Landgericht ist dabei von besonderer Bedeutung, dass der Kläger im Falle eines zutreffenden Wertgutachtens kein Gebot abgegeben hätte. Zudem seien Transportkosten, Aufwendungen für ein Privatgutachten sowie die außergerichtlichen Rechtsanwaltskosten auszugleichen. Die Erforderlichkeit wurde dabei für den Einzelfall angenommen.[238]

2. Zwischenergebnis / Stellungnahme

Wissenschaftlich interessant und klärungsbedürftig ist die Frage, ob die durch den Bundesgerichtshof in einem zivilprozessualen Verfahren festgestellten Grundsätze für die Haftung eines Wertgutachters im

---

235 Ebd.

236 Ebd. (523).

237 Ebd.

238 Ebd.

Zwangsversteigerungsverfahren nach § 839a Abs. 1 BGB auf eine Versteigerung in einem Strafverfahren übertragbar sind.

Damit wäre auch dem Meistbietenden im Rahmen einer Versteigerung in einem Strafverfahren die Möglichkeit eröffnet, den betrauten Wertgutachter nach § 839a Abs. 1 BGB in Anspruch zu nehmen. Eine Versteigerung im Rahmen von Ermittlungsverfahren betrifft vor allem beschlagnahmte Gegenstände, die nach Abschluss des Ermittlungsverfahrens verwertet werden. Festzuhalten ist dabei, dass keine spezielle strafrechtliche Haftungsregelung besteht, die ein eigenständiges Haftungsregime normiert oder etwa auf § 839a Abs. 1 BGB verweist. Zu klären ist daher, ob eine vergleichbare Interessenlage vorliegt und so auch hier ein Bedürfnis für eine Haftungsregelung in einem Strafverfahren besteht.

Nach überzeugender Ansicht des Landgerichts Freiburg findet § 839a Abs. 1 BGB auf den Sachverständigen, der zur Vorbereitung einer in einem strafrechtlichen Ermittlungsverfahren durchzuführenden Versteigerung ein unrichtiges Wertgutachten erstattet, Anwendung. Daneben wird auch ganz grundsätzlich die Anwendbarkeit bei Versteigerungen auf Internetplattformen angenommen.[239] Grundsätzlich ist der Zugang zu beweglichen Gegenständen – wie vorliegend etwa ein Kraftfahrzeug – tendenziell leichter als bei einer Immobilie.

Bei online-ausgerichteten Auktionen ist eine persönliche Besichtigung für die Bieter jedoch ebenfalls regelmäßig ausgeschlossen. Somit besteht keine Möglichkeit, das erstattete Gutachten zu überprüfen. Das Vertrauen in die Richtigkeit des Gutachtens bzw. die sachgemäße und korrekte Wertermittlung stellt somit die wesentliche Entscheidungsgrundlage und so die Basis für die wirtschaftliche Willensbildung des Meistbietenden dar. Das Urteil liefert insofern eine prozessuale Perspektive.

Letztlich transferiert das Gericht die höchstrichterlichen Erwägungen auf die Fälle einer im Strafverfahren durchzuführenden Zwangsversteigerung. Diese Übertragung der durch die höchstrichterliche Rechtsprechung entwickelten Thesen überzeugt. Das unrichtige Gutachten lenkt die wirtschaftliche

239 Dieser Aspekt ist vor allem vor dem Hintergrund der zunehmenden Digitalisierung, die sich auch in der Justiz vollzieht, von Bedeutung.

Entscheidung des Höchstbietenden unabhängig davon, ob die Versteigerung in einem Zivil- oder Strafverfahren erfolgt.

Im Weiteren geht das Gericht auf die Haftungsvoraussetzungen des § 839a Abs. 1 BGB ein. Entscheidungserheblich sind dabei eine Interpretation der Tatbestandsmerkmale der gerichtlichen Berufung des Sachverständigen und der gerichtlichen Entscheidung sowie des ersatzfähigen Schadens i. S. v. § 839a Abs. 1 BGB.

Vorliegend ist unklar, ob die Berufung als Ernennung durch die Staatsanwaltschaft oder als Ernennung durch den Gerichtvollzieher zu werten ist. Für eine staatsanwaltschaftliche Ernennung sprechen folgende Erwägungen:

Der Gerichtsvollzieher trifft keine selbständige Entscheidung. Vielmehr ist er durch die Staatsanwaltschaft zur Ernennung eines Sachverständigen ermächtigt, sodass sich argumentieren ließe, dass die Beauftragung lediglich unter dessen Weisung ausgeführt wird. Dem Gerichtsvollzieher kommt insoweit kein Entscheidungsermessen, sondern lediglich ein Auswahlermessen zu. Die Prärogative verbleibt bei der Staatsanwaltschaft. Damit kann er als verlängerter Arm der Staatsanwaltschaft gesehen werden. Sieht man das Auswahlermessen als nicht entscheidend an, kann von einer staatsanwaltschaftlichen Ernennung ausgegangen werden.

Dagegen könnte angeführt werden, dass der Gerichtvollzieher nach außen tätig wird. Dies gilt hier umso mehr, da der Gerichtsvollzieher neben der Ernennung des Sachverständigen auch als Organ der Rechtspflege den Zuschlag und damit den Hoheitsakt erteilt. Die inneren Vorgänge zwischen Staatsanwaltschaft und Gerichtsvollzieher sind für Außenstehende, insbesondere für die Bieter, nur schwer zu erkennen.

Unabhängig davon, wie der Sachverhalt zu bewerten ist, scheint die durch das Landgericht Freiburg, nicht näher begründete, vorgenommene rechtliche Gleichstellung des gerichtlichen und des durch einen Rechtspfleger berufenen Sachverständigen im Rahmen von § 839a Abs. 1 BGB gerechtfertigt und letztlich geboten. Gem. § 9 RPflG ist der Rechtspfleger sachlich unabhängig und nur an Recht und Gesetz gebunden. Damit lässt sich insbesondere eine Parallele zu Art. 97 Abs. 1 GG konstatieren. Soweit das Verfahren durch ein Gericht oder die Staatsanwaltschaft auf einen Rechtspfleger übertragen wird, vermag eine differenzierende Behandlung im Rahmen einer Schadensersatzpflicht nach § 839a BGB nicht zu überzeugen.

Bezüglich der Klassifizierung des Zuschlagsbeschlusses als gerichtliche Entscheidung i. S. d. § 839a Abs. 1 BGB stellt das Gericht ebenfalls auf die durch den Bundesgerichtshof in seinem Urteil vom 10. Oktober 2013[240] aufgestellten Grundsätze ab. Die Ausführungen des Landgerichts entsprechen hier den höchstrichterlichen Ausführungen.

Nachdem die Einbeziehung des Ersteigerers in den Schutzbereich des § 839a Abs. 1 BGB in Folge der vergleichbaren Interessenlage zu einer Wertfestsetzung in einem Zwangsversteigerungsverfahren durch das Landgericht Freiburg angenommen wird, bedeutet diese Qualifizierung jedoch nur die logische und konsequent zu Ende gedachte Schlussfolgerung der Anwendbarkeit des § 839a Abs. 1 BGB.

Fraglich bleibt jedoch, ob sich das Landgericht hinsichtlich der Schadenskausalität lediglich unpräzise ausdrückt, soweit dieses den aufgrund des unrichtigen Wert-gutachtens eingetretenen Schadens als ersatzfähig erklärt. Grundsätzlich liegt § 839a BGB ein zweiaktiger Geschehensablauf zugrunde. Ersatzfähig ist demnach der durch die auf dem unrichtigen Gutachten beruhende gerichtliche Entscheidung, hier der Zuschlagsbeschluss, herbeigeführte Schaden.

Im Weiteren kommen folgende Haftungsalternativen in Betracht. Der Geschädigte könnte beanspruchen, so gestellt zu werden, als hätte er das Objekt nicht ersteigert, oder geltend machen, dass er im Falle einer korrekten Wertfestsetzung ein niedrigeres Meistgebot abgegeben hätte. Letzteres eröffnet die Möglichkeit, die Differenz zwischen tatsächlichem und hypothetischem Höchstgebot zu verlangen. Folglich könnte der Geschädigte entgegen der Ausführung des Landgerichts nicht die Differenz zwischen dem Meistgebot und dem tatsächlichen Wert fordern.

Im Ergebnis sind die Dogmen der gefestigten höchstrichterlichen Rechtsprechung insbesondere vom 9. März 2006[241] sowie vom 10. Oktober 2013[242] auf die Haftung eines Wertgutachters, der ein Gutachten zur Vorbereitung einer in einem strafrechtlichen Ermittlungsverfahren durchzuführenden Versteigerung erstattet, transferierbar. Dies wird durch das Landgericht bei der Auslegung der Haftungsvoraussetzungen konsequent berücksichtigt.

---

240 *BGHZ* 198, 265.
241 *BGHZ* 166, 313.
242 *BGHZ* 198, 265.

Die Entscheidung des Landgerichts Freiburg ist dabei nicht nur von rechtsdogmatischem Interesse, sondern verdeutlicht noch einmal das breite Spektrum der Anwendungsfälle des § 839a Abs. 1 BGB in der Praxis.

Eine höchstrichterliche Bestätigung dieser Rechtsauffassung durch den Bundesgerichtshof bleibt bis dato noch abzuwarten, kann aber angesichts der klaren argumentativen Linie des Bundesgerichtshofs als gewährleistet angesehen werden. Die Interessenlage sowie die verfahrensrechtliche Situation lassen sich evident vergleichen.

B. Staatsanwaltschaftliche Ernennung in einem Ermittlungsverfahren

I. Höchstrichterliche Rechtsprechung

1. BGH, III. Zivilsenat, Urteil vom 6. März 2014, BGHZ 200, 253

Als Sachverhalt liegt der Entscheidung die Haftung des Leiters eines rechtsmedizinischen Instituts einer Universität wegen der Erstattung eines fehlerhaften toxikologischen Gutachtens im Rahmen eines Todesfallermittlungsverfahrens i. S. v. § 91 StPO zugrunde.[243]

Mit Urteil vom 6. März 2014 spricht der Bundesgerichtshof erstmals über eine Analogiefähigkeit des § 839a BGB für die Fälle einer staatsanwaltschaftlichen Ernennung des Sachverständigen in einem Ermittlungsverfahren und befürwortet diese.[244]

Der Senat kommt in seinem Urteil final zu dem Ergebnis, dass der Leiter des rechtsmedizinischen Instituts im Zusammenhang mit einer Todesfallermittlung gem. der §§ 87 ff. StPO ein öffentliches Amt i. S. v. Art. 34 S. 1 GG ausübe. Daher erfolge eine Haftungsübernahme durch den Staat. Eine persönliche Haftung des Sachverständigen nach § 839a Abs. 1 BGB scheide aus.[245]

Grundsätzlich unterfielen der Haftung des § 839a Abs. 1 BGB dem Wortlaut nach nur Sachverständige, die von einem staatlichen Gericht ernannt werden würden. Eine Bestellung durch die Staatsanwaltschaft sei hiervon

---

[243] *BGHZ* 200, 253, Rn. 1 ff.

[244] Ebd., Rn. 20.

[245] Ebd., Rn. 30 ff.

nicht erfasst. Daher scheide eine direkte Anwendung des § 839a BGB nach Ansicht des Senats aus.[246]

Eine Gleichstellung des staatsanwaltschaftlich sowie des gerichtlich berufenen Sachverständigen werde bereits vor Inkrafttreten des § 839a BGB vorherrschend in der Literatur vertreten.[247]

An diese Perspektive knüpft der Senat an. Er postuliert, dass die Rechtsstellung der Staatsanwaltschaft zu weiten Teilen der eines Strafgerichts entspreche. Dies legitimiere eine rechtliche Gleichstellung und somit eine analoge Anwendung auf staatsanwaltschaftlich berufene Sachverständige. Begründet wird dies mit folgenden Erwägungen:

Nach Ansicht des Bundesgerichtshofs besteht eine organisatorische sowie institutionelle Nähe von Staatsanwaltschaft und Strafgericht. Gem. § 150 GVG sei die Staatsanwaltschaft zwar in ihren amtlichen Verrichtungen unabhängig von den Gerichten. Aus den §§ 141 und 144 GVG lasse sich jedoch ableiten, dass die Staatsanwaltschaft als Teil der Justiz zu sehen sei. Über den Wortlaut der Normen werde die Staatsanwaltschaft indirekt den Gerichten zugeordnet. Die Staatsanwaltschaft stelle eine Institution sui generis dar. Sie nehme daher keine typische Behördenfunktion wahr. Vielmehr lasse sich die Staatsanwaltschaft dem Funktionsbereich der Rechtsprechung zuordnen. Die Staatsanwaltschaft übernehme auf dem Gebiet der Strafrechtspflege eine vorbereitende Rolle. Gemeinsam mit den Gerichten erfülle sie so die Aufgabe der Justizgewährung.[248]

„Diese organisatorische und institutionelle Nähe korrespondiert mit der engen verfahrensrechtlichen Verbindung zwischen (Straf-)Gericht und Staatsanwaltschaft."[249] Ein in einem staatsanwaltschaftlichen Ermittlungsverfahren eingeholtes Sachverständigengutachten wirke regelmäßig auch in ein an das Ermittlungsverfahren anknüpfende gerichtliche Zwischen- sowie Hauptverfahren hinein. Durch eine Anklageerhebung werde das Ermittlungsverfahren zwar abgeschlossen. Das Ermittlungsverfahren münde dann aber über das Zwischenverfahren in das gerichtliche Hauptverfahren. Weiter zieht der Bundesgerichtshof § 161a Abs. 1 S. 2 StPO für seine Begründung heran.

---

[246] Ebd., Rn. 21.
[247] Ebd., Rn. 23.
[248] Ebd., Rn. 24.
[249] Ebd., Rn. 25.

Nach § 161a Abs. 1 S. 2 StPO gälten für die Vernehmung von Zeugen und Sachverständigen durch die Staatsanwaltschaft die in einem Gerichtsverfahren anwendbaren Vorschriften entsprechend.[250] § 161a Abs. 1 S. 2 StPO verweise insbesondere auf § 75 StPO, der die Gutachtenerstattungspflicht des Sachverständigen regele. Dies umfasse die Pflicht zur Übernahme und zur Erfüllung des Auftrags.

Über § 161a Abs. 1 S. 2 StPO erfolge eine enge verfahrensrechtliche Verbindung des staatsanwaltschaftlichen Ermittlungsverfahrens mit den sich anschließenden Zwischen- und Hauptverfahren. Insbesondere beeinflusse das erstattete Gutachten sowohl die Entschlussfassung der Staatsanwaltschaft als auch die der Richter im Zwischen- und Hauptverfahren. Das Gericht bezieht sich auch auf die einheitliche Vergütung nach der Vergütungsregelung gem. § 1 JVEG.[251]

Ebenso lasse sich § 411a ZPO eine Gleichstellung der durch die Staatsanwaltschaft sowie dem Gericht eingeholten Sachverständigengutachten entnehmen. Gem. § 411a ZPO „kann eine erneute schriftliche Begutachtung durch die Verwertung eines gerichtlich oder staatsanwaltschaftlich eingeholten Sachverständigen-gutachtens aus einem anderen Verfahren ersetzt werden."[252]

Zudem sei ein divergierender Haftungsmaßstab zu einem in einem anschließenden gerichtlichen Hauptverfahren berufenen Sachverständigen nicht sachgerecht.[253]

2. BGH, III. Zivilsenat, Urteil vom 24. Oktober 2019, NJW 2020, 1592

Mit Urteil vom 24. Oktober 2019 hat der Bundesgerichtshof die im Urteil vom 6. März 2014[254] vertretene Rechtsauffassung bestätigt und fortgeführt.

Der Senat prüft einen Schmerzensgeldanspruch gegen einen Sachverständigen, der ein psychologisches Gutachten erstattet hatte. Auf Grundlage dieses Gutachtens wird Anklage erhoben sowie das Hauptverfahren eröffnet.

---

[250] Insbesondere die §§ 48 ff. und 72 ff. StPO.
[251] *BGHZ* 200, 253, Rn. 25.
[252] Ebd., Rn. 26.
[253] Ebd.
[254] *BGHZ* 200, 253.

Für die Hypothese der Analogiefähigkeit des § 839a Abs. 1 BGB verweist das Gericht erneut auf die dargestellte organisatorische und die institutionelle Nähe sowie die enge verfahrensrechtliche Verbindung zwischen Staatsanwaltschaft und Gericht. Hieraus resultiere eine vergleichbare Rechtsstellung des Sachverständigen im Ermittlungsverfahren und des Sachverständigen im Gerichtsverfahren. Insbesondere gelte in beiden verfahrensrechtlichen Abschnitten die Sachverständigenpflicht gem. § 75 StPO, auf den § 161a Abs. 1 S. 1 und 2 StPO für einen staatsanwaltschaftlich beauftragten Sachverständige im Ermittlungsverfahren verweise.[255]

Die analoge Anwendbarkeit des § 839a BGB wird in der Revisionserwiderung unter einem weiteren Aspekt bestritten. Demnach diene die Vorschrift des § 839a BGB der Verhinderung einer ungerechtfertigten Haftungsprivilegierung des Sachverständigen. Nach Ansicht der Revisionserwiderung spricht diese Wertung gegen eine analoge Anwendbarkeit des § 839a Abs. 1 BGB in einem staatsanwaltschaftlichen Ermittlungsverfahren.[256]

Diesen Aspekt berücksichtigt der Bundesgerichtshof in seinem Urteil vom 6. März 2014[257] noch nicht. Der Senat beurteilt die Sachlage allerding anders als die Revisionserwiderung. Demnach schließe die gesetzgeberische Wertung eine analoge Anwendung des § 839a Abs. 1 BGB im staatsanwaltschaftlichen Ermittlungsverfahren nicht aus. Das Gericht widerspricht der Revisionserwiderung und hält an einer analogen Anwendbarkeit fest. Die Revisionserwiderung verkenne, dass die Einfügung des § 839a Abs. 1 BGB neben einer Haftungsverschärfung gerade auch eine Haftungserleichterung zugunsten des Sachverständigen herbeiführen solle.[258] Es solle berücksichtigt werden, dass der gerichtliche Sachverständige den Gutachtenauftrag grundsätzlich nicht ablehnen kann. Außerdem stehe dem Sachverständigen kein

---

[255] *BGH* NJW 2020, 1592, Rn. 17.

[256] Die Argumentation der Revisionserwiderung zielt wohl darauf ab, dass für Vermögensschäden vor Einfügung des § 839a Abs. 1 BGB regelmäßig nur vorsätzliches Handeln nach § 826 BGB und in Ausnahmefällen für fahrlässiges Handeln nach § 823 Abs. 2 BGB i. V. m. einem Schutzgesetz gehaftet wurde.

[257] *BGHZ* 200, 253.

[258] Durch die Einfügung des § 839a Abs. 1 BGB sollte die Haftung des gerichtlich berufenen Sachverständigen gerade auf Vorsatz und grobe Fahrlässigkeit beschränkt werden sowie für einen schuldhaften Nichtgebrauch eines Rechtsmittels ein Haftungsausschluss vorgesehen werden.

Mittel zur Kompensation eines Haftungsrisikos zur Verfügung, da durch das JVEG eine einheitliche gesetzliche Vergütung vorgesehen sei.[259]

Daneben befasst sich der Bundesgerichtshof mit der bis dahin noch nicht geklärten Rechtfrage der gerichtlichen Entscheidung i. S. v. § 839a Abs. 1 BGB bei der Haftung des durch die Staatsanwaltschaft im Ermittlungsverfahren beauftragten Sachverständigen.

Im Rahmen einer analogen Anwendung des § 839a BGB kommen für den Senat sowohl die Anklageerhebung der Staatsanwaltschaft gem. der §§ 151, 152 Abs. 1 und 170 Abs. 1 StPO als auch der gerichtliche Eröffnungsbeschluss gem. § 203 StPO als eine gerichtliche Entscheidung i. S. v. § 839a Abs. 1 BGB in Betracht.[260]

Bereits die grundsätzliche Annahme der analogen Anwendbarkeit des § 839a BGB im Rahmen des staatsanwaltschaftlichen Ermittlungsverfahrens beeinflusst die Auffassung des Senats. Durch die analoge Anwendung des § 839a BGB auf staatsanwaltschaftlich berufene Sachverständige werde impliziert, dass die Anklagerhebung als gerichtliche Entscheidung i. S. d. § 839a Abs. 1 BGB anzusehen sei. Damit begründe sich eine Ersatzpflicht nicht erst mit der Eröffnung des Hauptverfahrens gem. § 204 StPO. Das Gericht beruft sich darauf, dass dem Angeschuldigten bereits durch eine Anklageerhebung erhebliche Nachteile entstehen könnten. Zugleich sei ein Differenzierungsgrund für divergierende Haftungsmaßstäbe nicht ersichtlich. Daher sei es nicht geboten, sich einer abweichenden Haftungsregelung zu bedienen, wenn nach Klageerhebung eine Eröffnung des Hauptverfahrens gem. § 203 StPO unterbleibe. Das Gericht stellt in den Entscheidungsgründen auch auf den Zweck des § 839a BGB ab. Dieser mache bereits im Falle einer Anklageerhebung durch die Staatsanwaltschaft eine Anwendung des Haftungsregimes erforderlich.[261]

Dem in der Revisionserwiderung geltend gemachten Hinweis, dass eine Entscheidung der Staatsanwaltschaft nicht dem Richterspruchprivileg i. S. v. § 839 Abs. 2 BGB unterliege, weist der Senat zurück. Eine dahingehende limitierende Auslegung des Anwendungsbereichs lehnt das Gericht entschieden

---

259 *BGH* NJW 2020, 1592, Rn. 17.
260 Ebd., Rn. 16, 18.
261 Ebd., Rn. 18.

ab. Vielmehr stellt das Gericht keine besonderen Anforderungen an eine gerichtliche Entscheidung.[262]

Mit Urteil vom 24. Oktober 2019 wird höchstrichterlich über potentielle Rechtsmittel i. S. v. § 839a Abs. 2 i. V. m. § 839 Abs. 3 BGB im Rahmen eines staatsanwaltschaftlichen Ermittlungsverfahrens entschieden.[263]

Zunächst geht der Senat auf einen Haftungsausschluss im Rahmen eines Ermittlungsverfahrens ein. Dabei wird betont: „Soweit die immateriellen Schäden des Kl. bereits auf die Anklageerhebung selbst – unabhängig von dem nachfolgenden Eröffnungsbeschluss – zurückzuführen sind, kann der Klageanspruch nicht mit der Begründung abgelehnt werden, dass der Kl. im Zwischenverfahren keinen Beweisantrag gestellt habe, weil ein solcher den Eintritt dieser Schäden nicht verhindert hätte."[264]

Im Weiteren konzentriert sich der Senat insbesondere auf einen Haftungsausschluss in einem Zwischenverfahren. Dabei ist ein Verschulden i. S. v. § 839a Abs. 2 i. V. m. § 839 Abs. 3 BGB von zentraler Bedeutung.

Grundsätzlich stellten auch Behelfe, die sich unmittelbar gegen das fehlerhafte Gutachten selbst richteten, Rechtsmittel i. S. d. § 839a Abs. 2 i. V. m. § 839 Abs. 3 BGB dar. Sie müssten geeignet und bestimmt sein, eine gerichtliche Entscheidung abzuwenden, die sich auf das unrichtige Gutachten stütze. Ausdrücklich als Behelfe, die diese Voraussetzungen erfüllen, nennt das Gericht Gegenvorstellungen, Hinweise auf die Unrichtigkeit des Gutachtens, Antrag auf Ladung des Sachverständigen zur mündlichen Erläuterung seines Gutachtens und formelle Beweisanträge gem. § 412 Abs. 1 ZPO auf Einholung eines neuen (Ober-)Gutachtens. Dabei sei es zwingend erforderlich, dass der Geschädigte sämtliche möglichen und zumutbaren innerprozessualen Behelfe zur Korrektur des unrichtigen Sachverständigengutachtens ausschöpfe, um so eine schädigende gerichtliche Entscheidung zu vermeiden. Diese Annahme leitet der Senat aus dem Prinzip des Vorrangs des Primärrechtsschutzes vor dem Sekundärrechtsschutz ab.

Unter Berücksichtigung dieser Erwägungen sei das Recht des Angeschuldigten, im Zwischenverfahren gem. § 201 Abs. 1 S. 1, Abs. 2 S. 1 StPO Beweisanträge zu stellen und Einwendungen vorzubringen, als Rechtsmittel

[262] Ebd., Rn. 19.
[263] Ebd., Rn. 20 ff.
[264] Ebd., Rn. 21.

i. S. v. § 839a Abs. 2 i. V. m. § 839a Abs. 3 BGB zu klassifizieren. Diese innerprozessualen Behelfe seien bestimmt und geeignet, den Eröffnungsbeschluss gem. § 203 StPO als gerichtliche Entscheidung i. S. v. § 839a Abs. 1 BGB abzuwenden.[265]

Ergänzend stellt der Bundesgerichtshof fest, dass im Rahmen des § 839a Abs. 2 i. V. m. § 839 Abs. 3 BGB dem Angeschuldigten der Nichtgebrauch des Rechtsmittels grundsätzlich i. S. e. Verschuldens gegen sich selbst vorwerfbar sein müsse. Ein solches Verschulden gegen sich selbst sei nicht erfüllt, wenn der Angeschuldigte „davon ausgehen durfte, sämtliche konkret zumutbaren und erfolgversprechenden Behelfe gegen das Gutachten ergriffen zu haben."[266] Dabei sei explizit auf die subjektive Sicht des Geschädigten abzustellen.

In der Konsequenz sei ein Verschulden abzulehnen, wenn aus der begründeten Sicht des Geschädigten die Voraussetzungen eines zumutbaren und erfolgversprechenden Behelfes nicht vorliege und er deshalb auf diesen verzichte. Das Verhalten des bevollmächtigten Rechtsbeistandes werde insoweit gem. der §§ 254 Abs. 2 S. 2 und 27 BGB zugerechnet.[267]

Bei der Bestimmung eines Verschuldens gegen sich selbst in einem Strafverfahren müssten folgende Umstände berücksichtigt werden:

Aus den §§ 201 Abs. 2 S. 1, 202 S. 1 und 244 Abs. 2 StPO leite sich spezifisch für das Zwischenverfahren die Pflicht des Strafgerichts ab, von Amts wegen über die Einwände des Angeschuldigten zu entscheiden und unter Umständen weitere Beweise einzuholen.

§ 244 Abs. 3 bis 5 StPO regele lediglich die Voraussetzungen für die Ablehnung eines Beweisantrags im Hauptverfahren.

Hinzu komme, dass gem. der §§ 201 Abs. 2 S. 2 und 202 S. 2 StPO gerichtliche Entscheidungen im Zwischenverfahren unanfechtbar seien. Das Gericht entscheide über die Beweisanträge also in Form eines unanfechtbaren Beschlusses.

Außerdem könnten Rechtsfehler betreffend einer Ablehnung von Beweisanträgen nicht im Rahmen einer Revision überprüft werden, da Entscheidungen, die ausdrücklich für unanfechtbar erklärt werden, gem. § 336 S. 2

[265] Ebd., Rn. 23.
[266] Ebd., Rn. 25.
[267] Ebd.

Alt. 1 StPO nicht der Beurteilung des Revisionsgerichts unterlägen. Gegen eine fehlerhafte Ablehnung des Beweisantrags könne sich der Beschuldigte nicht gerichtlich wehren. Anders als im Hauptverfahren sei eine Korrektur der Ablehnung ausgeschlossen.[268]

Zudem sei auch auf die prozessuale Funktion sowie die inhaltliche Ausgestaltung der einzelnen Verfahrensabschnitte abzustellen. Für das Zwischenverfahren sei zunächst lediglich die Aktenlage maßgebend. Auf Grundlage der hier dokumentierten Ermittlungsergebnisse nehme das Gericht eine Einschätzung des Sachverhalts vor. Eine extensive Beweisaufnahme sei für das Zwischenverfahren nicht vorgesehen, sondern solle erst in der Hauptverhandlung erfolgen. Hierfür spreche insbesondere der strafprozessuale Grundsatz der Mündlichkeit sowie der Unmittelbarkeit, die das Hauptverfahren dominieren.

Anders drohe eine sog. „Hauptverhandlung vor der Hauptverhandlung". Das Zwischenverfahren solle die Hauptverhandlung nicht vorwegnehmen. Dies könne zu erheblichen Verfahrensverzögerungen sowie doppelten Beweiserhebungen und Mehrfachbelastungen aller Verfahrensbeteiligten führen.[269]

Diese Erwägungen führen den Senat im konkreten Fall zu folgender Auffassung:

Mit einem substantiierten Angriff auf das unrichtige Sachverständigengutachten nehme der Kläger sämtliche konkret zumutbaren und erfolgversprechenden Behelfe wahr.[270]

Der Senat pointiert, dass es einem Angeschuldigten gerade nicht obliege, seine Unschuld zu beweisen. Daher genüge bereits ein substantiierter Angriff auf das Sachverständigengutachten,[271] der ebenfalls die Perspektive biete, dem Gutachten die Authentizität zu entziehen. Hierdurch könne der für die Eröffnung des Hauptverfahrens erforderliche hinreichende Tatverdacht i. S. d. § 203 StPO erschüttert werden. Dies könne bereits dazu beitragen, einen Nichteröffnungsbeschluss herbeizuführen und so das Hauptverfahren abzuwenden.

---

[268] Ebd., Rn. 27.

[269] Ebd.; so bereits in *BGHSt* 46, 349 (352 f.).

[270] Ebd., Rn. 26.

[271] Dieser erfolgte konkret durch eine Stellungnahme zum unrichtigen Sachverständigengutachten in den Schriftsätzen.

Sofern der Geschädigte, ggf. vertreten durch einen Strafverteidiger, keinen förmlichen Beweisantrag stelle, handele dieser nicht schuldhaft i. S. d. § 839a Abs. 2 i. V. m. § 839 Abs. 3 BGB. Ein Verschulden gegen sich selbst sei abzulehnen.

Die dargestellten Gesamtumstände führten dazu, dass ein förmlicher Beweisantrag aus begründeter Sicht des Angeschuldigten in Hinblick auf die Entkräftung des Sachverständigengutachtens und die damit verbundene Abwendung der Eröffnung des Hauptverfahrens nicht erfolgsversprechender, effektiver oder sicherer sei, da eine Ablehnung des Antrags weder anfechtbar wäre, noch die Voraussetzungen des § 244 Abs. 3 bis 5 StPO erfüllt sein müssten.

Konkret berge ein Antrag auf Einholung eines weiteren Gutachtens die Gefahr einer Vorwegnahme der Hauptverhandlung sowie der damit korrelierenden dargestellten Risiken immanent. Unter diesen Umständen sei aus Sicht des Angeschuldigten nicht zu erwarten gewesen, dass das Strafgericht ein weiteres Gutachten einhole.[272]

Bereits mit Beschluss vom 27. Juli 2017 kommt der Senat unter Verweis auf Stimmen in der Literatur sowie in der Rechtsprechung zu dem Ergebnis, dass die Einholung eines eigenen weiteren Privatgutachtens, „um Einwände gegen ein beanstandetes gerichtliches Sachverständigengutachten zu substanziieren,"[273] kein Rechtsmittel i. S. v. § 839a Abs. 2 i. V. m. § 839 Abs. 3 BGB darstelle. Dabei überträgt der Senat einen generellen Grundsatz auf einen Haftungsausschluss gem. § 839a Abs. 2 i. V. m. § 839 Abs. 3 BGB.[274]

Auch ein Antrag auf mündliche Erläuterung des Gutachtens sei explizit nicht obligat. Ein Haftungsausschluss mangels eines Antrags auf Vernehmung des Sachverständigen im Zwischenverfahren wird ausdrücklich in der Revisionserwiderung geltend gemacht.[275]

Schon in einem früheren Urteil vom 5. Juli 2007 hat der Bundesgerichtshof einen Antrag auf mündliche Erläuterung des Sachverständigengutachtens als ein taugliches Rechtsmittel gem. § 839a Abs. 2 i. V. m. § 839 Abs. 3 BGB in einem Zivilprozess qualifiziert.[276] Aus den §§ 402 und 397 Abs. 1 ZPO

---

272 *BGH* NJW 2020, 1592, Rn. 28.
273 *BGH* NJW-RR 2017, 1105, Rn. 7.
274 Ebd.
275 *BGH* NJW 2020, 1592, Rn. 29.
276 *BGHZ* 173, 98.

ergebe sich die Pflicht des Gerichts zur Vorladung des Sachverständigen, sofern eine mündliche Erläuterung des Sachverständigengutachtens durch eine Partei beantragt werde. Dieses Recht bestehe unabhängig von einer potentiell möglichen gerichtlichen Anordnung der Erläuterung des Sachverständigengutachtens durch den Sachverständigen gem. § 411 Abs. 3 ZPO.[277] Eine mündliche Befragung des Sachverständigen und eine darauf beruhende Erläuterung des Gutachtens könnten dazu beitragen, ein Gutachten zu korrigieren oder das Gericht von der Unbrauchbarkeit oder der Mangelhaftigkeit des Gutachtens zu überzeugen. Dies gelte unabhängig davon, ob bereits ein Privatgutachten eingeholt worden sei, welches schriftsätzliche Gegenvorstellungen aufstelle und der Sachverständige zu diesen aufgestellten Gegenvorstellungen schriftlich Stellung genommen hätte. Nach Ansicht des Senats trägt eine persönliche Konfrontation in Form eines Dialogs zwischen den Parteien in Anwesenheit des Gerichts effektiv zur Wahrheitsfindung bei.[278] Ein substantiierter Angriff auf das Sachverständigengutachten durch ein Privatgutachten genüge daher nicht.[279]

In der Entscheidung vom 24. Oktober 2019 verweist der Senat für die Klassifizierung zunächst auf dieses Urteil vom 5. Juli 2007. Hier sei die Entscheidung allerdings in einem Zivilprozess ergangen. Zivilprozessen sei ein Zwischenverfahren als entsprechender prozessualer Verfahrensabschnitt fremd. Das Zwischenverfahren soll das Hauptverfahren gerade nicht durch eine umfangreiche Beweisaufnahme vorwegnehmen, sondern richte sich maßgeblich nach der Aktenlage. Diese Umstände sprächen gegen das Erfordernis einer Vernehmung des Sachverständigen im Zwischenverfahren. Zudem sei die Einholung eines weiteren Sachverständigengutachtens im Zwischenverfahren gleichermaßen wie eine mündliche Erläuterung des Gutachtens mit dem Risiko einer Vorwegnahme der Hauptverhandlung verbunden. Damit sei ein Verschulden des Angeschuldigten ebenfalls abzulehnen. Eine Übertragung dieser Entscheidung auf den vorliegenden Fall sei aufgrund der prozessualen Unterschiede zum Strafverfahren daher nicht möglich.[280]

---

277 So bereits *BGH* NJW 1998, 162 (163); *BGHZ* 6, 398 (400 f.).

278 *BGHZ* 173, 98, Rn. 10.

279 Ebd., Rn. 13.

280 *BGH* NJW 2020, 1592, Rn. 29.

II. Darstellung der im Schrifttum vertretenen Rechtauffassungen

Die deliktische Haftung eines Sachverständigen im staatsanwaltschaftlichen Ermittlungsverfahren wird schon seit Einfügung des § 839a BGB in die Systematik des Deliktrechts kontrovers diskutiert.

Teilweise wird eine Anwendung des Haftungsinstituts kritisch bewertet.

Bereits vor den höchstrichterlichen Entscheidungen wird die Staatsanwaltschaft durch *Zimmermann* als Behörde eingestuft. Dieser stellt zunächst die Parallele zwischen einer gerichtlichen und einer staatsanwaltschaftlichen Berufung des Sachverständigen fest. Die ernennende Staatsanwaltschaft kontrahiere nicht mit dem Sachverständigen. Daher bestehe kein Vertragsverhältnis. Durch eine staatsanwaltschaftliche Beauftragung werde ein öffentlich-rechtliches Rechtsverhältnis begründet. Eine Vergütung des Sachverständigen richte sich ebenfalls nach dem JVEG, das einen Entschädigungsanspruch gegen den Staat als Träger der ernennenden Behörde normiere.

Dennoch lehnt *Zimmermann* eine unmittelbare Anwendung ab. Hierfür beruft er sich auf den ausdrücklichen Wortlaut des § 839a BGB, der eine Haftungsbegründung nur für Gerichtssachverständige vorsehe. Der unmittelbare Anwendungsbereich der Norm beziehe sich seiner Überschrift nach nur auf gerichtliche Sachverständige. Daneben könne auch auf den konkretisierenden Normtext an sich abgestellt werden. Dieser nenne einen vom Gericht ernannten Sachverständigen sowie eine gerichtliche Entscheidung als konstitutive Haftungsvoraussetzung. Insbesondere eine auf einem unrichtigen Gutachten beruhende behördliche Entscheidung sei nicht bestimmt.[281]

Auch *Dörr*,[282] *Haag*[283] und *Wöstmann*[284] schließen eine direkte Anwendung des § 839a BGB in Hinblick auf den Wortlaut der Norm aus, der gerade keine Ersatzpflicht für einen staatsanwaltschaftlich, sondern lediglich für einen von einem staatlichen Gericht berufenen Sachverständigen vorsehe. Nach *Spickhoff* erfasse § 839a BGB darüber hinaus kein staatsanwaltschaftliches Ermittlungsverfahren.[285]

---

281 *Zimmermann*, DS 2007, S. 367 (369).
282 BeckOGK/*Dörr*, BGB, § 839a Rn. 10.
283 *Geigel/Haag*, Haftpflichtprozess, Kap. 34 Rn. 5.
284 *Staudinger/Wöstmann*, BGB, § 839a Rn. 36.
285 *Soergel/Spickhoff*, BGB, § 839a Rn. 16.

Eine analoge Anwendung des § 839a BGB wird durch *Zimmermann* ebenfalls negiert. Dabei beruft er sich darauf, dass bereits keine planwidrige Regelungslücke vorliege. Diese setze voraus, dass der Gesetzgeber eine tatsächlich bestehende Regelungslücke unbewusst nicht normativ ausgestaltet hat und sich die Gesetzeslücke durch eine Analogie schließen lasse. Für die Möglichkeit der Lückenschließung sei auf die hypothetische gesetzgeberische Regelungsabsicht bei Erlass des § 839a BGB abzustellen. Außerdem fordere eine planwidrige Regelungslücke, dass eine Schließung der Regelungslücke vor dem Hintergrund einer Gleichbehandlung von gleich gelagerten Sachverhalten i. S. v. Art. 3 Abs. 1 GG auch geboten sei.[286]

Zur Bestimmung einer planwidrigen Reglungslücke kann sich, so *Zimmermann*, zunächst der amtlichen Begründung der Haftungsregelung des § 839a BGB bedient werden. Diese lasse genauere Motive des Gesetzgebers in Bezug auf die Haftung eines Sachverständigen in einem staatsanwaltschaftlichen Ermittlungsverfahren berufenen Sachverständigen nicht erkennen. Vielmehr bleibe eine Begründung an dieser Stelle offen.

Nach *Zimmermann* lassen die fehlenden gesetzgeberischen Motive keinen Rückschluss auf eine Planwidrigkeit zu. Für die zuständigen Bearbeiter des Bundesministeriums der Justiz könne es selbstverständlich gewesen sein, dass lediglich ein gerichtlich berufener Sachverständiger der Haftung des § 839a Abs. 1 BGB unterworfen sein solle. Im Zuge dessen sei es durchaus möglich, dass eine ausdrückliche Berücksichtigung einer staatsanwaltschaftlichen Berufung in einem Ermittlungsverfahren in der amtlichen Begründung von den Bearbeitern für obsolet gehalten und ein dahingehender Wille im Wortlaut der Norm für ausreichend erachtet worden sei. Zudem verbiete sich eine Schlussfolgerung von einem Schweigen in der Gesetzesbegründung auf eine planwidrige Regelungslücke. „Behördenentscheidungen jeder Art“[287] unterschieden sich wesentlich von einer gerichtlichen Entscheidung. So wird durch *Zimmermann* vorgebracht, dass bei jeder Behördenentscheidung die Möglichkeit bestehe, diese vor den sachlich zuständigen Fachgerichten anzufechten und sie damit einer gerichtlichen Kontrolle unterlägen. Darüber hinaus sei der Geschädigte sogar verpflichtet, mittels eines statthaften Rechtsbehelfes vor dem zuständigen Fachgericht gegen das Sachverständigengutachten

---

[286] So auch *Brückner/Neumann*, MDR 2003, S. 906 (907).

[287] *Zimmermann*, DS 2007, S. 367 (369).

vorzugehen, sofern die behördliche Entscheidung kausal auf dem unrichtigen Gutachten beruhe. Der Anwendungsspielraum des § 839a Abs. 1 BGB sei erst in einem sich anschließenden Verfahren der gerichtlichen Korrektur eröffnet, in dem durch einen gerichtlich ernannten Sachverständigen ein weiteres unrichtiges Gutachten ergehe.[288]

Brückner und *Neumann* vertreten in einem gemeinsamen Aufsatz die Ansicht, dass sich die Haftung des Sachverständigen im Falle einer staatsanwaltschaftlichen Berufung weiterhin nach dem früheren Haftungskonzept richte und schließen so eine analoge Anwendung des § 839a BGB a priori aus.[289] Diese Auffassung wird gleichermaßen durch *Spickhoff* vertreten, der zudem auf die durch die Rechtsprechung für die Sachverständigenhaftung entwickelten Grundsätze im Rahmen der Haftung nach den allgemeinen deliktsrechtlichen Vorschriften verweist. Er betont, dass eine Anwendung der §§ 823 ff. BGB in diesem Fall nicht gesperrt sei, da § 839a BGB den konkreten Sachverhalt nicht erfasse. Für eine analoge Anwendung des § 839a BGB in einem staatsanwaltschaftlichen Ermittlungsverfahren seien keine überzeugenden Gründe ersichtlich.[290]

Demgegenüber werden im Schrifttum auch konträre Positionen vertreten.

Kilian spricht sich kurz nach in Kraft treten für eine analoge Anwendung des § 839a BGB auf staatsanwaltschaftlich berufene Sachverständige aus. Er stellt dabei maßgeblich auf die Stellung der Staatsanwaltschaft im Rechtssystem ab. Zwar lasse sich durchaus eine Differenzierung zwischen Gericht und Staatsanwaltschaft in § 1 JVEG feststellen. Auch zähle die Staatsanwaltschaft in ihrer Funktion grundsätzlich zur exekutiven Gewalt. Dennoch schließt sich *Kilian* der These des Bundesgerichtshofs in einer Entscheidung vom 14. Juli 1971[291] an. Hier erklärt der Senat, die Staatsanwaltschaft sei als „ein dem Gericht gleichgeordnetes Organ der Strafrechtspflege“[292] zu qualifizieren. „Sie nimmt insofern als Institution sui generis keine typischen Behördenfunktionen wahr, sondern gehört zum Funktionsbereich der Rechtsprechung und erfüllt durch ihre vorbereitende Tätigkeit gemeinsam mit den

---

[288] Ebd.
[289] *Brückner/Neumann*, MDR 2003, S. 906 (907).
[290] *Soergel/Spickhoff*, BGB, § 839a Rn. 16.
[291] *BGHSt* 24, 170 (171).
[292] Ebd.

Gerichten auf dem Gebiet des Strafrechts die Aufgabe der Justizgewährung."[293] Die dargestellten Erwägungen legitimierten insbesondere einen differierenden Haftungsmaßstab zwischen behördlich und staatsanwaltschaftlich berufenen Sachverständigen.[294]

Wagner vertritt ebenfalls bereits seit Einfügung des § 839a BGB die Auffassung, den Haftungstatbestand des § 839a BGB analog auf staatsanwaltschaftlich berufene Sachverständige anzuwenden. Dies erfolgt bislang jedoch ohne eine Begründung.[295]

Wöstmann begrüßt bereits im Vorfeld der höchstrichterlichen Rechtsprechung eine allgemeine analoge Anwendung des § 839a BGB.[296] Später wird die Begründung des Bundesgerichtshofs vom 6. März 2014[297] und 24. Oktober 2019[298] durch *Wöstmann* übernommen.[299]

Thole verweist auf eine rechtliche Gleichstellung eines Gutachters in einem Ermittlungsverfahren mit einem gerichtlichen Sachverständigen, die schon vor Einfügung des § 839a BGB in der höchstrichterlichen Rechtsprechung sowie im Schrifttum erfolgt sei.[300] *Bayerlein*[301] sowie *Leisting*[302] postulieren ebenfalls eine solche korrespondierende Rechtsstellung.

Diesem Aspekt hält *Kilian* jedoch entgegen, dass eine deliktsrechtlich kongruente Behandlung lediglich im Rahmen der in der Rechtsprechung konkretisierten allgemeinen deliktischen Vorschriften befürwortet worden sei. Eine Übertragung auf § 839a BGB als lex specialis verbiete sich, zumal der Wortlaut des § 839a Abs. 1 BGB explizit eine gerichtliche Ernennung voraussetze.[303]

Dennoch hält *Thole* an dieser Gleichstellung fest. „Sachlich rechtfertigt sich dies schon aus der organisatorischen und institutionellen Nähe der

---

293 *Kilian*, ZGS 2004, S. 220 (223).
294 Ebd. (222 f.).
295 MüKoBGB/*Wagner*, § 839a Rn. 8.
296 *So* bereits in *Staudinger/Wurm*, BGB, bis Stand 2013, § 839a Rn. 36.
297 *BGHZ* 200, 253.
298 *BGH* NJW 2020, 1592.
299 *Staudinger/Wöstmann*, BGB, § 839a Rn. 36.
300 *Thole*, Die Haftung des gerichtlichen Sachverständigen nach § 839a BGB, S. 251.
301 *Bayerlein/Bayerlein*, Praxishandbuch Sachverständigenrecht, § 34 Rn. 2.
302 *Leisting*, R & P 2002, S. 224 (227).
303 *Kilian*, ZGS 2004, S. 220 (222).

Staatsanwaltschaft zum Gericht."[304] Hierfür beruft sich *Thole* auf folgende Reflexionen. Unter anderem bezeichnet er ein Ermittlungsverfahren als eine obligatorische Vorstufe zu einem Strafprozess. Aus dem Verweis in § 161a StPO auf die §§ 72 ff. StPO lasse sich eine parallele Rechtsstellung zwischen Sachverständigen im Ermittlungsverfahren und Gerichtssachverständigen herleiten. Es erfolge eine einheitliche Entschädigung nach § 1 Abs. 1 ZSEG.[305]

Außerdem bestehe jeweils eine Sachverständigenpflicht gem. § 75 StPO.[306]

Thole[307] und *Wöstmann*[308] befürworten eine Beschränkung der Ersatzpflicht auf durch die staatsanwaltschaftliche Entscheidung unmittelbar kausal herbeigeführte Schäden. Dies schließt, so *Thole*, insbesondere eine „zivilrechtliche Verantwortlichkeit für die Schadensfolgen einer späteren Gerichtsentscheidung"[309] aus. Etwas anderes gelte hingegen, sofern der Sachverständige darüber hinaus gerichtlich berufen werde.[310]

Kritik an der höchstrichterlichen Rechtsprechung übt insbesondere *Itzel*. Dieser differenziert zunächst zwischen den höchstrichterlichen Entscheidungen vom 6. März 2014[311] sowie vom 24. Oktober 2019.[312]

Für die Entscheidung vom 6. März 2014 negiert er ausdrücklich eine Regelungslücke. So hafte ein staatsanwaltschaftlich berufener Sachverständiger hier vorrangig nach § 839 BGB i. V. m. Art. 34 GG.

Auch hinsichtlich der Entscheidung vom 24. Oktober 2019 äußert *Itzel* Bedenken. Von einer Qualifikation staatsanwaltschaftlicher Entscheidungen als gerichtliche Entscheidung i. S. v. § 839a Abs. 1 BGB ist er nicht überzeugt, zumal dies diametral entgegengesetzt zur normativen Differenzierung der §§ 198 bis199 und 1 ff. bis 141 ff. GVG stehe. Daneben zweifelt *Itzel* auch hier eine Regelungslücke an. „Die Zuziehung von Gutachtern außerhalb des gesetzlich niedergelegten Anwendungsbereichs der Ausnahmevorschrift

---

304 *Thole*, Die Haftung des gerichtlichen Sachverständigen nach § 839a BGB, S. 251.

305 An die Stelle des ZSEG ist mit Wirkung vom 1. Juli 2004 das Justizvergütungs- und -entschädigungsgesetzes getreten.

306 Ebd.

307 Ebd., S. 252.

308 *Staudinger/Wöstmann*, BGB, § 839a Rn. 36.

309 *Thole*, Die Haftung des gerichtlichen Sachverständigen nach § 839a BGB, S. 252.

310 Ebd., S. 251.

311 *BGHZ* 200, 253.

312 *BGH* NJW 2020, 1592.

des § 839a BGB erfolgt (…) im Rahmen der Verwaltungshilfe."[313] Damit hafte der Sachverständige nicht persönlich, sondern der Rechtsträger der Staatsanwaltschaft oder die autonome Fachkörperschaft. Durch die höchstrichterliche Rechtsprechung würde das „Vorhandensein einer bewährten Haftungsstruktur (…) verwischt werden."[314] Zudem unterstreicht *Itzel* die „gesetzlich festliegenden und auch strukturellen Unterschiede zwischen Staatsanwaltschaft und Gerichten."[315] Letztlich stehe die Rechtsprechung des Bundesgerichtshofs im Widerspruch zum eindeutigen Wortlaut des § 839a BGB.[316]

Mehrere Stimmen im Schrifttum haben sich der Entscheidung des Bundesgerichtshofs vom 6. März 2014[317] angeschlossen und sprechen sich für eine Anwendung des § 839a BGB bei einer staatsanwaltschaftlichen Ernennung des Sachverständigen in einem Ermittlungsverfahren aus.

Wie der Senat betrachtet *Dörr* die Staatsanwaltschaft einerseits gem. § 150 GVG als unabhängig von den Gerichten, verweist andererseits auf eine organisatorische und institutionelle Nähe der Staatsanwaltschaft zum Gericht. Diese Nähe erschließe sich insbesondere aus den §§ 141 und 144 GVG, über die eine Zuordnung der Staatsanwaltschaft zu den Gerichten erfolge. Die Staatsanwaltschaft sei ein justizielles Organ, dem eine vorbereitende Rolle zukomme. Hierdurch erfülle sie kooperativ mit den Gerichten den Anspruch auf staatliche Justizgewährung im Rahmen der Strafrechtspflege. *Dörr* schließt sich insoweit dem Senat an und erklärt: „Dem entspricht es, dass die StA nach § 161a Abs. 1 S. 2 StPO die für das Gerichtsverfahren geltenden Vorschriften für die Vernehmung von Zeugen und Sachverständigen anzuwenden hat und dass durch die enge verfahrensrechtliche Verbindung im Ermittlungsverfahren erstattete Gutachten nicht nur die Entschließungen der StA beeinflussen, sondern idR in ein daran anschließendes gerichtliches Hauptverfahren hineinwirken."[318] Daneben ließen sich Vorschriften finden, die eine gewisse Parallele der Tätigkeit von Staatsanwaltschaft und Gericht voraussetzen würden. So stellt *Dörr* auf § 1 Abs. 1 S. 1 Nr. 1 JVEG ab, der die Vergütung eines

---

313 *Itzel*, jurisPR-BGHZivilR 3/2020 Anm. 3.
314 Ebd.
315 Ebd.
316 Ebd.
317 *BGHZ* 200, 253.
318 BeckOGK/*Dörr*, BGB, § 839a Rn. 10.

staatsanwalt-schaftlich und gerichtlich berufenen Sachverständigen regele, sowie auf § 411a ZPO, der vorsehe, dass eine schriftliche Begutachtung durch die Verwertung eines gerichtlich oder staatsanwaltschaftlich eingeholten Sachverständigengutachtens aus einem anderen Verfahren ersetzt werden könne. Diese genannten Vorschriften werden bereits durch den Bundesgerichtshof angeführt. Zudem sei dies etwa bei den §§ 198 ff. GVG der Fall, die eine Entschädigung wegen überlanger Verfahrensdauer bestimmten.[319]

Auch *Sprau*[320] und *Haag*[321] schließen sich der höchstrichterlichen Rechtsprechung vom 6. März 2014 unter Bezugnahme auf die Erwägungen des Bundesgerichtshofs in den Entscheidungsgründen an. Darüber hinaus erfasst § 839a BGB, so *Haag*, nicht lediglich eine Anklageerhebung, sondern explizit sämtliche auf dem Gutachten beruhende Entscheidungen der Staatsanwaltschaft, die einen Vermögensschaden herbeiführten. Ansprüche aus dem StrEG sowie ein Anspruch aus § 839a BGB stünden dabei nebeneinander.[322]

Daneben geht *Dörr* mit der höchstrichterlichen Rechtsprechung vom 24. Oktober 2019 konform. Somit sei eine Anklageerhebung der Staatsanwaltschaft konsequenterweise als eine gerichtliche Entscheidung i. S. v. § 839a Abs. 1 BGB zu qualifizieren. Dies sei vor allem darin begründet, dass bereits eine Anklageerhebung mit negativen Aspekten für den Angeschuldigten verbunden sein könne. *Dörr* pointiert die Relevanz dieser Konklusion. Unterbliebe eine Eröffnung des Hauptverfahrens gem. § 204 StPO und somit ein Eröffnungsbeschluss als gerichtliche Entscheidung im eigentlichen Sinne, begründe sich in Folge der Anklageerhebung dennoch eine Ersatzpflicht nach § 839a BGB.[323]

III. Zwischenergebnis / Stellungnahme

1. BGH, III. Zivilsenat, Urteil vom 6. März 2014, BGHZ 200, 253

Der Entscheidung des Bundesgerichtshofs kommt eine richtungsweisende Bedeutung zu.

---

319 Ebd.

320 *Grüneberg/Sprau*, BGB, § 839a Rn. 2.

321 *Geigel/Haag*, Haftpflichtprozess, Kap. 34 Rn. 5.

322 Ebd.

323 BeckOGK/*Dörr*, BGB, § 839a Rn. 45.

Aus dem Urteil kann konkret auf zwei Implikationen geschlossen werden. Zum einen stellt der Senat fest, dass § 839a Abs. 1 BGB auf staatsanwaltschaftlich beauftragte Sachverständige Anwendung findet. Zum anderen genügt eine Erstattung des Gutachtens in einem Ermittlungsverfahren für eine Haftungsbegründung des § 839a Abs. 1 BGB. Der Bundesgerichtshof geht insoweit mit einer in der Lehre bereits gefestigten Ansicht konform.[324]

In Bezug auf die Begründung des Senats zur Anwendbarkeit des § 839a Abs. 1 BGB lassen sich eindeutige Parallelen zur normativen sowie zur gesetzessystematischen Argumentation des Schrifttums feststellen.

Grundsätzlich gilt § 839a Abs. 1 BGB in direkter Anwendung für gerichtlich berufene Sachverständige in einem gerichtlichen Verfahren. Bei der Staatsanwaltschaft handelt es sich jedoch um eine Behörde und insofern bei einem staatsanwaltschaftlichen Ermittlungsverfahren um ein Behördenverfahren. Eine unmittelbare Anwendung des § 839a BGB kommt nicht in Betracht.

Angesichts der wesentlichen Unterschiede zwischen gerichtlichen Entscheidungen und Behördenentscheidungen scheint eine Analogiefähigkeit initial nur schwer vertretbar.

Bereits mit Urteil vom 14. Juli 1971[325] trägt der Senat vor, dass die Staatsanwaltschaft „ein dem Gericht gleichgeordnetes Organ der Strafrechtspflege"[326] sei. Damit stellt der Senat schon vor Einfügung des § 839a BGB eine institutionelle Nähe der Staatsanwaltschaft zum Strafgericht fest.

Zunächst muss das Vorliegen einer planwidrigen Regelungslücke kritisch betrachtet werden.

Vor dem Hintergrund des eindeutigen Wortlauts des § 839a BGB sowie der amtlichen Begründung der Norm ist das Vorgehen des Bundesgerichtshofs nicht unproblematisch. Eine explizite Begründung der planwidrigen Regelungslücke lässt sich den Entscheidungsgründen nicht entnehmen.[327] Vielmehr scheint eine solche durch den Senat vorausgesetzt zu werden oder

---

[324] *Bayerlein/Bayerlein*, Praxishandbuch Sachverständigenrecht, § 11 Rn. 4, § 34 Rn. 2; *Grüneberg/Sprau*, BGB, § 839a, Rn. 2; MüKoBGB/*Wagner*, § 839a Rn. 8; *Staudinger/Wöstmann*, § 839a Rn. 36; *Thole*, Die Haftung des gerichtlichen Sachverständigen nach § 839a BGB, S. 251 f.; *Ulrich*, Der gerichtliche Sachverständige, Rn. 747.

[325] *BGHSt* 24, 170.

[326] Ebd., (171).

[327] BT-Drucks. 14/7752, S. 28.

sich in einer allgemeinen Argumentation zu erschöpfen. Die ausdrückliche Formulierung des § 839a Abs. 1 BGB spricht dafür, dass der Gesetzgeber sich im Vorfeld ausführlich Gedanken über den Anwendungsspielraum des Haftungsregimes gemacht hat.

Dennoch lässt sich ein entgegenstehender Wille des Gesetzgebers nicht eindeutig und zweifelsfrei ermitteln. Vielmehr scheint der individuelle Charakter der Staatsanwaltschaft nicht berücksichtigt zu werden.

Zu beachten ist, dass mit dem Strafverfolgungsentschädigungsgesetz grundsätzlich spezielle staatshaftungsrechtliche Ansprüche bestehen. Insbesondere § 2 Abs. 1 StrEG begründet einen Entschädigungsanspruch, sofern der Betroffene durch den Vollzug der Untersuchungshaft oder einer anderen Strafverfolgungsmaßnahme einen Schaden erleidet und soweit er freigesprochen oder das Verfahren gegen ihn eingestellt wird oder soweit das Gericht die Eröffnung des Hauptverfahrens gegen ihn ablehnt. Weitere ersatzfähige Strafverfolgungsmaßnahmen sind gem. § 2 Abs. 2 StrEG etwa eine einstweilige Unterbringung, eine Unterbringung zur Beobachtung nach den Vorschriften der StPO und des Jugendgerichtsgesetzes, eine vorläufige Festnahme nach § 127 Abs. 2 StPO, eine Sicherstellung, eine Beschlagnahme, eine Durchsuchung, soweit die Entschädigung nicht in anderen Gesetzen geregelt ist, eine vorläufige Entziehung der Fahrerlaubnis sowie ein vorläufiges Berufsverbot.

Da insoweit eine Haftungsgrundlage besteht, kann bereits die zwingend erforderliche Regelungslücke im Rahmen der Analogiebildung in Frage gestellt werden.

Gegen eine Analogiefähigkeit kann ferner angeführt werden, dass ein potentieller Anspruch gegenüber dem Fiskus besteht. § 839a BGB ist somit nicht essenziell für die durch den Gesetzgeber angestrebte Gewährung materieller Gerechtigkeit.[328]

Entscheidend ist jedoch, dass das StrEG nicht abschließend ist. Es werden nicht alle schädigenden staatsanwaltschaftlichen und gerichtlichen Entscheidungen und insbesondere keine Anklageerhebung erfasst. Zudem begründet § 2 Abs. 1 StrEG einen Schadensersatzanspruch lediglich im Falle eines Freispruchs, einer Ablehnung der Eröffnung des Hauptverfahrens oder einer Einstellung des Verfahrens. Es ist aber gerade denkbar, dass es infolge

---

[328] Ebd.

eines unrichtigen Gutachtens, auch zu einer Verurteilung kommt. In Betracht käme eine Erweiterung des Katalogs des § 2 Abs. 2 StrEG, etwa durch eine Aufnahme der Anklageerhebung. Dabei bliebe allerdings die Anspruchsrichtung des § 2 Abs. 1 StrEG unberücksichtigt. § 2 Abs. 1 StrEG begründet gerade einen Anspruch gegen die Staatskasse. Eine vorsätzlich oder grob fahrlässig unrichtige Erstattung des Gutachtens würde sich daher dauerhaft zulasten der Staatskasse auswirken. Das Handeln des Sachverständigen, das als deliktisches Unrecht qualifiziert werden kann, bliebe für diesen ohne Konsequenzen.

Aus der Systematik des § 839a BGB im Anschluss an § 839 BGB sowie der Gesetzesbegründung[329] wird deutlich, dass dieses Ergebnis durch den Gesetzgeber nicht gewollt ist. Die Vorschrift begründet eine abschließende persönliche Haftung des Sachverständigen. Auch ist ein Sachverständiger gerade kein Beamter im haftungsrechtlichen Sinne gem. § 839 BGB i. V. m. Art. 34 S. 1 GG.

Überdies entspricht eine analoge Anwendung des § 839a BGB für die Fälle der staatsanwaltschaftlichen Berufung des Sachverständigen fundamentalen gesetzgeberischen Wertungen.

Die durch die Einfügung des § 839a BGB angestrebte Haftungsverschärfung des Sachverständigen wird durch eine analoge Anwendung realisiert.

Ein tragender Beweggrund für die Eingliederung des § 839a BGB in die Systematik des Deliktsrechts ist die Schaffung einer einheitlichen Haftung für Prozesssachverständige. Hierdurch soll ein Rückgriff auf das allgemeine Deliktsrecht sowie die damit korrelierende Differenzierung nach einer Beeidigung des Sachverständigen ausgeschlossen werden.[330] Diese gesetzgeberischen Intentionen lassen sich auch auf einen staatsanwaltschaftlich berufenen Sachverständigen übertragen und würden gehemmt bzw. verfehlt werden, sofern der Anwendungsbereich des § 839a BGB im Falle der Beauftragung durch die Staatsanwaltschaft nicht eröffnet ist. Damit spricht eine genetische Auslegung für eine Analogiebildung.

Infolge der Beschränkung des Verschuldensmaßstabs wirkt sich eine analoge Anwendung auch für den Sachverständigen begünstigend aus. Die der Haftungsprivilegierung zugrundeliegende ratio legis lässt sich auch auf

---

[329] Ebd.

[330] Ebd.

die in einem staatsanwaltschaftlichen Ermittlungsverfahren beauftragten Sachverständigen übertragen.

Der Gutachtenauftrag kann auch im Falle einer staatsanwaltschaftlichen Beauftragung in einem Ermittlungsverfahren nicht abgelehnt werden. Gerade die Verpflichtung des Sachverständigen zum Tätigwerden hat den Gesetzgeber dazu motiviert, die Haftung des Sachverständigen für leichte Fahrlässigkeit auszuschließen.[331] Diese Pflicht trifft den Sachverständigen aber auch bei der Beauftragung durch die Staatsanwaltschaft gem. § 161a Abs. 1 S. 2 i. V. m. § 75 Abs. 1 StPO.

Zudem ist nach § 1 Abs. 1 S. 1 Nr. 1 JVEG eine einheitliche Vergütung vorgesehen. Zwar differenziert der Wortlaut des § 1 Abs. 1 S. 1 Nr. 1 JVEG zwischen einer gerichtlichen und einer staatsanwaltschaftlichen Ernennung. Dennoch kann auch der staatsanwaltschaftlich ernannte Sachverständige etwaige Haftungsrisiken nicht durch eine höhere Vergütung kompensieren.

Für die Rechtspraxis wirkt sich die analoge Anwendung des § 839a BGB interessengerecht aus.

Negiert man die Eröffnung des Anwendungsbereiches des § 839a Abs. 1 BGB, würde in einem Ermittlungsverfahren ein anderer Haftungsmaßstab gelten als in einem Zwischen- und in einem Hauptverfahren, in dem eine Beauftragung durch ein Gericht erfolgt. Ein solch divergierender Haftungsmaßstab, der letztlich von Zufälligkeiten abhinge, wäre mit erheblichen Rechtsunsicherheiten für beide Parteien verbunden.

Daneben kann für die Begründung einer Analogie auf § 411a ZPO verwiesen werden.

§ 411a ZPO nimmt Bezug auf gerichtlich sowie staatsanwaltschaftlich eingeholte Sachverständigengutachten und stellt diese hinsichtlich einer prozessualen Verwertbarkeit gleich. Der genannten Vorschrift lässt sich so die normative Bestimmung entnehmen, dass zumindest partiell eine einheitliche Behandlung gerichtlich und staatsanwaltschaftlich eingeholter Sachverständigengutachten legitim ist. Diese Wertung wird durch eine einheitliche Sachverständigenhaftung komplementiert.

Ergänzend lässt sich unter Berücksichtigung der höchstrichterlichen Erwägungen folgendes festhalten:

---

[331] Ebd.

Für die Begründung einer verfahrensrechtlichen Nähe zwischen Staatsanwaltschaft und Strafgericht führt der Bundesgerichtshof an, dass ein im Ermittlungsverfahren erstattetes Gutachten auch ein Zwischen- und Hauptverfahren beeinflussen könne. Eine Fortwirkung des Gutachtens könne nicht ausgeschlossen werden.

Damit bringt der erkennende Senat zum Ausdruck, dass ein Strafverfahren eine Konstellation aus aufeinander aufbauenden und ineinandergreifenden Verfahrensabschnitten darstellt, die einheitlich betrachtet werden müssen. Ein im Ermittlungsverfahren erstattetes Gutachtachten ist für das gesamte weitere Strafverfahren maßgeblich. Das Ermittlungsverfahren sowie das anschließenden Zwischen- und das Hauptverfahren dürfen daher nicht getrennt betrachtet werden. Bereits in einer Entscheidung vom 9. März 2006 ging der Senat von einer erforderlichen einheitlichen Betrachtungsweise im Rahmen eines Zwangsversteigerungsverfahrens aus.[332] Maßgeblich sei die prozessuale Ausgestaltung. Die gerichtliche Entscheidungsfindung vollziehe sich über mehrere Stufen.

Dabei baue die jeweils folgende Stufe auf den vorangegangenen Stufen auf. Für die haftungsbegründende Entscheidung könne nicht allein auf die Stufe abgestellt werden, auf der das Wertgutachten in einem Zwangsversteigerungsverfahren eingeholt werde.

Diese Prämisse kann auf ein Strafverfahren übertragen werden. Obwohl nicht die konkrete Entscheidungsfindung über mehrere Stufen erfolgt, baut in einem Strafverfahren zumindest die jeweils folgende Stufe auf der vorangegangenen Stufe auf.

In der Konsequenz kann sich die Ersatzpflicht eines in einem Ermittlungsverfahren herangezogen Sachverständigen damit auch erst in einem anschließenden Zwischen- oder Hauptverfahren begründen. Für den entsprechenden Sachverständigen stellt eine Haftungsbegründung in einem anschließenden Zwischen- oder Hauptverfahren auch keine unverhältnismäßige Benachteiligung dar, da dieser mit einer Verwertung des im Ermittlungsverfahren erstatteten Gutachtens in dem sich anschließenden Zwischen- sowie Hauptverfahren rechnen muss.

---

[332] *BGHZ* 166, 313, Rn. 10.

Im Ergebnis stellt eine Analogiebildung ein konsequentes Ergebnis dar, sofern gegen den Rechtsträger der Staatsanwaltschaft kein Amtshaftungsanspruch nach § 839 BGB i. V. m. Art. 34 S. 1 GG als lex specialis in Betracht kommt.

Infolge der Haftungsüberleitung auf den Staat wird in der Entscheidung des Bundesgerichtshofs vom 6. März 2014 die Anwendung des § 839a BGB auf einen staatsanwaltschaftlich berufenen Sachverständigen in einem Ermittlungsverfahren lediglich tangiert und nicht alle Rechtsfragen im Rahmen der Anwendung des § 839a Abs. 1 BGB abschließend geklärt. Offen bleibt etwa, welche Voraussetzungen eine Haftung nach § 839a Abs. 1 BGB in einem staatsanwaltschaftlichen Ermittlungsverfahren begründen. Klärungsbedürftig sind auch die Voraussetzungen eines Haftungsausschlusses nach § 839a Abs. 2 i. V. m. § 839 Abs. 3 BGB.

2. BGH, III. Zivilsenat, Urteil vom 24. Oktober 2019, NJW 2020, 1592

Der Senat kommt mit Entscheidung vom 24. Oktober 2019 zu dem kongruenten Ergebnis, dass sich die Ersatzpflicht eines durch die Staatsanwaltschaft in einem Ermittlungsverfahren berufenen Sachverständigen nach § 839a BGB begründen könne.[333] Insoweit wird das Urteil des Bundesgerichtshofs vom 6. März 2014[334] bestätigt. Die Entscheidungsgründe entsprechen dabei in weiten Teilen denen des Urteils vom 6. März 2014.

Darüber hinaus führt der Senat die Entscheidung vom 6. März 2014 um folgende relevante Aspekte fort.

Zunächst ist zu eruieren, welche Entscheidungen in einem Strafverfahren explizit als eine gerichtliche Entscheidung i. S. v. § 839a Abs. 1 BGB zu qualifizieren sind und damit eine Haftung begründen können.

Ein Zwischenverfahren wird gem. § 203 StPO mit dem gerichtlichen Beschluss über die Eröffnung des Hauptverfahrens abgeschlossen. Dieser Eröffnungsbeschluss ist eine gerichtliche Entscheidung im originären Sinn. Für eine Haftungsbegründung genügt die Kausalität des Sachverständigengutachtens für einen Beschluss über die Eröffnung des Hauptverfahrens.

---

[333] Der Senat schließt sich dabei der Ansicht des Berufungsgerichts an, das in der Vorinstanz ebenfalls § 839a BGB analog anwendet.

[334] *BGHZ* 200, 253.

Damit liegt definitiv und spätestens zum Zeitpunkt mit dem gerichtlichen Eröffnungsbeschluss eine gerichtliche Entscheidung i. S. v. § 839a Abs. 1 BGB vor.

Fraglich ist jedoch, ob eine Haftung bereits früher begründet werden kann und dies erforderlich ist.

Dabei ist folgendes zu unterstreichen: Ein statisches Abstellen auf die primär in einem Strafverfahren durch ein Gericht ergehende Entscheidung führt zu keinem interessengerechten Ergebnis. Vielmehr scheint eine Haftung mit Abschluss des Ermittlungsverfahrens, sofern durch die Staatsanwaltschaft auf Grundlage eines unrichtigen Gutachtens Anklage erhoben wird, angebracht.

Folgerichtig stellt nach höchstrichterlicher Ansicht ausdrücklich auch eine Anklageerhebung eine gerichtliche Entscheidung i. S. v. § 839a Abs. 1 BGB dar. Der Bundesgerichtshof nimmt damit de facto eine Modifikation der Haftungsvoraussetzungen vor.

Dabei berücksichtigt der erkennende Senat seine eigene Annahme, dass § 839a BGB bei einer staatsanwaltschaftlichen Ernennung in einem Ermittlungsverfahren Anwendung findet. Darüber hinaus unterbleiben jedoch nähere Erläuterungen, insbesondere weshalb der Sinn und Zweck des § 839a BGB bereits mit einer Anklageerhebung eine Anwendung des § 839a BGB erforderlich macht. Vermutlich sieht der Senat hier die einheitliche Haftung von Prozesssachverständigen für Vermögensschäden sowie die Haftungsprivilegierung des Prozesssachverständigen als maßgeblich an.[335] Da dieser Zweck auch bei Sachverständigen im staatsanwaltschaftlichen Ermittlungsverfahren greift, könnte daher eine Anwendung der Norm nach Anklageerhebung durch die Staatanwaltschaft geboten sein. Dieser Zweck der Norm gebietet in der Tat eine Transferierung auf vergleichbare Fallgestaltungen.

Die Ansicht des Bundesgerichtshofs kann auf folgende Erwägungen gestützt werden:

Die Staatsanwaltschaft als Behörde ist zwar funktional streng von der Judikative zu trennen. Allerdings unterliegt der Angeschuldigte auch im Falle einer Anklageerhebung staatlicher Hoheitsgewalt. Ebenso wie eine

---

335 BT-Drucks. 14/7752, S. 28.

gerichtliche Entscheidung entzieht sich die Anklageerhebung einer freien autonomen Entscheidung des Betroffenen.

Des Weiteren heißt es in der Gesetzesbegründung: „Mit der Regelung soll auch dem Umstand Rechnung getragen werden, dass der Rückgriff auf den Sachverständigen für den in einem Rechtsstreit auf Grund eines falschen Sachverständigengutachtens Unterlegenen oft die einzige Möglichkeit ist, materielle Gerechtigkeit zu erlangen."[336]

Berücksichtigt man, dass Entscheidungen der Staatsanwaltschaft lediglich im Rahmen eines Amtshaftungsprozesses nach der höchstrichterlichen Rechtsprechung nur auf ihre Vertretbarkeit hin überprüft werden,[337] scheint ein deliktsrechtlicher Anspruch gegen den Sachverständigen ggf. die alternativlose Möglichkeit für einen materiell-rechtlichen Ausgleich des Geschädigten.

Für eine Qualifizierung der Anklagerhebung als gerichtliche Entscheidung spricht auch eine gesonderte Betrachtungsweise des Strafverfahrens, das in aufeinander aufbauende Verfahrensabschnitte segmentiert ist. Jeder Abschluss eines Verfahrensabschnitts kann eine Beeinträchtigung des Betroffenen darstellen, die progressiv zunimmt.

Zudem würde es andernfalls zu einer unnatürlichen Aufspaltung des Haftungstatbestandes führen. Während das Gutachten schon im Ermittlungsverfahren erstattet wird, kann dieses erst mit Erlass eines Eröffnungsbeschlusses gem. § 203 StPO im Zwischenverfahren eine Haftung auslösen. Eine solche streng formalistische Definition der gerichtlichen Entscheidung kann nicht überzeugen.

Auf folgende genetische Auslegung ist ergänzend abzustellen.

Im Laufe des Gesetzgebungsprozesses ist zunächst eine Entscheidung vorgesehen, die das Verfahren abschließt. Auf diesen Passus wird jedoch im weiteren Verlauf explizit verzichtet.[338] Die geltende Fassung des § 839a BGB sieht eine solche Restriktion gerade nicht vor. Daher ist unerheblich, dass ein Strafverfahren durch eine Anklageerhebung nicht abgeschlossen wird, sondern in ein Zwischenverfahren mündet. Ebenfalls unerheblich ist, dass eine Anklageerhebung oder eine Einstellung des Verfahrens, die ein Ermittlungsverfahren jeweils abschließen, nicht in Rechtskraft erwachsen.

---

336 Ebd.

337 BeckOGK/*Dörr*, BGB, § 839 Rn. 158 m. w. N.

338 BR-Drucks. 265/98, S. 9; BT-Drucks. 14/7552, S. 6.

Vielmehr lässt sich an dieser Stelle eine konkrete Parallele zu einer gerichtlichen Entscheidung vortragen, die eine wesentliche normative Wertung darstellt. Sowohl eine Anklageerhebung als auch eine rechtskräftige gerichtliche Entscheidung können nicht angefochten werden.

Faktisch bedeutet eine Qualifizierung der Anklageerhebung als gerichtliche Entscheidung zwar eine Tatbestandsverschiebung. Eine solche Tatbestandsverschiebung stellt jedoch letztlich das logische und kohärente Fazit der analogen Anwendung des § 839a BGB bei einer staatsanwaltschaftlichen Ernennung des Sachverständigen in einem Ermittlungsverfahren dar.

In praxi ist es von fundamentaler Bedeutung, dass eine Haftung bereits mit Anklageerhebung begründet werden kann. Relevanz entfaltet das Ergebnis des Senats vor allem in den Fällen, in denen es gem. § 204 StPO nicht zur Eröffnung des Hauptverfahrens kommt. Die höchstrichterliche Feststellung führt zu einer faktischen Vorverlagerung der Haftungsbegründung. Damit können sowohl eine Anklageerhebung als auch ein Eröffnungsbeschluss eine Haftung begründen.

Daneben kann erwogen werden, dass § 839a Abs. 1 BGB jede benachteiligende Entscheidung der Staatsanwaltschaft als eine gerichtliche Entscheidung erfasst, die auf einem unrichtigen Gutachten beruht. In Betracht kommen zunächst staatsanwaltschaftliche Ermittlungsmaßnahmen. Hierzu zählen etwa der Erlass und Vollzug eines Durchsuchungsbeschlusses sowie eine damit verbundene Rufschädigung. Diese Ermittlungsmaßnahmen sind im Rahmen der Entscheidung des Bundesgerichtshofs vom 6. März 2014[339] relevant. In diesem Zusammenhang kann man auch eine Freiheitsentziehung oder die Entziehung einer Fahrerlaubnis anführen.

Einen weiteren zentralen Aspekt stellt ein etwaiger Haftungsausschluss nach § 839a Abs. 2 i. V. m. § 839 Abs. 3 BGB dar.

Gem. § 839 Abs. 3 BGB tritt eine Ersatzpflicht des Sachverständigen nicht ein, wenn es der Verletzte vorsätzlich oder fahrlässig unterlassen hat, den Schaden durch Gebrauch eines Rechtsmittels abzuwenden. § 839a Abs. 2 BGB sieht eine entsprechende Anwendung des § 839 Abs. 3 BGB vor.

Nachdem der Senat zu dem Ergebnis kommt, dass bereits eine Anklageerhebung als gerichtliche Entscheidung i. S. v. § 839a Abs. 1 BGB zu sehen

---

339 *BGHZ* 200, 253.

sei, muss diese Prämisse bei der Klassifizierung des Rechtsmittels berücksichtigt werden.

De jure besteht keine prozessuale Möglichkeit, eine Anklagerhebung anzufechten. Ein Anspruchsausschluss nach § 839a Abs. 2 i. V. m. § 839 Abs. 3 BGB im Ermittlungsverfahren ist damit auch nach Ansicht des Bundesgerichtshofs nicht denkbar. Dies wirkt sich gegenüber dem Geschädigten begünstigend aus, während es für den Sachverständigen eine Benachteiligung bedeutet. Vor dem Hintergrund des Zwecks des § 839a Abs. 1 BGB, der unter anderem in einer Privilegierung des Sachverständigen liegt, bleibt eine solche Interpretation nicht unproblematisch, zumal dem Haftungstatbestand ein ausgewogenes Haftungskonzept zugrunde liegt.[340] Bei der hier vorliegenden mehrstufigen Ausgestaltung des Strafverfahrens ist eine Präklusion allerdings nicht gänzlich ausgeschlossen. Nach einer Klageerhebung kommt sowohl im Zwischenverfahren als auch im Hauptverfahren ein rechtswirksamer Ausschluss der Ersatzpflicht in Betracht. Der Sachverständige wird somit nicht unverhältnismäßig benachteiligt.

Da dem Beschuldigten im Ermittlungsverfahren letztlich kein Rechtsmittel zur Abwendung der Anklageerhebung zu Verfügung steht, kann im Rahmen der Klassifizierung des Rechtsmittels für die gerichtliche Entscheidung erst auf die Eröffnung des Hauptverfahrens im nachgelagerten Zwischenverfahren abgestellt werden. An dieser Stelle kommt der Senat zu einem konsequenten Ergebnis. Das Anknüpfen an den Eröffnungsbeschluss stellt, wenngleich auch gezwungenermaßen, die dogmatisch sauberere sowie überzeugendere Lösung dar.

Abschließend könnte überlegt werden, ob ein Haftungsausschluss, der im Zwischenverfahren begründet wird, auch rückwirkend gegenüberüber einer Ersatzpflicht gilt, die durch eine Anklageerhebung im Ermittlungsverfahren entstanden ist.

Hierfür spricht, dass durch die prozessuale Ausgestaltung des Strafverfahrens eine einheitliche Betrachtung der Verfahrensabschnitte erforderlich ist. So wird dem Umstand Rechnung getragen, dass sich das Strafverfahren über mehrere Stufen erstreckt mit jeweils einer den Verfahrensabschnitt abschließenden Entscheidung. Letztlich stellt der Beschluss über die Eröffnung des

---

340 BT-Drucks. 14/7752, S. 28.

Hauptverfahrens lediglich eine weitere schadensbegründende gerichtliche Entscheidung in einem anderen Verfahrensabschnitt dar.

Das durch den staatsanwaltschaftlich beauftragten Sachverständigen im Ermittlungsverfahren erstattete Gutachten wirkt durch eine Anklageerhebung im Zwischenverfahren fort und trägt in der Regel auch zur Entscheidung im Zwischenverfahren bei, ohne dass der Sachverständige ein weiteres Gutachten erstattet.

Auch unter Berücksichtigung einer drohenden Haftungsverschärfung des Sachverständigen wäre dies zu begrüßen.

Der Bundesgerichtshof scheint diese Ansicht nicht zu vertreten. Er differenziert ausdrücklich zwischen etwaigen Schäden, die durch die Anklageerhebung bzw. durch den Eröffnungsbeschluss entstanden sind. Dabei betont der erkennende Senat, dass im Zwischenverfahren gestellte Beweisanträge die durch eine Anklageerhebung entstandenen Schäden nicht verhindert hätten.

Im folgenden Abschnitt wird spezifisch die Erfüllung der objektiven Voraussetzungen eines Rechtsmittels i. S. v. § 839 Abs. 3 BGB sowie der konkrete Verschuldensmaßstab untersucht.

Zunächst ist explizit auf die dem Angeschuldigten objektiv zur Verfügung stehenden Rechtsmittel einzugehen.

Bereits mit Urteil vom 3. Juni 1993 stellt der Senat fest, dass ein Antrag nach § 6 Abs. 3 GrdstVG in Kombination mit einer Gegenvorstellung als ein Rechtsmittel i. S. v. § 839 Abs. 3 BGB zu werten sei. Hierdurch würde eine Behörde auf die Unwirksamkeit eines Zwischenbescheids aufmerksam gemacht werden.[341]

Mit Urteil vom 9. Oktober 1997 hebt der Bundesgerichtshof hervor, dass nicht allein eine Anfechtung der gerichtlichen Entscheidung ein Rechtsmittel i. S. v. § 839 Abs. 3 BGB darstelle. Vielmehr seien auch Einwendungen unmittelbar gegen die Richtigkeit einer Auskunft erforderlich, auf der die gerichtliche Entscheidung beruhe. Hierbei handele es sich um ein geeignetes Mittel zur Korrektur der Auskunft.[342]

Schon aus den Entscheidungen vom 3. Juni 1993 sowie vom 9. Oktober 1997 geht somit hervor, dass ein Rechtsmittel i. S. v. § 839 Abs. 3 BGB nicht

---

[341] *BGHZ* 123, 1 (8).

[342] *BGHZ* 137, 11 (22 ff.).

restriktiv zu verstehen ist, sondern weit definiert wird und allgemein auch Rechtbehelfe erfasst.

Zudem wird deutlich, dass sich ein Rechtsmittel nicht zwingend direkt gegen die gerichtliche Entscheidung zu richten hat, sondern es vielmehr ausreicht, dass die diese Entscheidung tragende Grundlage substantiiert angegriffen wird.

In einem Beschluss vom 28. Juli 2006 nimmt der Senat erstmals konkret Stellung zur Definition eines Rechtsmittels i. S. v. § 839a Abs. 2 i. V. m. § 839 Abs. 3 BGB. Demnach seien unter Berücksichtigung des Sinns und Zwecks des § 839a BGB Rechtsmittel im originären Sinne erfasst, die eine Korrektur der gerichtlichen Entscheidung in der nächsten Instanz ermöglichen. Zudem führt der Senat Rechtsbehelfe an, „die sich unmittelbar gegen das fehlerhafte Gutachten selbst richten und die bestimmt und geeignet sind, eine auf das Gutachten gestützte Instanz beendende gerichtliche Entscheidung zu verhindern.“[343] Aufgezählt werden etwa Gegenvorstellungen und Hinweise auf die Unrichtigkeit des Gutachtens, Anträge, den Sachverständigen zur mündlichen Erläuterung seines Gutachtens zu laden sowie formelle Beweisanträge auf Einholung eines neuen (Ober-)Gutachtens. Bei seiner Auslegung berücksichtigt der Senat insbesondere den Grundsatz des Vorrangs des Primärrechtsschutzes, der auch im Rahmen der Sachverständigenhaftung Anwendung finde.[344] Insoweit schließt sich der Senat einer im Schrifttum vertretenen Ansicht an.[345]

Mit Urteil vom 5. Juli 2007 ergeht eine weitere Entscheidung, in der der Bundesgerichtshof auf diesen Beschluss vom 28. Juli 2006 verweist. Dabei bestätigt der erkennende Senat seine aufgestellte Definition. Zudem ergänzt er seine Ausführungen und erklärt, dass der Geschädigte „sämtliche zur Korrektur des unrichtigen Sachverständigengutachtens zur Verfügung stehenden innerprozessualen Behelfe“[346] ausschöpfen müsse. In den Entscheidungsgründen nimmt der Senat für die Definition darüber hinaus einen partiellen Transfer aus der dem Staatshaftungsrecht zuzuordnenden dargestellten

---

343 *BGH* NJW-RR 2006, 1454, Rn. 11.

344 Ebd.

345 *Staudinger/Wöstmann*, BGB, § 839a Rn. 27.

346 *BGHZ* 173, 98, Rn. 9.

höchstrichterlichen Rechtsprechung vom 9. Oktober 1997 vor, in der sich der Senat mit einem tauglichen Rechtsmittel i. S. v. § 839 Abs. 3 BGB befasst.[347]

Mit Entscheidung vom 27. Juli 2017 bestätigt der Senat seine Auffassung in den Entscheidungen vom 28. Juli 2006 sowie vom 5. Juli 2007.[348]

Gleiches gilt für die hier maßgebliche Entscheidung vom 24. Oktober 2019.

Im Ergebnis lässt sich eine allgemeine, übergreifende sowie expansive Definition des Rechtsmittels i. S. v. § 839a Abs. 2 i. V. m. § 839 Abs. 3 BGB konkludieren.

Nach dieser bestimmt sich ein Rechtsmittel danach, ob es objektiv dazu bestimmt und subjektiv dazu geeignet ist, eine auf dem Gutachten gestützte gerichtliche Entscheidung zu verwerfen. Hierzu zählten insbesondere auch Behelfe, die sich unmittelbar gegen das fehlerhafte Gutachten selbst richten. In diesem Zusammenhang führt das Gericht mehrmals allgemein in Betracht kommende Rechtsmittel auf, bei denen die genannten Voraussetzungen vorliegen, unabhängig von der Einschlägigkeit im konkreten Fall. Der Senat bietet so eine abstrakte Einordnung. Diese generelle Bestimmung der Rechtsmittel stellt wohl ein eher untypisches Vorgehen des Senats dar. Grundsätzlich befasst sich das Gericht nur mit konkreten einzelfallbezogenen Rechtsfragen. Dies ist schon dem zivilprozessualen Beibringungsgrundsatz geschuldet. Hier nutzt das Gericht aber die Möglichkeit, um abschließend sowie übergreifend für sämtliche Verfahren die potentiellen Rechtsmittel festzustellen, die sich gegen ein fehlerhaftes Gutachten selbst richten. Der Senat klärt somit ausnahmsweise eine allgemein bestehende Rechtsfrage. Hinsichtlich der Definition eines Rechtsmittels i. S. v. § 839a Abs. 2 i. V. m. § 839 Abs. 3 BGB kann somit von einer gefestigten Rechtsprechung gesprochen werden. Dabei werden staatshaftungsrechtliche Grundsätze sowie diesbezügliche höchstrichterliche Rechtsprechungen über § 839a Abs. 2 BGB inkorporiert.

Mit Entscheidung vom 24. Oktober 2019 nimmt der Senat dabei erstmals explizit eine Klassifizierung der in einem Zwischenverfahren in Betracht kommenden Rechtsmittel vor.

Explizit für ein Zwischenverfahren qualifiziert der Senat unter Berücksichtigung dieser allgemeinen Definition daher folgerichtig neben einem

---

[347] Ebd., Rn. 8 f.

[348] *BGH* NJW-RR 2017, 1105, Rn. 6.

substantiierten Angriff auf das Sachverständigengutachten auch etwaige Beweisanträge gem. § 201 Abs. 1 S. 1 und Abs. 2 S. 1 StPO als objektive Rechtsmittel gem. § 839a Abs. 2 i. V. m. § 839 Abs. 3 BGB.

Abzugrenzen ist diese Feststellung von der im Mittelpunkt der höchstrichterlichen Analyse stehenden Rechtsfrage nach einem Verschulden i. S. v. § 839a Abs. 2 i. V. m. § 839 Abs. 3 BGB.

Der Verschuldensmaßstab setzt gem. § 839a Abs. 2 i. V. m. § 839 Abs. 3 BGB grundsätzlich ein vorsätzliches oder fahrlässiges Unterlassen voraus.

Der Senat befasst sich vertiefend mit dem konkreten Verschuldensmaßstab in einem Zwischenverfahren.

Zusammenfassend lässt sich sagen, dass die dem Kläger grundsätzlich zur Verfügung stehenden Rechtsmittel zwingend in Kombination mit dem Verschuldensmaßstab betrachtet werden müssen.

Insbesondere ein Verschulden gegen sich selbst ist eine obligatorische Voraussetzung für einen Haftungsausschluss gem. § 839a Abs. 2 i. V. m. § 839 Abs. 3 BGB, die im Weiteren einer genaueren Untersuchung bedarf.

Bei einem Verschulden gegen sich selbst gem. § 839a Abs. 2 i. V. m. § 839 Abs. 3 BGB handelt es sich um einen weiteren maßgeblichen Grundsatz aus dem Staatshaftungsrecht, der über § 839a Abs. 2 BGB inkorporiert wird.

Auch für ein Verschulden gegen sich selbst lässt sich eine allgemeine Definition konkludieren: Demnach ist ein Verschulden abzulehnen, sofern der Geschädigte davon ausgehen durfte, sämtliche konkret zumutbaren und erfolgversprechenden Behelfe gegen das Gutachten ergriffen zu haben. Dabei ist auf die subjektive Sicht des Geschädigten abzustellen.

Auf ein Verschulden gegen sich selbst geht der Senat in den Entscheidungen vom 28. Juli 2006[349] sowie vom 5. Juli 2007[350] nicht ein. Der Bundesgerichtshof orientiert sich somit zunächst nicht an der ausschlaggebenden Prämisse, ob es sich aus der Sicht des Klägers um einen für ihn zumutbaren sowie erfolgversprechenden Behelf gegen das Gutachten handelt. Eine Übertragung dieses staatshaftungsrechtlichen Grundsatzes ist somit neu.

Allerdings lässt sich diese Wertung bereits indirekt den Entscheidungsgründen des Urteils vom 5. Juli 2007 entnehmen, gleichwohl das Gericht

---

349 *BGH* NJW-RR 2006, 1454.

350 *BGHZ* 173, 98.

nicht konkret hierauf abstellt. Der Senat bezieht sich ausdrücklich auf eine Pflicht des Gerichts zur Vorladung des Sachverständigen auf Antrag einer Partei gem. der §§ 402 und 397 Abs. 1 ZPO. Somit liegt aus der Sicht des Klägers in begründeter Art und Weise ein erfolgversprechender Rechtsbehelf vor, da ein Antrag auf Vorladung des Sachverständigen, anders als ein förmlicher Beweisantrag im strafrechtlichen Zwischenverfahren, letztlich nicht unbegründet abgewiesen werden kann.[351]

Im Rahmen eines Zwischenverfahrens bestehen hinsichtlich eines Verschuldens gegen sich selbst Besonderheiten, die im Weiteren genauer untersucht werden müssen.

Für die Bestimmung eines Verschuldens gegen sich selbst in einem Zwischenverfahren kommt der Funktion des Zwischenverfahrens, der prozessualen Ausgestaltung des Zwischenverfahrens sowie den strafrechtlichen Prozessmaximen eine zentrale Bedeutung zu.

Der Senat beruft sich für seine Begründung insbesondere auf den im Strafverfahren geltenden Amtsermittlungsgrundsatz. Das Gericht ist also bereits im Zwischenverfahren generell dazu angehalten, von Amts wegen den Sachverhalt und die entscheidungserheblichen Tatsachen aufzuklären. Insbesondere ist das Gericht im Zwischenverfahren gem. der §§ 201 Abs. 2 S. 1, 202 S. 1 und 244 Abs. 2 StPO von Amts wegen dazu verpflichtet, über die Einwände des Angeschuldigten zu entscheiden und unter Umständen weitere Beweise einzuholen. Trägt der Angeschuldigte schlüssig und tatsachenbasiert vor, dass ein Gutachten unrichtig sei, obliegt es dem Gericht, ein weiteres Sachverständigengutachten einzuholen oder eine mündliche Erläuterung des Gutachtens zu veranlassen. Diese Pflicht des Gerichts kann somit nicht an den Angeschuldigten mittelbar delegiert werden, indem defacto ein Haftungsausschluss zu erwarten ist.

Das Gericht ist an keine Ablehnungsvoraussetzungen gebunden, die generell überprüft werden könnten. § 244 Abs. 3 bis 5 StPO regelt lediglich die Voraussetzungen für die Ablehnung eines Beweisantrags im Hauptverfahren und nicht im Zwischenverfahren. Somit liegt wohl kein Prüfungsmaßstab

[351] Problemtisch ist darüber hinaus allerdings die Darlegung des Ursachenzusammenhangs zwischen der unterbliebenen Anhörung des Sachverständigen und dem Schaden. Eine solche Darlegung wird letztlich immer von Unsicherheiten begleitet. Eine umfängliche Prognose darüber, zu welchem Ergebnis das Gericht gekommen wäre, sei aber nicht erforderlich vgl. *BGHZ* 173, 98, Rn. 12.

vor. Vielmehr sei die Ablehnung von Beweisanträgen in einem Zwischenverfahren zulässig, wenn der hinreichende Tatverdacht keine weiteren Beweiserhebungen erfordert.[352] Ungeachtet einer Willkürgrenze liegt eine solche Einschätzung bereits naturgemäß im Ermessen des Gerichts und ist bereits deshalb nur schwer überprüfbar sowie korrigierbar.

Hinzu kommt eine generelle Einschränkung der Kontrolle gerichtlicher Entscheidungen. Durch die Unanfechtbarkeit gerichtlicher Entscheidungen im Zwischenverfahren sowie einer entsprechenden Irreversibilität gem. § 336 S. 2 Alt. 1 StPO ist eine nachträgliche Kontrolle de jure ausgeschlossen.

Bereits deshalb sind die Erfolgsaussichten eines Beweisantrags im Vorfeld als wenig vielversprechend zu beurteilen.

Im Weiteren berücksichtigt der Senat bei der Definition eines Verschuldens gegen sich selbst den allgemein in einem Strafverfahren geltenden In dubio pro reo-Grundsatz.

Dem Angeklagten obliegt es nicht, seine Unschuld zu beweisen. Vielmehr gilt die Unschuldsvermutung, sodass das Gericht dem Angeschuldigten den Schuldvorwurf obligatorisch nachweisen muss. Wird der Angeschuldigte durch ein unrichtiges Gutachten belastet, genügt es im Rahmen einer Stellungnahme, dieses Gutachten zu entkräften. Er ist gerade nicht gehalten, zusätzlich einen Beweisantrag auf Einholung eines weiteren Gutachtens zu stellen, welches etwa seine Unschuld beweist. Gleiches gilt für eine Entkräftung des Gutachtens durch eine mündliche Erläuterung des Sachverständigen.

Durch diese restriktive Auslegung des Verschuldens wird die Haftung des Sachverständigen in einem Zwischenverfahren regelmäßig nicht gem. § 839a Abs. 2 i. V. m. § 839 Abs. 3 BGB ausgeschlossen, sofern von den oben genannten objektiv zur Verfügung stehenden Rechtsmitteln kein Gebrauch gemacht wird.

Letztlich liegen bei einem Beweisantrag auf Einholung eines weiteren Sachverständigengutachtens sowie bei einem Antrag auf mündliche Erläuterung des Gutachtens im Zwischenverfahren die Voraussetzungen eines zumutbaren und insbesondere erfolgversprechenden Rechtsbehelfs aus begründeter Sicht des Angeschuldigten in der Regel nicht vor. Als Verteidigungsmittel in einem Zwischenverfahren genügt in der Regel ein substantiierter Angriff

---

[352] *J. Schneider/Krenberger*, in: *Berz/Burmann*, Handbuch des Straßenverkehrsrechts, Rn. 12 f.

auf das Sachverständigengutachten. Ausreichend ist dabei eine ausführliche Stellungnahme zum unrichtigen Sachverständigengutachten in den Schriftsätzen.

Im Ergebnis stellt der Bundesgerichtshof diverse Definitionen im Rahmen der Haftungsausschlusses nach § 839a Abs. 2 i. V. m. § 839 Abs. 3 BGB auf. Diese können mitunter für weitere Fälle herangezogen werden.

3. Darstellung der im Schrifttum vertretenen Rechtauffassungen

In der Literatur lässt sich schon vor Einfügung des § 839a BGB im Rahmen der allgemeinen deliktischen Haftung von staatsanwaltschaftlich sowie gerichtlich berufenen Sachverständigen eine Konvergenz feststellen.

Hieran kann für das Haftungskonzept des § 839a BGB angeknüpft werden. Nicht entscheidend ist dabei, dass es sich bei § 839a BGB um einen neu eingefügten lex specialis Tatbestand handelt, da die strukturellen Parallelen zwischen Staatsanwaltschaft und Gericht bestehen bleiben. Anderseits muss diese historische Interpretation auch kritisch gewürdigt werden. Trotz des Diskurses in der Literatur hat der Gesetzgeber eine staatsanwaltschaftliche Berufung gerade nicht in den Haftungstatbestand aufgenommen.

Bereits seit Einfügung des § 839a BGB besteht im Schrifttum überwiegend ein Konsens, das Haftungsinstitut des § 839a BGB auf eine staatsanwaltschaftliche Berufung in einem Ermittlungsverfahren analog anzuwenden.

Entgegen den Ausführungen *Zimmermanns*[353] kann für die Haftung eines im staatsanwaltschaftlichen Ermittlungsverfahren beauftragten Sachverständigen nach § 839a BGB von einer planwidrigen Regelungslücke ausgegangen werden.

Es wird nicht ersichtlich, dass der Gesetzgeber die Rechtsnorm bewusst so eindeutig gestaltet habe, um die Haftung eines im staatsanwaltschaftlichen Ermittlungsverfahren berufenen Sachverständigen dem Anwendungsbereich des § 839a Abs. 1 BGB zu entziehen. Hierfür bedürfte es weiterer tatsächlicher Anhaltspunkte, etwa in der Gesetzesbegründung, an die der Wortlaut anknüpfen könnte. Insbesondere den Gesetzesmaterialien lässt sich nicht die gesetzgeberische Wertung entnehmen,[354] dass eine Haftung des Sachverständigen nach § 839a Abs. 1 BGB bei der Beauftragung durch

---

[353] *Zimmermann*, DS 2007, S. 367 (369).

[354] BT-Drucks. 14/7752, S. 28.

die Staatanwaltschaft oder in einem Ermittlungsverfahren ausgeschlossen sein solle. Vielmehr lässt sich anhand der gesetzgeberischen Intentionen die gegensätzliche Wertung schlussfolgern. Für Sachverständige, die im Zuge staatlicher Hoheitsmacht sowie staatlicher Autorität verpflichtet sind, soll gerade eine einheitliche Haftung gelten, da § 839a Abs. 1 BGB für diese Fälle eine Haftungsprivilegierung des Sachverständigen vorsieht. Diese Gesamtumstände sprechen dafür, dass eine planwidrige Regelungslücke vorliegt.

Ein Rückschluss auf eine Planwidrigkeit ist im Falle fehlender gesetzgeberischer Motive, entgegen der Auffassung *Zimmermanns*,[355] nicht per se ausgeschlossen, sondern mitunter geboten. Andernfalls würde dies eine zu starke Restriktion der analogen Anwendbarkeit von Rechtsvorschriften bedeuteten.

Mit einer solchen Begründung könnte die Planwidrigkeit de facto immer abgelehnt werden. An dieser Stelle könnte sogar von einem argumentum ad absurdum gesprochen werden. Eine Planwidrigkeit ist gerade dadurch charakterisiert, dass der Gesetzgeber einen Fall unbewusst nicht normativ gestaltet, was sich insbesondere in der amtlichen Begründung widerspiegeln kann. Zudem werden in der Gesetzesbegründung zu § 839a BGB die Fälle, die keine Ersatzpflicht begründen sollen, ausdrücklich angeführt. Ob diese abschließend sein sollen, bleibt jedoch offen.

Zimmermann schließt aus den wesentlichen Unterschieden zwischen einer gerichtlichen sowie einer behördlichen Entscheidung darauf, dass § 839a Abs. 1 BGB auch bei einer staatsanwaltschaftlichen Berufung keine Anwendung finden solle.[356] Anders als bei gerichtlichen Entscheidungen, die einer nachträglichen gerichtlichen Kontrolle entzogen sind, besteht hinsichtlich einer unrichtigen Behördenentscheidung die Möglichkeit einer fachgerichtlichen Korrektur.

Speziell eine Anklageerhebung durch die Staatsanwaltschaft kann aber gerade nicht durch eine gerichtliche Kontrolle revidiert werden und ist daher nicht anfechtbar.

Resümierend differenziert *Zimmerman* nicht zwischen einer behördlichen und einer staatsanwaltschaftlichen Ernennung, obgleich eine fundamentale sachliche Differenz besteht.

---

[355] *Zimmermann*, DS 2007, S. 367 (369).
[356] Ebd.

Ein Rückgriff auf die allgemeinen deliktischen Vorschriften scheint bereits vor dem Hintergrund einer Sperrwirkung des § 839a BGB bedenklich. Hierzu heißt es in der Gesetzesbegründung: „Mit der vorgeschlagenen Regelung wird ein neuer Haftungstatbestand geschaffen, der die Haftung des gerichtlichen Sachverständigen für ein unrichtiges Gutachten abschließend regelt."[357] Demnach ließe sich argumentieren, dass eine Sperrwirkung nur gegenüber gerichtlich berufenen Sachverständigen in einem gerichtlichen Verfahren greift. Dennoch scheint eine einheitliche Haftung für Sachverständige, die in einen staatlich ausgestalteten Verfahren verpflichtet sind, ein Gutachten zu erstatten, sinngemäß intendiert zu sein. Zudem besteht gem. § 161a Abs. 1 S. 2 i. V. m. § 79 StPO auch in einem Ermittlungsverfahren die Möglichkeit zur Vereidigung eines Sachverständigen. Damit ist hinsichtlich einer Haftung für Vermögensschäden eine Differenzierung nach einer Beeidigung des Sachverständigen zu erwarten bzw. ein vorsätzliches Handeln des Sachverständigen i. S. v. § 826 BGB erforderlich. Dies kann nicht erwünscht sein, da kein haftungsrechtlicher Bezug besteht. Für einen Ausschluss des Rückgriffs auf die allgemeinen deliktischen Vorschriften lässt sich erneut die bereits dargestellte Intention einer Haftungsprivilegierung des Sachverständigen anführen. Diese explizit für eine gerichtliche Ernennung geltenden Intentionen lassen sich aber auch auf eine staatsanwaltschaftliche Beauftragung transferieren.

Es könnte überlegt werden, ob ein Eröffnungsbeschluss und darüber hinaus sogar ein Urteil im Hauptverfahren als eine kausale Schadensfolge der Anklageerhebung zu sehen ist. Für eine Beschränkung der Ersatzpflicht auf Schäden, die unmittelbar kausal durch die staatsanwaltschaftliche Entscheidung herbeigeführt werden, wie durch *Thole*[358] und *Wöstmann*[359] begrüßt, spricht jedoch eine enge Auslegung einer haftungsausfüllenden Kausalität.

Zudem trifft das Gericht im Zwischen- und Hauptsacheverfahren eine autonome Entscheidung und unterbricht damit vollverantwortlich den Kausalzusammenhang.

---

357 BT-Drucks. 14/7752, S. 28.

358 *Thole*, Die Haftung des gerichtlichen Sachverständigen nach § 839a BGB, S. 252.

359 *Staudinger/Wöstmann*, BGB, § 839a Rn. 36.

IV. Durch eine Finanzbehörde gem. § 386 Abs. 2 AO ernannter Sachverständiger

1. Darstellung der im Schrifttum vertretenen Rechtsaufassungen

Nach *Dörr* gelten die für das staatsanwaltschaftliche Ermittlungsverfahren angeführten Erwägungen entsprechend. Demnach könne keine unmittelbare Anwendung des § 839a BGB erwogen werden, da der Wortlaut des § 839a BGB grundsätzlich keinen durch eine Finanzbehörde berufenen Sachverständigen erfasse. *Dörr* stellt auf eine analoge Anwendung des § 839a BGB ab. Führe eine Finanzbehörde gem. § 386 Abs. 2 AO ein Ermittlungsverfahren selbständig durch, bestehe ebenfalls die bereits erläuterte organisatorische und institutionelle Nähe zum Strafgericht sowie die bereits erörterte verfahrensrechtliche Verbindung.[360]

Beauftragt eine Finanzbehörde einen Sachverständigen in einem Steuerverfahren nach der AO wird in diesem Fall, so *Zimmermann*, ein öffentlich-rechtliches Rechtsverhältnis zwischen dem Rechtsträger der jeweiligen Behörde und dem Sachverständigen begründet.[361]

2. Zwischenergebnis / Stellungnahme

Eine Finanzbehörde kann gem. § 386 Abs. 2 AO ein Ermittlungsverfahren selbstständig durchführen und in diesem einen Sachverständigen ernennen. Eine Anwendung des § 839a Abs. 1 BGB für diese Fallgestaltung wurde noch nicht höchstrichterlich geklärt. Im Zuge der prozessualen Parallelen ergibt sich hier methodisch sowie systematisch eine Zuordnung zur Fallgruppe der staatsanwaltschaftlich berufenen Sachverständigen.

Zunächst ist festzustellen, dass der Wortlaut des § 839a BGB eine direkte Anwendung bei einer Berufung des Sachverständigen durch eine Finanzbehörde gem. § 386 Abs. 2 AO ausschließt.

Dieser sieht in der klaren Überschrift sowie dem eindeutigen Normtext der Vorschrift ausdrücklich lediglich eine Haftung für gerichtlich berufene Sachverständige in einem gerichtlichen Verfahren vor. Führt eine Finanzbehörde gem. § 386 Abs. 2 AO ein Ermittlungsverfahren selbstständig durch, erfolgt die Beauftragung des Sachverständigen vielmehr durch eine Behörde in einem Behördenverfahren.

---

[360] BeckOGK/*Dörr*, BGB, § 839a Rn. 10.

[361] *Zimmermann*, DS 2007, S. 367 (368).

Des Weiteren ist jedoch die Möglichkeit einer analogen Anwendung des § 839a BGB zu reflektieren.

Zunächst ist festzuhalten, dass sich die Erwägungen des Bundesgerichtshofs aus den Entscheidungen vom 6. März 2014[362] sowie 24. Oktober 2019[363] entsprechend übertragen lassen. Der Senat stellt wiederholt fest, dass insbesondere infolge der organisatorischen und institutionellen Nähe sowie der verfahrensrechtlichen Nähe der Staatsanwaltschaft zum Strafgericht die Haftungsvoraussetzungen des § 839a BGB analog auf einen staatsanwaltschaftlich beauftragten Sachverständigen in einem Ermittlungsverfahren angewendet werden könnten.

Eine Transferierung dieser Dogmen, ist vor dem Hintergrund der evidenten prozessualen Parallelen gerechtfertigt. Grundsätzlich ist eine Finanzbehörde wie die Staatsanwaltschaft ebenfalls eine Behörde und damit funktionell der Exekutive zuzuordnen. Die Staatsanwaltschaft stellt nach Ansicht des Senats eine Institution sui generis dar. Sie nehme daher keine typische Behördenfunktion war. Dies trifft auf eine Finanzbehörde per se nicht zu. Gem. § 386 Abs. 2 AO führt die Finanzbehörde das Ermittlungsverfahren jedoch im Einzelfall selbstständig durch und übernimmt insoweit die vorbereitende Rolle der Staatsanwaltschaft auf dem Gebiet der Strafrechtspflege. Sie vertritt die Staatsanwaltschaft und trägt zur Justizgewährung bei. Der Finanzbehörde kommt in diesem Fall keine behördentypische Funktion zu. Die Argumentation der Entscheidungen greift daher auch vorliegend. Im Ergebnis sind für diesen Fall zum einen eine organisatorische sowie institutionelle Nähe und zum anderen eine verfahrensrechtliche Nähe der Finanzbehörde zum Strafgericht gegeben. Eine analoge Anwendung des § 839a BGB kann damit gerechtfertigt sein.

Dies lässt sich auch normativ unterlegen. Gem. § 386 Abs. 2 AO führt die Finanzbehörde das Ermittlungsverfahren in den Grenzen des § 399 Abs. 1 AO sowie der §§ 400 und 401 AO selbständig durch. Nach § 399 Ab. 1 AO nimmt sie dabei die Rechte und Pflichten wahr, die der Staatsanwaltschaft im Ermittlungsverfahren zustehen. Bieten die Ermittlungen genügenden Anlass zur Erhebung der öffentlichen Klage kann die Finanzbehörde gem. § 401 AO beim Richter den Erlass eines Strafbefehls selbst beantragen.

---

362 *BGHZ* 200, 253, Rn. 24 ff.
363 *BGH* NJW 2020, 1592, Rn. 17.

Zimmermann führt zutreffend aus, dass zwischen einer Finanzbehörde und einem von dieser berufenen Sachverständigen lediglich ein öffentlich-rechtliches Verhältnis besteht.[364] Für die Geltendmachung etwaiger Vermögensschäden durch einen Verfahrensbeteiligten muss daher grundsätzlich auf deliktsrechtliche Ansprüche zurückzugriffen werden.

In Betracht kommt zwar eine Haftungsbegründung nach den allgemeinen deliktischen Vorschriften. Die Anwendung des § 839a BGB für die Fälle einer staatsanwaltschaftlichen Berufung des Sachverständigen in einem Ermittlungsverfahren stellt jedoch bereits gefestigte höchstrichterliche Rechtsprechung dar. Eine Differenzierung danach, welche Behörde konkret in einem Ermittlungsverfahren die Untersuchung leitet, scheint widersprüchlich.

Ein Rückgriff auf das Haftungskonzept des § 839a BGB stellt hier die stringente sowie konsequente Lösung dar.

Vorliegend sind auch die einzelfallspezifischen Besonderheiten hinsichtlich der Vergütung des Sachverständigen zu berücksichtigen. Dem JVEG lässt sich die Wertung entnehmen, dass Sachverständigen im Falle einer staatlichen Beauftragung ein einheitlicher Entschädigungsanspruch zustehen soll. § 1 Abs. 1 S. 1 Nr. 1 JVEG sieht ausdrücklich vor, dass auch ein Sachverständiger, der durch eine Finanzbehörde herangezogen wird, in den Geltungsbereich des JVEG fällt, sofern diese das Ermittlungsverfahren gem. § 386 Abs. 2 AO selbstständig durchführt. Hinsichtlich der Vergütung wird somit nicht zwischen der Staatsanwaltschaft oder einer Finanzbehörde in einem Verfahren gem. § 386 Abs. 2 AO differenziert. Damit steht dem Sachverständigen auch im Falle einer Beauftragung durch eine Finanzbehörde in einem Verfahren nach § 386 Abs. 2 AO kein Mittel zur Kompensation eines Haftungsrisikos zur Verfügung.

Dieser Aspekt spricht explizit dafür, den Sachverständigen über § 839a BGB und eine damit verbundene Begrenzung des Haftungsmaßstabs auf Vorsatz und grobe Fahrlässigkeit als ein Korrektiv zu privilegieren.

Im Zuge dessen kommt es notwendiger Weise auch zu einer Anpassung der Haftungsvoraussetzungen sowie des Haftungssauschlusses. Die Modifizierungen lassen sich den einschlägigen Entscheidungen des Bundesgerichtshofs entnehmen.

---

[364] *Zimmermann*, DS 2007, S. 367 (368).

C. Beendigung durch Prozessvergleich

I. Darstellung der vertretenen Rechtsansichten vor BGH, III. Zivilsenat, Urteil vom 25. Juni 2020, BGHZ 226, 116

1. Rechtsprechung der Untergerichte

a. OLG Nürnberg, XII. Zivilsenat, Beschluss vom 7. März 2011, NJW-RR 2011, 1216

Ein Sachverständiger für Kraftfahrzeuge wird in einem selbstständigen Beweisverfahren mit der Begutachtung eines Motorrads sowie eines Unfallhergangs beauftragt. In einem gerichtlichen Verfahren wird daraufhin ein Vergleich geschlossen, der die Antragstellerin zur Rückabwicklung eines Kaufvertrags verpflichtet. Anschließend beabsichtigt die Antragstellerin den Sachverständigen aufgrund einer geltend gemachten unrichtigen Begutachtung auf Schadensersatz in Anspruch zu nehmen.[365]

Mit Beschluss vom 7. März 2011 lehnt das Oberlandesgericht Nürnberg eine unmittelbare Anwendbarkeit des § 839a BGB ab.[366]

Zudem sei § 839a BGB im Rahmen der vorliegenden Fallkonstellation nicht analogiefähig.[367]

Darüber hinaus wird auch ein Rückgriff auf die §§ 823 ff. BGB ausgeschlossen.[368]

---

365 *OLG Nürnberg* NJW-RR 2011, 1216 (1216).

366 Ebd.

367 Ebd. (1217).

368 Ebd.

b. OLG Koblenz, V. Zivilsenat, Beschluss vom 3. März 2015, BeckRS 2015, 16409

Im Rahmen eines sozialgerichtlichen Verfahrens wird ein neuropsychologisches Sachverständigengutachten eingeholt. Der Kläger trägt vor, der im Rechtsmittelverfahren geschlossene Vergleich beruhe auf einem grob fahrlässig und sogar vorsätzlich falsch erstatteten Gutachten. Beantragt wird insbesondere, die Beklagten zum Ausgleich entgangener Rentenleistungen zu verurteilen.[369]

Auch in der Rechtsprechung des Oberlandesgerichts Koblenz vom 3. März 2015 wird eine unmittelbare Anwendung des § 839a BGB kategorisch abgelehnt.[370]

Entsprechendes gilt für die Analogiefähigkeit des § 839a BGB.[371]

Die allgemeinen deliktischen Vorschriften fänden keine Anwendung.[372]

2. Darstellung der im Schrifttum vertretenen Rechtsaufassungen

Zunächst stellt sich die Frage: Auf welches Echo ist der Ausschluss einer vergleichsweisen Erledigung des Verfahrens aus dem Haftungstatbestand des § 839a BGB durch den Gesetzgeber unter Theoretikern getroffen?

Der Ausschluss einer Sachverständigenhaftung nach § 839a Abs. 1 BGB bei Erledigung des gerichtlichen Verfahrens durch eine konsensuale Streitbeilegung, findet in der Gesetzesbegründung eindeutig einen Niederschlag. Hierzu heißt es in der Gesetzesbegründung: Bei einem Prozessvergleich „wäre der Nachweis, dass dieses (unrichtige) Gutachten auf die Motivation der Parteien eingewirkt hat, auch nur schwer zu erbringen."[373] Diese Begründung wird bereits kurz nach Einfügung des § 839a BGB in die Systematik

---

369 *OLG Koblenz* BeckRS 2015, 16409, Rn. 10 f.

370 Ebd.

371 Ebd.

372 Lediglich hinsichtlich der Anwendbarkeit von § 826 BGB nicht eindeutig *OLG Koblenz* BeckRS 2015, 16409, Rn. 11.

373 BT-Drucks. 14/7552, S. 28.

des Deliktsrechts durch *Däubler*,[374] *Dörr*,[375] *Huber*,[376] *Wagner*[377] und *Wöstmann*[378] als verfehlt kritisiert.

Dörr äußert hinsichtlich dieser Argumentation Bedenken und führt an, dass ein Sachverständiger unabhängig von der konkreten Verfahrensbeendigung zu einer richtigen Begutachtung gehalten sei. Grundsätzlich gehe aus einer gerichtlichen Entscheidung die Kausalität eines Gutachtens regelmäßig sicher hervor. Daher „erscheint die Überlegung im Ansatz legitim, keinen Anspruch für Konstellationen vorzusehen, in denen die Rechtsverfolgung [mit-]entscheidend auf Motivationen beruht, die sich nur eingeschränkt zuverlässig im Haftungsprozess verifizieren lassen."[379] Dennoch bestehe zwischen der Nachweisbarkeit der Kausalität und den Pflichten des Sachverständigen keinerlei Korrelation.[380]

Zudem werde die in § 278 ZPO angelegte gesetzgeberische Intention der Förderung einer Erledigung des Verfahrens durch einen Prozessvergleich konterkariert. Insbesondere ein Rechtsbeistand wäre dazu verpflichtet, von einem Vergleich abzuraten, sofern er Bedenken hinsichtlich des Gutachtens habe.[381] *Brückner* und *Neumann*[382] sprechen insoweit von einer „Regressfalle" des Rechtsbeistands, auf die auch *Katzenmeier*[383] hinweist. Ferner wäre, so *Dörr*, durch eine ausdrückliche Aufführung der Vergleichsgrundlage eine Nachweisbarkeit gewährleistet.[384] Parallele kritische Erwägungen hinsichtlich der gesetzgeberischen Intention des § 278 ZPO sowie der Nachweisbarkeit der Ursächlichkeit des Gutachtens für einen Prozessvergleich bringt *Spickhoff* vor. Nach *Spickhoff* wird im Rahmen psychisch vermittelter Kausalverläufe

---

374 *Däubler*, JuS 2002, S. 625 (629 f.).
375 BeckOGK/*Dörr*, BGB, § 839a Rn. 49.
376 NK-BGB/*Huber*, § 839a Rn. 38.
377 *Wagner*, NJW 2002, S. 2049 (2062).
378 *Staudinger/Wöstmann*, BGB, § 839a Rn. 19.
379 BeckOGK/*Dörr*, BGB, § 839a Rn. 49.
380 Ebd.
381 Ebd., § 839a Rn. 50.
382 *Brückner/Neumann* MDR 2003, S. 906 (908).
383 FS *Horn/Katzenmeier*, S. 67 (78).
384 BeckOGK/*Dörr*, BGB, § 839a Rn. 50.

ohnehin grundsätzlich mit „Erfahrungswerten und Wahrscheinlichkeiten“[385] gearbeitet.[386]

Katzenmeier verwirft die Intention des Gesetzgebers ebenfalls, denn „Probleme beim Nachweis der Kausalität rechtfertigen auch sonst keine gesetzliche Freistellung des Schädigers von der Haftung, sondern geben im Gegenteil Anlass zu Überlegungen, ob und gegebenenfalls welche Beweiserleichterungen dem Geschädigten zu gewähren sind, damit eine Haftung nicht wegen zu hoher Hürden des Beweisrechts leer läuft.“[387]

Grundsätzlich impliziert das Gutachten die weitere Perspektiven des Verfahrens und wirke sich so de facto maßgeblich auf den Inhalt des Prozessvergleichs aus.[388]

Huber macht deutlich, dass eine Haftungsbegründung auch für die Fälle ausgeschlossen sei, in denen eine Kausalität zweifellos feststellbar sei und betont die praktische Relevanz eines Prozessvergleichs. Daneben weist er zum einen darauf hin, dass identische Beweisschwierigkeiten auch bei bestimmten Urteilen nicht ausbleiben, diese im Rahmen einer Haftung nach § 839a BGB allerdings anders gewertet werden würden. Zum anderen schließt sich *Huber* ausdrücklich der Argumentation *Katzenmeiers* an,[389] dass Beweiserleichterungen im Verhältnis zu einer Versagung des Anspruchs zur Überwindung von Beweisschwierigkeiten die adäquatere Lösung darstellen würde.[390]

Vor diesem Hintergrund äußert auch *Wagner* Bedenken hinsichtlich der gesetzgeberischen Begründung.[391]

Däubler erklärt: „Dies überzeugt wenig, da das Gutachten die Einschätzung der Prozessaussichten wesentlich beeinflussen kann und diese wiederum maßgebender Faktor für den Inhalt des Vergleichs sind.“[392]

Dem schließt sich *Schöpflin* an, wohingegen er der gesetzgeberischen Intention teilweise zustimmt. So könnten „zahlreiche Erwägungen, vor

---

385 *Soergel/Spickhoff*, BGB, § 839a Rn. 34.
386 Ebd.
387 FS *Horn/Katzenmeier*, S. 67 (77).
388 Ebd.
389 Ebd.
390 NK-BGB/*Huber*, § 839a Rn. 38.
391 MüKoBGB/*Wagner*, § 839a Rn. 26.
392 *Däubler*, JuS 2002, S. 625 (629).

allem prozesstaktischer Natur zum Vergleichsabschluss führen.“[393] Dennoch sei eine Kausalität teilweise ohne weiteres verifizierbar. Letztlich müssten die Parteien auf eine Verfahrenserledigung durch eine gerichtliche Entscheidung hinwirken. *Schöpflin* kritisiert dabei insbesondere die Kollision mit prozessökonomischen Erwägungen sowie der durch die §§ 15a EGZPO und 278 ZPO angestrebten gütlichen Streitbeilegung. Allerdings bezweifelt *Schöpflin*, dass die Parteien de facto vor dem Hintergrund einer Regressmöglichkeit gegen den Sachverständigen von einer erfolgsversprechenden konsensualen Streitbeilegung absehen. *Schöpflin* verweist zudem ebenfalls auf das Risiko eines potentiellen Regressanspruchs gegen den Rechtsbeistand und beanstandet, dass dieser regelmäßig nicht schuldhaft handele. „Vom Anwalt kann man aber weder eigene Sachkunde noch den routinemäßigen Rat an die Partei verlangen, das Gutachten überprüfen zu lassen.“[394] Ferner werde bei einem Vergleichsabschluss durch die Parteien generell bewusst in Kauf genommen, dass die tatsächlichen und rechtlichen Feststellungen nicht zutreffen. „Wird mit einem bestimmten Ergebnis Beweis erhoben, ist damit ein Sachverhalt mit prozessordnungsgemäßen Mitteln festgestellt worden, der nicht notwendigerweise der objektiven Wahrheit entspricht.“[395] Teilweise erfolge diese Entscheidung sogar entgegen ihrer persönlichen rechtlichen Überzeugung, um den Rechtsstreit zu beenden. Die Parteien träfen insoweit eine eigenverantwortliche Entscheidung.[396]

Bayerlein stellt die gesetzgeberische Argumentation ebenfalls in Abrede. Gingen die Parteien etwa auf einen Vergleichsvorschlag des Gerichts ein, so sei die Kausalität zweifelslos nachweisbar. Daneben könne der Rechtsbeistand in einem späteren gegen den Sachverständigen geführten Regressanspruch als Zeuge aussagen und sich in seinen Schriftsätzen ausdrücklich auf das Gutachten beziehen. Dies sei insbesondere sachdienlich, um einer Regressfalle zu entgehen, auf die schon *Brückner* und *Neumann*[397] hingewiesen hätten.[398] Insbesondere genüge ein bloßer Nachweis über eine Mitursächlichkeit des

---

[393] *Schöpflin*, ZfS 2004, S. 241 (244).
[394] Ebd.
[395] Ebd.
[396] Ebd.
[397] *Brückner/Neumann* MDR 2003, S. 906 (908).
[398] *Bayerlein/Bayerlein*, Praxishandbuch Sachverständigenrecht, § 34 Rn. 27.

Gutachtens.[399] Des Weiteren würde dem Geschädigten über § 287 ZPO eine Beweiserleichterung zukommen. Auch entspreche es der gängigen Praxis, dass die Gerichte „nähere Begründungen zu eingestellten Einzelposten nach Grund und Höhe“[400] angäben.[401]

Im Weiteren gilt es, die Positionen der Wissenschaftler zu konstatieren, nach welchen Grundsätzen sich die Haftung des Sachverständigen richtet, soweit das Verfahren durch einen auf einem unrichtigen Gutachten beruhenden Vergleich der Parteien beendet wird.

Nach den Ausführungen *Zimmerlings* kommt gegebenenfalls eine unmittelbare Anwendung des § 839a BGB in Betracht.

Zimmerling legt die Voraussetzung einer gerichtlichen Entscheidung i. S. v. § 839a BGB grundsätzlich weit aus. Unterdies zieht er eine Parallele zum in seinem Wortlaut engeren Merkmal eines Urteils in einer Rechtssache i. S. v. § 839 Abs. 2 BGB und erklärt, dass bereits dieses auch Beschlüsse umfasse. Damit sei die weitergehende Voraussetzung einer gerichtlichen Entscheidung i. S. v. § 839a Abs. 1 BGB ebenfalls extensiv zu interpretieren. Zudem werde auch der Begriff des Rechtsmittels i. S. d. § 839 Abs. 3 BGB nicht im technischen Sinne verstanden, sondern inkludiere formlose Rechtsbehelfe.[402]

Zimmerling sieht eine gerichtliche Entscheidung i. S. v. § 839a Abs. 1 BGB gegeben, sofern der Vergleich unter Mitwirkung des Gerichts geschlossen wird. Er unterscheidet explizit zwischen einer außergerichtlichen und einer durch das Gericht angeregten konsensualen Streitbeilegung.

Denn gem. § 139 ZPO träfen das Gericht qualifizierte Hinweispflichten, sodass dieses nur infolge eines entsprechenden Hinweises von seinem Vergleichsvorschlag abweichen könne. Hieraus konkludiert *Zimmerling*, dass „einem gerichtlichen Vergleichsvorschlag für den weiteren Verlauf des Rechtsstreites eine (entscheidungs)erhebliche Bedeutung zukommt.“[403] Unter Berücksichtigung dieser Erwägungen sei ein im Rahmen einer Beweiswürdigung auf Grundlage des Sachverständigengutachtens ergehender Vergleichsvorschlag als eine gerichtliche Entscheidung i. S. v. § 839a Abs. 1 BGB zu qualifizieren. *Zimmerling* weitet diese These, unter Berufung auf die identischen

---

399 Ebd., § 34 Rn. 28.
400 Ebd., § 34 Rn. 31.
401 Ebd.
402 *Zimmerling/Wingler*, in: JurisPK-BGB, § 839a Rn. 22.
403 Ebd., § 839a Rn. 20.

materiell-rechtliche Wirkungen, auf den Fall aus, dass der Vergleich infolge eines durch eine der Parteien eingebrachten Vorschlags geschlossen werde. Auch dann sei das Gericht maßgeblich am Vergleichsschluss beteiligt.[404]

Eine unmittelbare Anwendung des § 839a BGB scheidet nach der Ansicht *Brückners* und *Neumanns*,[405] *Dörrs*,[406] *Hubers*,[407] *Katzenmeier*,[408] *Kilians*,[409] *Mayens*,[410] *Wagners*,[411] sowie *Wöstmanns*[412] aus. *Wagner*[413] und *Huber*[414] verweisen hierfür explizit auf den Wortlaut der Norm. Ergänzend kann, so *Wöstmann*, auf die amtliche Begründung des § 839a BGB abgestellt werden.[415] Auch *Zimmerling* weist auf den in der Gesetzesbegründung zum Ausdruck kommenden eindeutigen Willen des Gesetzgebers hin.[416]

Dörr,[417] *Schöpflin*,[418] *Spickhoff*[419] und *Wagner*[420] unterstreichen, dass sich der Gesetzgeber bewusst gegen eine Ersatzpflicht nach § 839a BGB entschieden habe, soweit das Verfahren infolge eines unrichtigen Gutachtens lediglich durch einen Prozessvergleich der Parteien beendet werde. *Spickhoff* führt an, dass bereits die Voraussetzung einer haftungsbegründenden Kausalität i. S. d. § 839a Abs. 1 BGB nicht erfüllt sei. Ein Prozessvergleich werde gerade nicht von einem Gericht entschieden. Vielmehr stelle ein auf einem Gutachten beruhender gerichtlicher sowie außergerichtlicher Vergleich eine Vereinbarung der Parteien dar. Zudem fehle es an einer haftungsausfüllenden Kausalität.

---

404 Ebd., § 839a Rn. 20, 22.
405 *Brückner/Neumann*, MDR 2003, S. 906 (908).
406 BeckOGK/*Dörr*, BGB, § 839a Rn. 49 f.
407 NK-BGB/*Huber*, § 839a Rn. 38.
408 FS *Horn/Katzenmeier*, S. 67 (78).
409 *Kilian*, ZGS 2004, S. 220 (225) m.w.N.
410 *Erman/Mayen*, BGB, § 839a Rn. 9.
411 MüKoBGB/*Wagner*, § 839a Rn. 26; so bereits *Wagner*, NJW 2002, S. 2049 (2062 f.); *Wagner*, Das neue Schadensersatzrecht, Rn. 72 ff.; *Wagner/Thole*, FPR 2003, S. 521 (523).
412 *Staudinger/Wöstmann*, BGB, § 839a Rn. 19.
413 MüKoBGB/*Wagner*, § 839a Rn. 26.
414 NK-BGB/*Huber*, § 839a Rn. 38.
415 *Staudinger/Wöstmann*, BGB, § 839a Rn. 19.
416 *Zimmerling/Wingler*, in: JurisPK-BGB, § 839a Rn. 19.
417 BeckOGK/*Dörr*, BGB, § 839a Rn. 50.
418 *Schöpflin*, ZfS 2004, S. 241 (244).
419 *Soergel/Spickhoff*, BGB, § 839a Rn. 34.
420 MüKoBGB/*Wagner*, § 839a Rn. 26; so bereits *Wagner*, NJW 2002, S. 2049 (2062 f.); *Wagner*, Das neue Schadensersatzrecht, Rn. 72 ff.; *Wagner/Thole*, FPR 2003, S. 521 (523).

Der Schaden beruhe nicht auf einer gerichtlichen Entscheidung. Respektive werde der Schaden durch ein privatautonomes Rechtsgeschäft der Parteien herbeigeführt. Dies gelte insbesondere auch, sofern dem Prozessvergleich ein Vergleichsvorschlag des Gerichts i. S. v. § 278 Abs. 6 ZPO vorangehe oder die Verfahrensbeteiligten darüber hinaus einen in der Form eines Beschlusses ergangenen Vorschlag des Gerichts annähmen.[421]

Eine generelle analoge Anwendung des § 839a BGB wird insbesondere durch *Huber* begrüßt.

Huber konstatiert, dass eine Haftung nach dem allgemeinen Deliktsrecht mit Blick auf die normativen Wertungen des § 839a BGB nicht generell ausgeschlossen sei. Denn lediglich eine haftungsrechtliche Differenzierung nach einer Beeidigung des Sachverständig sei als inadäquat erachten worden. Damit bleibe zumindest die Möglichkeit einer Haftung nach § 826 BGB bestehen. Er spricht sich daher gegen eine Reichweite der Sperrwirkung des § 839a BGB aus, wie sie etwa durch das Oberlandesgericht Nürnberg[422] vertreten werde. Dem stehe die Rechtsprechung des Bundesverfassungsgerichts entgegen, das in der Sache Weigand entschieden habe, das der Geschädigte durch eine Versagung eines Schadensersatzanspruchs auch im Fall eines grob fahrlässigen Handels des Sachverständigen in seinem Grundrecht aus Art. 2 Abs. 1 GG verletzt werde.[423]

Huber weist auf die Ausführungen *Wagners* hinsichtlich einer potentiellen Korrektur des Vergleichs über die §§ 779 und 313 BGB hin,[424] äußert jedoch Bedenken. „Der vom Gesetzgeber als prohibitiv angesehene Nachweis der Ursächlichkeit des fehlerhaften Gerichtsgutachtens für den Inhalt des Vergleichs stellt sich indes bei den §§ 779, 313 in gleicher Weise."[425] Mit Blick auf den eindeutigen gesetzgeberischen Willen sieht *Huber* darüber hinaus eine Haftung nach § 839a BGB ausschließlich für irreversible Schäden kritisch.

Nach Ansicht *Hubers* hat sich der Gesetzgeber zum einen vom vormaligen Haftungskonzept distanzieren wollen und zum anderen keine geeignete Haftungsalternative etabliert, „so dass wegen der unzutreffenden Einschätzung der Rechtslage durch den – historischen – Gesetzgeber eine Einstandspflicht

[421] *Soergel/Spickhoff*, BGB, § 839a Rn. 34.
[422] *OLG Nürnberg* NJW-RR 2011, 1216.
[423] NK-BGB/*Huber*, § 839a Rn. 39.
[424] MüKoBGB/*Wagner*, § 839a Rn. 26.
[425] NK-BGB/*Huber*, § 839a Rn. 40.

nur bei grober Fahrlässigkeit in Entsprechung der Wertung des § 839 a gleichwohl zu befürworten ist."[426]

Zudem qualifiziert *Huber* den „in Beschlussfassung gegossenen Vergleichsvorschlag des Gerichts gem. § 278 Abs. 6 ZPO bzw. § 106 VwGO"[427] als gerichtliche Entscheidung i. S. v. § 839a Abs. 1 BGB.[428]

Durch den Ausschluss einer konsensualen Streitbeilegung bestehe insbesondere eine Diskrepanz zur Intention des Gesetzgebers, eine gütliche Streitbeilegung zu fördern.[429]

Hinzu trete die unter anderem durch *Brückner* und *Neumann*[430] geltend gemachte Regressfalle des Rechtsbeistands. Auch sei zu berücksichtigen, dass ein Sachverständiger eine Haftung nach § 839a Abs. 1 BGB durch einen Vergleichsvorschlag potentiell obstruieren könne. Demgegenüber relativiert *Huber* die Folgen des Ausschlusses, da die Realisierung des Schadens maßgeblich von der Möglichkeit zur Restitution abhinge, die nur in Ausnahmefällen nicht möglich sei. Insbesondere sei für eine Korrektur des Vergleichs kein Verschulden des Sachverständigen in Form grob fahrlässigen Handelns erforderlich. Damit schätzt er die Chancen der Abwendung des Schadens über eine Korrektur des Vergleichs höher ein als über die Durchsetzung eines Schadensersatzanspruchs nach § 839a BGB.[431]

Eine partielle analoge Anwendung des § 839a BGB wird etwa durch *Wagner* befürwortet.

Wagner unterscheidet ausdrücklich zwischen reversiblen und irreversiblen Schäden. Demnach sei eine analoge Anwendung des § 839a BGB bei reversiblen Schäden abzulehnen. „Nur soweit irreversible Schäden eingetreten sind, die sich mit Hilfe der vorrangigen [§ 839a Abs. 2] Rechtsbehelfe der §§ 779 Abs. 1, 812, 313, 346 nicht vermeiden oder beheben lassen, ist eine Haftung des Sachverständigen zu erwägen, dann aber wohl doch auf der Grundlage einer analogen Anwendung des § 839a und nicht nach Maßgabe des allgemeinen Deliktsrechts."[432] Ausschlaggebend für diese Prämisse ist,

---

[426] Ebd.

[427] Ebd., § 839a Rn. 40a.

[428] Ebd.

[429] Ebd., § 839a Rn. 40a f.; so bereits *Huber*, Das neue Schadensersatzrecht, § 5 Rn. 86.

[430] *Brückner/Neumann* MDR 2003, S. 906 (908).

[431] NK-BGB/*Huber*, § 839a Rn. 41.

[432] MüKoBGB/*Wagner*, § 839a Rn. 26.

dass ein Prozessvergleich, anders als regelmäßig eine gerichtliche Entscheidung, nicht in Rechtskraft erwachse.

Vielmehr bestehe für den Fall, dass die Parteien zum Zeitpunkt des Vergleichs einen falschen Sachverhalt angenommen haben, über § 779 Abs. 1 BGB sowie das Institut des Wegfalls der Geschäftsgrundlage gem. § 313 BGB die Möglichkeit zur Rückabwicklung oder Modifikation des Prozessvergleichs. Sofern der entstandene Schaden über § 779 Abs. 1 BGB sowie die §§ 812, 313 und 346 BGB korrigiert werden könne, bestehe kein Bedürfnis, § 839a BGB anlog anzuwenden. Respektive würde den Parteien faktisch garantiert werden, was sie im Falle eines richtigen Gutachtens beanspruchen könnten.[433]

Bereits in früheren Publikationen lässt *Wagner* indes erstmals erkennen, dass vielmehr vorrangig eine Korrektur des Vergleichs über § 779 Abs. 1 BGB vorzunehmen sei, sofern dessen Voraussetzungen erfüllt seien.[434]

Eine Analogiefähigkeit des § 839a BGB wird für die Fälle einer konsensualen Streitbeilegung durch *Dörr*,[435] *Spickhoff*[436] und *Sprau*[437] explizit angezweifelt. Vor dem Hintergrund des eindeutigen gesetzgeberischen Willens lehnen sie das Vorliegen einer planwidrigen Regelungslücken ab.

Schöpflin grenzt eine gerichtliche Entscheidung zu einen Prozessvergleich ab und erklärt: „Einen Prozessvergleich protokolliert das Gericht nur. Selbst wenn es den Vergleich vorgeschlagen hat, liegt keine Entscheidung des Gerichts vor. Der Vergleichsschluss ist allein Sache der Parteien."[438] Insbesondere eine Analogiefähigkeit des § 839a BGB wird durch *Schöpflin* im Hinblick auf die Gesetzesbegründung abgelehnt. Zudem wird angeführt, dass die Bestandskraft eines Prozessvergleichs hinsichtlich der Gewährung von Rechtssicherheit nicht durch einen Regressanspruch gegen den Sachverständigen gem. § 839a BGB durchbrochen werden solle.[439]

---

433 Ebd.

434 *Wagner*, NJW 2002, S. 2049 (2063 f.); *Wagner*, Das neue Schadensersatzrecht, Rn. 76; so auch *Wagner/Thole*, FPR 2003, S. 521 (523).

435 BeckOGK/*Dörr*, BGB, bis Stand: 1. Juli 2020, § 839a Rn. 51 f.

436 *Soergel/Spickhoff*, BGB, § 839a Rn. 34.

437 *Grüneberg* (ehemals: *Palandt*)/*Sprau*, BGB, bis 79. Auflage, § 839a Rn. 4.

438 *Schöpflin*, ZfS 2004, S. 241 (244).

439 Ebd.

Katzenmeier schließt eine analoge Anwendung des § 839a BGB aus. Dabei führt *Katzenmeier* den ausdrücklichen Wortlaut der Vorschrift sowie die Gesetzesbegründung an. Indessen könne einen Rückgriff auf das allgemeine Deliktsrecht hinsichtlich der damit verbundenen Differenzierung nach der Beeidung des Sachverständigen kaum überzeugen. Dies führe zu einer Haftungsfreistellung des Sachverständigen, die zur gesetzgeberischen Intention der Förderung gütlicher Streitbeilegungen in Widerspruch stehe.[440]

Die Anwendbarkeit der allgemeinen deliktischen Vorschriften wird differenziert betrachtet.

Dörr spricht sich für eine Haftung des Sachverständigen nach den allgemeinen deliktischen Vorschriften aus und betrachtet insbesondere die Argumentation kritisch, dass der abschließende Charakter des § 839a BGB jegliche Haftung des Sachverständigen ausschließe. In der Tat werde die Vorschrift in den gesetzgeberischen Erläuterungen zwar als abschließend bezeichnet. „Abschließender Charakter sollte der Regelung jedoch nur insoweit zugemessen werden, als ihre Tatbestandsvoraussetzungen insgesamt erfüllt sind."[441] Eine darüber hinaus gehende Sperrwirkung des § 839a BGB, die den Sachverständigen von einer Haftung nach den allgemeinen deliktischen Vorschriften befreie, auch sofern die Tatbestandsvoraussetzungen nicht vollumfänglich vorlägen, sei weder sachgerecht noch stände sie in einem adäquaten Verhältnis zur ratio legis der Norm. Insbesondere ließe sich dies nicht mit einer unter Umständen diffizilen Nachweisbarkeit der Ursächlichkeit des Gutachtens für einen Prozessvergleich rechtfertigen. Dennoch räumt *Dörr* ein, dass eine Haftung des Sachverständigen nach den allgemeinen deliktischen Vorschriften durchaus mit Diskrepanzen, unter anderem mit einer kaum geeigneten Differenzierung nach der Vereidigung des Sachverständigen, verbunden sei, die den Gesetzgeber maßgeblich zur Einfügung des § 839a BGB veranlasst hätten.[442]

Dörr weist unter anderem darauf hin, dass gem. § 779 BGB die Möglichkeit bestehe, die Unwirksamkeit eines Vergleichs geltend zu machen. Dabei berücksichtigt *Dörr* die Doppelnatur des Prozessvergleichs, die ermögliche, dass das gerichtliche Verfahren fortgeführt werden könne.

---

440 FS *Horn/Katzenmeier*, S. 67 (78).

441 BeckOGK/*Dörr*, BGB, bis Stand: 1. Juli 2020, § 839a Rn. 51.

442 Ebd.

Haben die Parteien den Prozessvergleich noch nicht vollzogen, eröffne sich für den Geschädigten folgende Perspektive:

Sofern eine Analogie des § 839a BGB sowie eine Haftung des Sachverständigen nach den allgemeinen deliktischen Vorschriften nicht in Betracht kämen, sei für den Geschädigten eine Korrektur des Vergleichs über § 779 BGB angezeigt. Im Falle einer analogen Anwendung des § 839a BGB sei eine Korrektur hingegen im Rahmen von § 839a Abs. 2 BGB relevant. Begründe sich demgegenüber eine Haftung des Sachverständigen nach dem allgemeinen Deliktsrecht, sei diese insoweit nicht subsidiär, sodass nicht vorrangig eine Korrektur des Vergleichs erfolgen müsse. Jedoch könne ein entsprechendes Unterlassen trotz Erfolgsaussichten sowie Zumutbarkeit zu einer Anspruchskürzung nach § 254 BGB führen.[443]

Nach *Kilian* komme ein Rückgriff auf die allgemeinen deliktischen Vorschriften in Betracht.

Vor dem Hintergrund des eindeutigen Wortlauts des § 839a BGB spricht sich *Kilian* gegen eine Sachverständigenhaftung sowohl in unmittelbarer als auch in analoger Anwendung des § 839a BGB aus. Dabei betont er, dass dies auch der vermeintlich vorherrschenden Ansicht entspreche.[444]

Im Falle einer konsensualen Streitbeilegung mangele es an einer gerichtlichen Entscheidung i. S. v. § 839a Abs. 1 BGB. Das Sachverständigengutachten determiniere die Prozessaussichten und trage so maßgeblich zur Willensbildung der Verfahrensbeteiligten bei. Hierdurch würden der weitere Verfahrensverlauf und in der Regel das Verfahrensergebnis beeinflusst werden. Die Beteiligten ließen es aber gerade nicht auf eine streitige gerichtliche Entscheidung ankommen. Das Verfahrensergebnis resultiere respektive naturgemäß durch eine autonome Entscheidung der Verfahrensbeteiligten.

Dennoch liege aus Sicht der Verfahrensbeteiligten zumindest eine vergleichbare Interessenlage vor, da der Prozess jedenfalls infolge des unrichtigen Gutachtens beendet werde.

Kilian setzt sich vertieft mit der für eine Anwendbarkeit der §§ 823 ff. BGB entscheidenden Reichweite der Sperrwirkung des § 839a BGB auseinander. Dabei könne erwogen werden, ob eine Sperrwirkung bereits mit der

---

[443] BeckOGK/*Dörr*, BGB, bis Stand: 1. Juli 2020, § 839a Rn. 52.

[444] *Kilian*, ZGS 2004, S. 220 (225) m. w. N.

Erstattung eines unrichtigen Gerichtsgutachtens oder erst mit dem Vorliegen einer gerichtlichen Entscheidung eintritt.

Der Wortlaut der Gesetzesbegründung lege zunächst das Verständnis nahe, dass § 839a BGB für die vorliegende Fallkonstellation der konsensualen Streitbeilegung eine abschließende Regelung darstelle und somit eine Haftung nach den allgemeinen deliktischen Vorschriften ausgeschlossen sei.

Zudem könnten hierfür insbesondere Praktikabilitätsgründe angeführt werden. Insoweit übernimmt *Kilian* die Argumentation der Gesetzesbegründung, dass der notwendige Kausalitätsnachweis zwischen einem unrichtigen Gutachten und einem Prozessvergleich oftmals nur schwer zu erbringen sei, da eine gerichtliche Entscheidung fehle, die sich explizit mit dem Gutachten auseinandersetze.

Für ein Sperrwirkung, die erst mit der gerichtlichen Entscheidung eintritt, führt *Kilian* folgende Argumente an:

Letztlich lasse sich weder dem Wortlaut der Norm noch den Gesetzesmaterialien die Reichweite der Sperrwirkung des § 839a BGB klar entnehmen. Auch bei einer gerichtlichen Entscheidung i. S. v. § 839a BGB könnten sich durchaus Schwierigkeiten bei der Nachweisbarkeit der Kausalität ergeben. Dies treffe insbesondere etwa auf ein AV-Urteil zu. Hier unterbleibe ebenfalls eine Auseinandersetzung des Gerichts mit dem Sachverständigengutachten.

In der Konsequenz bedürfe es vornehmlich einer normzweckorientierten Bestimmung des Umfangs der Sperrwirkung.

Durch eine Sperrwirkung könnten die Verfahrensbeteiligten dazu gedrängt werden, auf einen Vergleich zu verzichten, um einen Anspruch aus § 839a BGB zu erhalten. Demgegenüber würde sich der Rechtsbeistand des Betroffenen der Gefahr einer Regresspflicht aussetzten, wenn er voreilig zu einem Vergleich rate. Verglichen sich die Parteien infolge einer Empfehlung des Rechtsbeistands, sei ein Anspruch aus § 839a BGB gesperrt. Diese Sperrwirkung würde unabhängig davon eintreten, ob das Gutachten richtig oder unrichtig sei. Letztlich würde dem Rechtsbeistand die Pflicht treffen, die Richtigkeit des Gutachtens zu überprüfen.

Um sich einer Regresspflicht zu entziehen, genüge insbesondere kein pauschaler Verweis auf § 779 BGB. Dieser sehe in der Rechtsfolge eine Unwirksamkeit des Vergleichs vor, sofern das Gutachten unrichtig sei. Hieraus resultiere allerdings kein unmittelbarer Schadensersatzanspruch des Geschädigten. Im Ergebnis wäre der Anreiz zu einer einvernehmlichen Konfliktlösung durch einen Prozessvergleich gehemmt. Der Gesetzgeber würde durch eine solch weitreichende Sperrwirkung massiv Einfluss auf die Gerichtspraxis nehmen. Daher scheine es geboten, bei Beendigung eines gerichtlichen Verfahrens infolge eines unrichtigen Sachverständigengutachtens auf das allgemeine Deliktsrecht zurückzugreifen. Nach *Kilian* wird hierdurch ein interessengerechtes Ergebnis erreicht. Die bisherige Rechtsprechung bilde zum Rückgriff auf die allgemeinen deliktischen Vorschriften auch ein Korrektiv. In der Praxis werde der Haftungsmaßstab höchstrichterlich auf vorsätzliches und grob fahrlässiges Handeln beschränkt.[445] Über § 254 BGB könne zudem die Wertung des § 839a Abs. 2 BGB integriert werden.[446]

Spickhoff dementiert gleichermaßen, dass § 839a BGB eine abschließende Wirkung zukommt, soweit dessen Voraussetzungen, insbesondere die einer gerichtlichen Entscheidung, nicht vorliegen. Eine vollumfängliche Haftungsfreistellung des Sachverständigen stände zudem diametral zu den durch das Bundesverfassungsgericht in der Sache Weigand aufgestellten Grundsätzen.[447] Die insoweit ausschließlich in Betracht kommende deliktische Haftung des Sachverständigen begründe sich dabei nach den allgemeinen Vorschriften. Damit hafte ein Sachverständiger lediglich eingeschränkt für Vermögensschäden. Dennoch betrachtet auch *Spickhoff* einen Rückgriff auf das frühere Haftungskonzept als unzulänglich.[448]

Spickhoff pointiert ebenfalls, dass über § 779 Abs. 1 BGB sowie über § 313 BGB die Möglichkeit bestehe, einen Vergleich zu korrigieren. „Dabei wird man aus dem Rechtsgedanken der §§ 839a Abs. 2, 839 Abs. 3 und 254 im Fall einer Inanspruchnahme des gerichtlichen Sachverständigen folgen können, dass dieser nur insoweit in Anspruch genommen werden kann, als der Schaden nicht durch die erwähnten Möglichkeiten gegenüber dem Vergleich korrigiert zu werden vermochte."[449]

Mayen[450] und *Wöstmann*[451] befürworten gleichermaßen eine Haftungsbegründung, die sich nach dem vormaligen Haftungskonzept richtet. Eine

445 *BVerfGE* 49, 304; *OLG Schleswig* NJW 1995, 791.
446 *Kilian*, ZGS 2004, S. 220 (225).
447 *BVerfGE* 49, 304 (304 ff.).
448 *Soergel/Spickhoff*, BGB, § 839a Rn. 34.
449 Ebd.
450 *Erman/Mayen*, BGB, § 839a Rn. 4.
451 *Staudinger/Wöstmann*, BGB, § 839a Rn. 19.

Haftungsfreistellung des Sachverständigen unter Verweis auf die Möglichkeit einer Korrektur über § 779 BGB sieht *Wöstmann* hingegen kritisch.[452]

Bayerlein schließt einen Rückgriff auf die allgemeinen deliktischen Vorschriften nicht per se aus.

Nach *Bayerlein* wird ein Prozessvergleich lediglich durch das Gericht beurkundet und lasse sich daher nicht als eine gerichtliche Entscheidung i. S. v. § 839a Abs. 1 BGB qualifizieren. Auch in einem Beschluss gem. § 278 Abs. 6 ZPO sieht er, entgegen der Auffassung *Zimmerlings*[453] sowie *Hubers*,[454] keine gerichtliche Entscheidung.

„Es wäre (...) systemwidrig, in diesem Fall von der Anwendbarkeit des § 839a BGB auszugehen, nur weil die Prozessparteien nicht bei Gericht zur Protokollierung des Vergleichs erscheinen, sondern dem Vergleich in wechselseitigen Schriftsätzen zustimmen."[455]

Bayerlein weist auf den eindeutigen gesetzgeberischen Willen hin, der in der Gesetzesbegründung zum Ausdruck komme. Hier werde eine konsensuale Streitbeilegung ausdrücklich von einer Ersatzpflicht ausgeschlossen. Zudem werde mit § 839a BGB eine für die Haftung des Gerichtssachverständigen abschließende Regelung etabliert. Ein Rückgriff auf die allgemeinen deliktischen Vorschriften sei daher ausgeschlossen.[456] Indessen führt *Bayerlein* an: „Gesetzesmaterialien sind (...) allenfalls Auslegungshilfen; sie haben als solche keine Gesetzeskraft."[457] Daher spricht sich *Bayerlein* zumindest für eine Haftung eines Gerichtssachverständigen bei vorsätzlich verursachten Schäden über § 826 BGB aus.[458]

Bayerlein unterstreicht einen durch den Ausschluss von Prozessvergleichen hervorgerufenen Wertungswiderspruch. So könne eine Partei, die anwaltlich beraten infolge eines Vorschlags des Gerichts einen Vergleich schließe, keinen Schadensersatzanspruch geltend machen, während Parteien, die entgegen

---

452 Ebd., *Wöstmann* übernimmt insoweit die Auffassung *Wurms* vgl. *Staudinger/Wurm*, BGB, bis Stand 2013, § 839a Rn. 19.

453 *Zimmerling/Wingler*, in: JurisPK-BGB, § 839a Rn. 20, 22.

454 NK-BGB/*Huber*, § 839a Rn. 40a.

455 *Bayerlein/Bayerlein*, Praxishandbuch Sachverständigenrecht, § 34 Rn. 23.

456 Ebd.

457 Ebd.

458 Ebd., § 34 Rn. 26.

dieses Vorschlags auf eine gerichtliche Entscheidung bestehen, ein Anspruch nach § 839a BGB zustehe.[459]

Auch § 779 BGB helfe nur bedingt weiter. Denn der Anspruchsteller habe zunächst stets den Nachweis zu erbringen, dass der Anspruchsgegner die Unrichtigkeit des Gutachtens gekannt habe. Dies sei dem Anspruchsteller nur in Ausnahmefällen möglich.[460]

Wagner spricht sich gegen einen Rückgriff auf das allgemeine Deliktsrecht aus.

Dabei beruft sich *Wagner* auf die systematische Stellung des § 839a BGB im Anschluss an die Haftung bei Amtspflichtverletzungen nach § 839 BGB. Aus der systematischen Stellung leitet *Wagner* ab, dass der Gesetzgeber die Sachverständigenhaftung abschließend regeln wolle. Diese Wertung würde über einen Rückgriff auf die allgemeinen deliktischen Vorschriften jedoch de facto konterkariert werden. Zudem würde mit einer Anwendung der §§ 823 ff. BGB eine kritisierte haftungsrechtliche Differenzierung nach der Beeidigung des Sachverständigen einhergehen.[461]

Bereits in früheren Publikationen setzt sich *Wagner* mit der Haftung des Prozesssachverständigen auseinander. Dabei weist *Wagner* darauf hin, „dass der Tatbestand der Vereidigung keinerlei Sachbezug zum Haftungsrecht hat, und zwar weder zum Umfang des Vermögensschutzes noch zum Maßstab der Pflichtverletzung.“[462] *Wagner* erachtet eine Differenzierung nach einer Beeidigung des Sachverständigen daher als haftungsrechtlich nicht geeignet und stimmt insoweit der Gesetzesbegründung zu. Darüber hinaus sei eine Integration der Haftung gerichtlich berufener Sachverständiger in die für Privatgutachter etablierte Dogmatik nicht möglich. Nach gefestigter höchstrichterlicher Rechtsprechung haftet ein Privatgutachter in der Praxis überwiegend nach quasi-vertraglichen Instituten.

Die Haftung werde dabei dogmatisch über einen Vertrag mit Schutzwirkung zugunsten Dritter hergeleitet.[463] Demgegenüber habe sich der Gesetzgeber bei der Haftung eines Prozesssachverständigen gerade für

---

459 Ebd., § 34 Rn. 25.
460 Ebd., § 34 Rn. 32.
461 MüKoBGB/*Wagner*, § 839a Rn. 26.
462 *Wagner*, Das neue Schadensersatzrecht, Rn. 76; so bereits *Wagner*, NJW 2002, S. 2049 (2063).
463 *BGH* NJW 2001, 514 (516).

einen deliktsrechtlichen Ansatz entschieden. Zudem ergebe sich aus der Lektüre der Gesetzesbegründung, dass mit der Vorschrift des § 839a BGB eine abschließende Haftungsregelung für gerichtliche Sachverständige, die ein unrichtiges Gutachten erstatten, etabliert werden solle. Angesichts der ausdrücklichen Gesetzeserwägungen steht *Wagner* einer Operation mit dem früheren Haftungskonzept skeptisch gegenüber. In der Konsequenz führt *Wagner* die These an, dass eine persönliche Haftung des Sachverständigen generell zu versagen sei.[464]

Eine partielle Remedur über § 779 BGB wird insbesondere durch *Thole* teilweise kritisch betrachtet. Er weist explizit auf die in der Gesetzesbegründung angeführten vergleichbaren Beweisschwierigkeiten hin. So sei ein Vergleich nach § 779 BGB lediglich unwirksam, sofern sich der für den Vergleich als zutreffend vorausgesetzte Sachverhalt a posteriori als nicht zutreffend erweise, sodass sich beide Parteien kollektiv über einen „streitausschließenden Umstand“[465] geirrt haben müssten. Damit müsse zum einen ein Nachweis darüber erbracht werden, dass die Parteien das Gutachten gemeinschaftlich als erwiesen betrachtet haben und zum anderen insbesondere über die Kausalität zwischen diesem Irrtum und dem Streit bzw. der Ungewissheit über das Rechtsverhältnis. Diese Kausalität zu belegen, hält *Thole* insbesondere als diffizil. „Für die erforderliche streitausschließende Wirkung reicht es nämlich nicht aus, dass die Parteien bei Kenntnis der wahren Sachlage einen anderen Vergleich geschlossen hätten, entscheidend ist, ob sie bei richtiger Aufklärung der Tatsachenfragen durch den Gutachter zu dem Abschluss gerade des geschlossenen Vergleichs überhaupt keinen Anlass gehabt hätten.“[466] Über § 313 BGB sei hingegen lediglich eine Modifikation des Vergleichs möglich. Hierfür sei insbesondere die Eröffnung eines neuen Verfahrens in Form einer Vollstreckungsgegenklage erforderlich. Zudem wende § 779 BGB einen Schadenseintritt nicht ab, sofern der Vergleich bereits vollzogen worden sei. In diesem Fall erfolge lediglich eine Rückabwicklung nach dem Bereicherungsrecht.[467]

---

[464] *Wagner*, NJW 2002, S. 2049 (2063 f.); *Wagner*, Das neue Schadensersatzrecht, Rn. 76; so auch *Wagner/Thole*, FPR 2003, S. 521 (523).

[465] *Thole* AnwBl 2006, S. 91 (92).

[466] Ebd.

[467] Ebd.

3. Zwischenergebnis / Stellungnahme

Fasst man die vorstehend dargestellten Ansichten der Rechtsprechung und der Literatur aus fast 20 Jahren zusammen, sind folgende Aspekte deutlich geworden:

Bis Erlass der Entscheidung des Bundesgerichtshofs vom 25. Juni 2020 entspricht es dem überwiegenden Konsens in der Rechtsprechung sowie in der Literatur, § 839a BGB bei einer vergleichsweisen Erledigung des gerichtlichen Verfahrens weder direkt noch analog anzuwenden.

Mit Einfügung des § 839a BGB in die Systematik des Deliktsrechts wird in Bezug auf die Anwendbarkeit der Vorschrift durch die Untergerichte allgemein eine einheitliche Judikatur praktiziert. Dies gilt insbesondere auch bei irreversiblen Schäden. Eine Differenzierung nach reversiblen und irreversiblen Schäden wird nur in der Literatur teilweise gefordert.

Während in der Literatur eine kontroverse Diskussion stattfindet, sind die Untergerichte in ihrer Rechtsprechung wesentlich konziser. Durchweg wird eine unmittelbare und insbesondere eine analoge Anwendung des § 839a BGB lakonisch abgelehnt. Das Oberlandesgericht Nürnberg beruft sich für seine Ablehnung unter anderem explizit auf die Gesetzesbegründung.[468] Das Oberlandesgericht Koblenz schließt sich der Entscheidung des Oberlandesgerichts Nürnberg an.[469]

Insbesondere hinsichtlich eines Rückgriffs auf die allgemeinen deliktischen Vorschriften sind die Gerichte überaus zurückhaltend. So lässt das Oberlandesgericht Koblenz dahinstehen, ob § 826 BGB bei einer vergleichsweisen Erledigung des Verfahrens eine Ersatzpflicht des Sachverständigen begründen kann.[470] Lediglich das Oberlandesgericht Nürnberg beruft sich ausdrücklich auf die gesetzgeberische Intention, einen Rückgriff auf die allgemeinen Haftungstatbestände des Deliktsrechts gezielt auszuschließen, und verweist zur Begründung auf die systematische Stellung des § 839a BGB sowie die amtliche Begründung zu § 839a BGB.[471]

---

[468] *OLG Nürnberg* NJW-RR 2011, 1216 (1216 f.).
[469] *OLG Koblenz* BeckRS 2015, 16409, Rn. 11.
[470] Ebd.
[471] *OLG Nürnberg* NJW-RR 2011, 1216 (1217).

Es entsprich dem Konsens im Schrifttum, dass eine Planwidrigkeit der Regelungslücke nicht gegeben sei. Demgegenüber haben sich nur wenige Theoretiker für eine Analogiefähigkeit des § 839a BGB ausgesprochen.

Hierbei wird mitunter an die Voraussetzung eines irreversiblen Schadens angeknüpft. In der Konsequenz ist zu pointieren, dass eine generelle Analogiefähigkeit des § 839a BGB für die Fälle einer vergleichsweisen Erledigung des Verfahrens im Vorfeld der Entscheidung des Bundesgerichtshofs eine absolute und lediglich vereinzelt vertretene Mindermeinung darstellt.

Divergierend sind im Schrifttum vor allem die Rechtsansichten hinsichtlich der Anwendbarkeit der allgemeinen deliktischen Vorschriften bei einer Erledigung des Verfahrens durch einen Prozessvergleich.

Die konträren Ansichten, die sich teilweise diametral entgegenstehen, zeigen, wie kontrovers die Haftung eines Prozesssachverständigen im Falle einer vergleichsweisen Erledigung des Verfahrens diskutiert wird. Eine eindeutige Stellungnahme ist erkennbar diffizil.

Dies resultiert letzten Endes daraus, dass kein interessengerechtes und zugleich dogmatisch sowie wertungsmäßig beanstandungsloses Ergebnis erzielt werden kann. Da das Gesetz keine passenden Abwicklungsregelungen für die diskutierte Fallgruppe bereithält, wird in der Literatur eine Analogiefähigkeit des § 839a BGB oder eine Anwendbarkeit der §§ 823 ff. BGB konstruiert. Eine dahingehende Interpretation konterkariert jedoch den eindeutigen Gesetzeswortlaut sowie die amtliche Begründung.[472] Ein vermeintlich gerechteres Ergebnis kann nicht ohne weiteres die Basis für eine Auslegung bilden. Der entgegengesetzte gesetzgeberische Wille ist klar erkennbar. Es besteht zu diesem Zeitpunkt keine Rechtssicherheit. Vor diesem Hintergrund ist die klärende höchstrichterliche Entscheidung vom 25. Juni 2020[473] hinsichtlich der Rechtsfrage der Anwendbarkeit des § 839a BGB erforderlich und geboten.

Hinsichtlich der Begründung einer Analogie des § 839a BGB, die insbesondere eine planwidrige Regelungslücke voraussetzt, ist folgendes zu bedenken:

In erster Hinsicht ist für die Bestimmung einer Regelungslücke auf den originären Anwendungsbereich des § 839a BGB abzustellen. Dieser sieht

472 BT-Drucks. 14/7752, S. 28.
473 *BGHZ* 226, 116.

keine Haftungsbegründung bei einer vergleichsweisen Erledigung des Verfahrens vor.

Hierfür kann in der Tat auf den eindeutigen Gesetzeswortlaut, aber auch auf die Gesetzesbegründung[474] abgestellt werden.

Bei einschlägigen alternativen Haftungsmöglichkeiten wäre das objektive Vorliegen einer Regelungslücke abzulehnen. In Betracht kommt insbesondere ein Rückgriff auf die allgemeinen deliktischen Vorschriften. Alternative Haftungsmöglichkeiten hängen entscheidend von einer Sperrwirkung des § 839a BGB ab. Grundsätzlich ist § 839a BGB eine die §§ 823 und 826 BGB verdrängende Spezialnorm. Dies geht ausdrücklich aus der Gesetzesbegründung hervor.[475] Es bedarf daher einer Analyse, ob § 839a BGB bereits mit der Erstattung eines unrichtigen Gerichtsgutachtens oder erst bei Vorliegen einer haftungsbegründend kausal herbeigeführten gerichtlichen Entscheidung eine Sperrwirkung entfalten soll.

Substantielles Hauptargument für eine Sperrwirkung mit der Erstattung eines Gutachtens ist die Konzipierung des § 839a BGB als abschließender Haftungstatbestand. Es entspricht dem eindeutigen Wortlaut der Gesetzesbegründung des § 839a BGB, dass eine Sperrwirkung bereits mit Erstattung des Gutachtens eintritt.[476] Demnach wird mit § 839a BGB ein neuer Haftungstatbestand geschaffen, der die Haftung des gerichtlichen Sachverständigen für ein unrichtiges Gutachten abschließend regeln soll. Eine gerichtliche Entscheidung wird hinsichtlich der abschließenden Wirkung hingegen gerade nicht vorausgesetzt. § 839a BGB entfaltet somit eine Sperrwirkung, sofern ein gerichtlicher Gutachter ein unrichtiges Gutachten erstellt. Begründet wird diese Intention damit, dass eine Differenzierung bei der Haftungsbegründung nach einer Beeidigung des Sachverständigen als haftungsrechtlich nicht mehr gerechtfertigt gesehen wird. Diese gesetzgeberische Wertung würde durch Rückgriff auf die allgemeinen deliktsrechtlichen Haftungsnormen konterkariert werden. Damit kann ergänzend auf eine genetische Auslegung abgestellt werden. Mit Blick auf die systematische Stellung des § 839a BGB im Anschluss an § 839 BGB wird diese Prämisse hingegen nicht bekräftigt. Durch die systematische Stellung des § 839a BGB im Anschluss

---

[474] BT-Drucks. 14/7752, S. 28.
[475] Ebd.
[476] Ebd.

an die Amtshaftung gem. § 839 BGB lässt sich zwar durchaus begründen, dass der Gesetzgeber eine abschließende Sonderregelung für die Haftung von Prozesssachverständigen in die Systematik des Deliktsrechts einfügen will.

Allerdings sagt dies für sich nichts über die Reichweite der Sperrwirkung aus. Vielmehr lässt sich dies, wie bereits festgestellt, der Gesetzesbegründung entnehmen. Vor dem Hintergrund der dargestellten Erwägungen lässt sich die im Schrifttum vertretene Ansicht, dass eine Sperrwirkung erst mit Erlass einer gerichtlichen Entscheidung eintritt, falsifizieren.

Im Ergebnis ist das objektive Vorliegen einer Regelungslücke anzunehmen.

Allerdings ist eine Planwidrigkeit der Regelungslücke vorliegend zu verneinen. Gegen eine Planwidrigkeit der Regelungslücke kann insbesondere die ausdrückliche und eindeutige Gesetzesbegründung zu § 839a BGB angeführt werden. Den Gesetzesmaterialien lässt sich entnehmen, dass für die Fälle, in denen ein gerichtliches Verfahren lediglich durch einen Prozessvergleich abgeschlossen wird, eine Haftung nach § 839a Abs. 1 BGB ausgeschlossen ist.

Begründet wird dies damit, dass „der Nachweis, dass dieses Gutachten auf die Motivation der Parteien eingewirkt habe, (…) nur schwer zu erbringen“[477] sei.

Für die von *Wagner* angeführte Erwägung, § 839a BGB lediglich bei reversiblen Schäden anzuwenden,[478] spricht zunächst, dass § 839a BGB nur zur Anwendung kommen würde, sofern ein konkretes Bedürfnis besteht. Dennoch scheint die Überlegung dogmatisch überzeugender, eine Haftung des Sachverständigen gem. § 839a Abs. 2 i. V. m. § 839 Abs. 3 BGB auszuschließen, sofern eine Nichtigkeit eines Vergleichs nicht i. S. v. § 779 BGB geltend gemacht wird. Zumindest sofern ein reversibler Schaden vorliegt, würde ein Haftungsausschluss gem. § 839a Abs. 2 i. V. m. § 839 Abs. 3 BGB ein interessengerechtes Ergebnis führen.

II. BGH, III. Zivilsenat, Urteil vom 25. Juni 2020, BGHZ 226, 116

Die Klägerin beansprucht im Ausgangsverfahren Schadensersatz aufgrund einer zu geringen Druckgeschwindigkeit einer erworbenen Druckmaschine.

---

[477] Ebd.

[478] MüKoBGB/*Wagner*, § 839a Rn. 26.

Der Beklagte, ein Sachverständiger mit einer expliziten Expertise für Druckmaschinen, wird zunächst vom Landgericht Würzburg und später durch das Oberlandesgericht Bamberg beauftragt, ein Sachverständigengutachten hinsichtlich bestimmter Druckparameter einer Druckmaschine zu erstellen.[479]

Nachdem durch den Gutachter im Hauptsacheverfahren festgestellt wird, dass die Druckmaschine den geschuldeten Leistungsparametern entspricht, schlossen die Parteien im Rahmen des Berufungsverfahrens vor dem Oberlandesgericht Bamberg einen Vergleich.[480] Das erstattete Gutachten des Beklagten stellt sich als unrichtig heraus. Die Klägerin nimmt den Beklagten daraufhin unter dem Vorwurf der vorsätzlichen oder zumindest leichtfertig gewissenlosen Erstellung eines falschen Gutachtens in Anspruch. In der Folge wird insbesondere ein entgangener Gewinn als Schadensersatz unter anderem nach § 839a BGB analog geltend gemacht.[481]

Eine unmittelbare Anwendung von § 839a BGB scheidet nach Ansicht des Senats aus, da ein Vergleich keine gerichtliche Entscheidung i. S. d § 839a BGB darstelle.[482] Dies gelte insbesondere auch dann, wenn der Vergleich aufgrund eines Vorschlags des Gerichts vorgenommen werde oder der Vergleich durch einen Gerichtsbeschluss gem. § 278 Abs. 6 S. 2 ZPO festgestellt werde. In diesen Fällen werde der Prozessausgang letztlich durch ein privatautonomes Rechtsgeschäft der Parteien und nicht durch das Gericht bewirkt.[483]

Im Weiteren befasst sich der Senat mit der Analogiefähigkeit des § 839a BGB.

Grundsätzlich sehe § 839a BGB als deliktische Sonderanspruchsgrundlage eine Haftung des gerichtlichen Sachverständigen vor, wenn eine gerichtliche Entscheidung auf einem zumindest grob fahrlässig objektiv falschen

---

[479] Zwischen den Parteien war insbesondere die Druckgeschwindigkeit strittig. Durch einen privat seitens der Klägerin beauftragten Sachverständigen sowie einem in einem selb-ständigen Beweisverfahren vor dem Landesgericht Würzburg beauftragten Sachver-ständigen wurde zunächst festgestellt, dass die Druckmaschine nicht den vertraglichen vereinbarten Parameter entspricht.

[480] Erstinstanzlich wurde die Klage durch das Landgericht Würzburg zunächst abgewiesen.

[481] *BGHZ* 226, 116, Rn. 1 ff.

[482] So bereits in *BGHZ* 166, 313, Rn. 12.

[483] *BGHZ* 226, 116, Rn. 12.

erstatteten Gutachten beruhe und hierdurch einem Verfahrensbeteiligten ein Schaden entstehe.

Damit setze die Vorschrift einen zweiaktigen Geschehensablauf voraus. Zum einen müsse eine gerichtliche Entscheidung ergehen, die auf einem unrichtigen Gutachten beruhe. Zum anderen müsse die gerichtliche Entscheidung einen kausalen Schaden herbeigeführt haben.[484]

Die für eine analoge Anwendung des § 839a BGB konstitutive planwidrige Regelungslücke liege nicht vor. Eine Anwendung des § 839a BGB werde für die Fälle der Verfahrenserledigung durch einen Vergleich nach der Gesetzesbegründung ausdrücklich ausgeschlossen. Dennoch sei § 839a BGB vorliegend analogiefähig.[485]

Für seine Auffassung beruft sich der Bundesgerichtshof auf folgende Erwägungen:

Nach Ansicht des Senats lässt es sich sachlich nicht rechtfertigen, bei der Haftung des Sachverständigen zwischen einer Beendigung des gerichtlichen Verfahrens durch eine gerichtliche Entscheidung und einem Prozessvergleich zu differenzieren, sofern diese jeweils auf dem eingeholten Sachverständigengutachten beruhen.[486]

Es hinge oftmals von zufälligen Umständen ab, ob sich das Gerichtverfahren nach Einholung eines Sachverständigengutachtens durch eine gerichtliche Entscheidung oder durch einen Vergleich erledige. Das Sachverständigengutachten könne somit den weiteren Verfahrensverlauf auf unterschiedliche Weise beeinflussen. Vor diesem Hintergrund könne es nicht überzeugen, für die Haftung eines Prozesssachverständigen divergierende Maßstäbe anzulegen. Das Vertrauen der Verfahrensbeteiligten in die Richtigkeit des Gutachtens könne sich auf unterschiedliche Weise äußern. Zum einen könnten die Verfahrensbeteiligten abwarten, dass ein dem Ergebnis des Sachverständigengutachtens folgendes Gerichtsurteil ergehe. Dieses Urteil würde dann unter dem Eindruck des Gutachtens hingenommen werden, indem es unangefochten bleibt und rechtskräftig werde. Zum anderen bestehe die Möglichkeit, dass die Parteien unter dem Eindruck des Gutachtens einen dem Gutachtenergebnis entsprechenden Vergleich abschließen. Auch könne der

---

484 So bereits in *BGHZ* 166, 313, Rn. 5.

485 *BGHZ* 226, 116, Rn. 18.

486 *BGHZ* 226, 116, Rn. 13.

Sachverständige nach Erstattung seines Gutachtens die Art der Erledigung des Prozesses typischerweise nicht beeinflussen. Die konkrete Art der Erledigung liege somit nicht in der Sphäre des Sachverständigen.

Der Senat führt an, dass eine Anwendung der Regelungen des § 839a BGB, sofern sich das Sachverständigengutachten nachträglich als unrichtig erweise, sowohl bei einer Erledigung des Verfahrens durch eine gerichtliche Entscheidung als auch durch eine konsensuale Streitbeilegung zu sachgerechten Ergebnissen führe. Daher sei eine analoge Anwendung von § 839a BGB geboten.[487]

Im Weiteren zieht der Senat eine Parallele zu einer Verfahrenserledigung durch ein Anerkenntnis- bzw. ein Verzichtsurteil sowie durch eine Rechtsmittelrücknahme.

Vorweg postuliert der Senat, dass § 839a BGB auf ein (Teil-)AV-Urteil Anwendung finde, sofern dieses unter Beeinflussung des Sachverständigengutachtens zustande käme. Mit Bezug auf den Wortlaut des § 839a BGB stellt der Senat die Prämisse auf, dass ein Anerkenntnis- bzw. ein Verzichtsurteil eine gerichtliche Entscheidung i. S. v. § 839a Abs. 1 BGB darstelle. Sodann verweist der Senat auf die evidenten Interferenzen zwischen einer Verfahrenserledigung durch ein Anerkenntnisurteil sowie durch einen Vergleich. Demnach werde jeweils eine unstreitige Verfahrenserledigung herbeigeführt sowie ein Vollstreckungstitel geschaffen.[488]

In gleicher Weise korrespondiert ein Prozessvergleich nach Ansicht des Senats mit einer Rechtsmittelrücknahme. In seinen Erläuterungen stellt der Senat folgende Überlegungen an. Beruhe ein vorinstanzliches Urteil auf einem unrichtigen Gutachten und erwachse dieses infolge einer Rechtsmittelrücknahme in Rechtskraft, sei in diesem Fall eine Anwendung von § 839a BGB zweifelslos möglich. Dabei stelle das vorinstanzliche Urteil die haftungsbegründende gerichtliche Entscheidung i. S. v. § 839a Abs. 1 BGB dar. Grundsätzlich stelle eine Rechtsmittelrücknahme einen privatautonomen Akt dar. Dieser Akt werde in diesem Fall einseitig durch die rechtsmittelführende Partei vorgenommen.[489] Eine Rechtsmittelrücknahme sowie ein

---

[487] Ebd., Rn. 14.

[488] Ebd.

[489] Der Senat befasst sich in den Entscheidungsgründen lediglich mit der Konstellation, dass eine Rechtsmittelrücknahme in der Berufung erfolgt und geht daher nicht auf die Aus-nahme des § 565 S. 2 ZPO ein.

in der Rechtsmittelinstanz geschlossener Vergleich könnten jeweils unter dem Eindruck des gerichtlichen Sachverständigengutachtens erfolgen. Das Gericht zieht daher in Betracht, explizit auch ein in der Berufungsinstanz geschlossenen Prozessvergleich als eine Schadensfolge der erstinstanzlichen gerichtlichen Entscheidung i. S. v. § 839a BGB anzusehen.

Daher müsse jedenfalls ein Prozessvergleich, der in der Berufungsinstanz geschlossen werde, ebenfalls eine Haftung nach § 839a Abs. 1 BGB begründen. Ferner komme er für die Anwendung des § 839a BGB gerade nicht auf eine verfahrensbeendende Wirkung der gerichtlichen Entscheidung an. Vielmehr könnten sämtliche gerichtlichen Entscheidungen eine Haftung nach § 839a Abs. 1 BGB begründen, insbesondere auch vorläufige, nicht rechtskräftige und das Verfahren nicht abschließende Entscheidungen.[490]

Der Senat vertritt den Standpunkt, dass nicht ersichtlich sei, weshalb bei der Haftungsbegründung des § 839a BGB zwischen den entsprechenden Fallgruppen differenziert werden sollte.[491]

Ein zentraler Aspekt der Rechtsauffassung des Senats erschöpft sich in der Eruierung tauglicher Haftungsalternativen. Der Bundesgerichtshof kommt zu dem Ergebnis, dass neben § 839a BGB keine überzeugenden Alternativen beständen, nach denen sich eine Haftung des Sachverständigen begründen könnte, wenn das Verfahren infolge eines unrichtigen Gutachtens durch einen Vergleich beendet werde. Dabei führt der Senat aus, dass die in Betracht kommenden Haftungsalternativen mit verschiedenen gesetzgeberischen Motiven nicht vereinbar seien. Der erkennende Senat untersucht für diese Ausführung einen generellen Ausschluss der Haftung des Sachverständigen sowie einem Rückgriff auf die allgemeinen deliktischen Vorschriften.[492]

---

490 So bereits in *BGH* NJW 2020, 1592, Rn. 14.
491 So bereits in *BGH* NJW 2020, 1592, Rn. 14.
492 *BGHZ* 226, 116, Rn. 15 ff.

Der Bundesgerichtshof lehnt einen generellen Ausschluss der Haftung des gerichtlichen Sachverständigen strikt ab.[493] Ein Haftungsausschluss des Gerichtssachverständigen für die Fälle, in denen die Prozesserledigung durch einen Vergleich der Verfahrensbeteiligten herbeigeführt wird, ist nach Ansicht des Bundesgerichtshofs mit dem verfassungsrechtlich gebotenen Schutz der Grundrechte der Verfahrensbeteiligten unvereinbar. Insbesondere bei grob fahrlässigem oder vorsätzlichem Handeln des Sachverständigen überzeuge es nicht, wenn die Haftung des Sachverständigen ausgeschlossen wäre.[494] Zudem stelle die Förderung einer konsensualen Streitbeilegung durch die Parteien ein fundamentales gesetzgeberisches Anliegen dar. Einen normativen Niederschlag finde diese Wertung etwa in § 278 ZPO. Ein genereller Ausschluss der Haftung des gerichtlich berufenen Sachverständigen liefe dieser gesetzgeberischen Intention zuwider. Um etwaige Regressansprüche gegen den gerichtlichen Sachverständigen zu sichern, müssten die Verfahrensbeteiligten von einem Prozessvergleich gerade absehen.[495]

Auch ein Rückgriff auf die allgemeinen deliktischen Vorschriften sei nicht möglich.[496] Der Senat betont, dass § 839a BGB eine abschließende Regelung für die Haftung gerichtlich berufener Sachverständiger darstelle. Eine deliktische Haftung nach den allgemeinen Vorschriften werde damit verdrängt. In der Folge seien die §§ 823 und 826 BGB nicht anwendbar.[497] In seinen Erläuterungen beruft sich der Senat auf eine Auslegung der Gesetzesbegründung zu § 839a BGB. Demnach „ist mit § 839a BGB eine eigenständige,

---

[493] Das Berufungsgericht hatte in der Vorinstanz noch angenommen, dass eine Haftung des Sachverständigen generell ausgeschlossen ist. Der Bundesgerichtshof hat das Berufungs-urteil letztlich gem. § 562 Abs. 1 ZPO aufgehoben und die Sache zur neuen Verhandlung und Entscheidung an das Berufungsgericht gem. § 563 Abs. 1 S. 1 ZPO zurückverwiesen, da das Berufungsgericht ausdrücklich offengelassen hatte, ob das Gutachten des Beklag-ten grob fahrlässig unrichtig erstattet wurde und das Gutachten für den Vergleichsab-schluss ursächlich war. Da die Ermittlung weiterer tatrichterlicher Feststellungen erforderlich war, konnte eine eigene Sachentscheidung des Senats nach § 563 Abs. 3 ZPO nicht ergehen vgl. *BGHZ* 226, 116, Rn. 20; *OLG München* BeckRS 2019, 45782, Rn. 49 ff.

[494] Nach der Rechtsprechung des Bundesverfassungsgerichts stellt eine so weitgehende Einschränkung der deliktischen Haftung des Gerichtssachverständigen eine Verletzung des Art. 2 Abs. 1 GG des Geschädigten dar vgl. *BVerfGE* 49, 304 (304 ff.).

[495] *BGHZ* 226, 116, Rn. 16.

[496] Der Bundesgerichtshof vertritt insoweit die Ansicht des Berufungsgerichts.

[497] So bereits in *BGHZ* 198, 265, Rn. 14; *BGHZ* 166, 313, Rn. 5.

systematisch im Umfeld der Amtshaftung angesiedelte Anspruchsgrundlage für die Haftung des gerichtlichen Sachverständigen geschaffen worden, die in ihrem Anwendungsbereich dessen bisherige allgemeine Deliktshaftung ersetzt."[498]

Intention sei dabei, die Haftungsbegründung im Rahmen einer Fahrlässigkeitshaftung nicht weiterhin von einer Beeidigung des Prozesssachverständigen abhängig zu machen. Eine solche Differenzierung werde als sachlich wenig überzeugend angesehen. Vielmehr habe der Gesetzgeber mit Einfügung des § 839a BGB eine einheitliche Haftungsnorm für gerichtlich berufene Sachverständige schaffen wollen. Vor diesem Hintergrund könne ein Rückgriff auf die allgemeinen deliktischen Vorschriften nicht überzeugen.[499]

Ferner weist der Bundesgerichtshof für die These, dass ein Rückgriff auf die allgemeinen deliktischen Vorschriften ausgeschlossen sei, auf das konkrete Haftungsmodell des § 839a BGB hin. Mit § 839a BGB habe der Gesetzgeber ein beiderseitig interessengerechtes und abgewogenes Haftungskonzept etabliert. Die Vorschrift sehe eine Haftung des Sachverständigen bei vorsätzlichem oder grob fahrlässigem Handeln vor. In diesem Haftungsmaßstab kommen verschiedene normative Wertungen zum Ausdruck. Zum einen sehe das Haftungskonzept des § 839a BGB, verglichen mit einem Anspruch aus § 823 Abs. 2 BGB i. V. m. den §§ 154, 155 und 161 StGB, einen engeren Haftungsmaßstab vor. Eine Haftung könne somit auch im Falle einer Beeidigung nicht wegen einfacher Fahrlässigkeit begründet werden. Gleichzeitig gehe der Haftungsmaßstab weiter als ein deliktischer Anspruch aus § 826 BGB, der für eine Haftungsbegründung ein vorsätzlich-sittenwidriges Handeln fordere. Einen zusätzlichen Gesichtspunkt stelle der Haftungsausschluss gem. § 839a Abs. 2 i. V. m. § 839 Abs. 3 BGB dar. Hier sei vorgesehen, dass eine Ersatzpflicht des gerichtlich berufenen Sachverständigen vollumfänglich nicht eintritt. Demnach sei die Haftung des Sachverständigen ausgeschlossen, wenn der Geschädigte es schuldhaft versäumt habe, den Schaden durch Gebrauch eines Rechtsmittels abzuwenden. § 254 BGB als allgemeine Regelung des Schadensrechts sehe lediglich eine Quotelung des Schadens vor. Damit gehe ein Haftungsausschluss gem. § 839a Abs. 2 i. V. m. § 839 Abs. 3 BGB über eine Haftungsbeschränkung nach § 254 BGB hinaus.

---

498 *BGHZ* 226, 116, Rn. 10.
499 Ebd., Rn. 10 f.

Um diese Wertungen nicht zu entkräften, verbiete sich ein Rückgriff auf die allgemeinen deliktischen Vorschriften.[500]

Nach Ansicht des Senats kann der Gesetzesbegründung zu § 839a BGB nicht eindeutig entnommen werden, dass eine konsensuale Streitbeilegung aus dem Anwendungsbereich der Vorschrift ausgeklammert werden soll. Der Wortlaut der Gesetzesbegründung lasse Raum für eine Interpretation. Gem. der amtlichen Begründung soll „eine Ersatzpflicht des Sachverständigen (…) nur insoweit begründet werden, als einem Prozessbeteiligten durch eine gerichtliche Entscheidung (…) ein Schaden entsteht. Ausgeschlossen von der Ersatzpflicht sind somit Fälle anderweitiger Erledigung wie z. B., dass sich die Parteien unter dem Eindruck eines unrichtigen Gutachtens vergleichen.“[501] Hierbei könne nicht ausgeschlossen werden, dass es sich bei der Formulierung lediglich um eine Schlussfolgerung aus der Tatbestandsvoraussetzung handele. Insofern müsse durch eine auf einem unrichtigen Gutachten beruhende gerichtliche Entscheidung ein Schaden entstehen. Damit lasse sich die Formulierung dahingehend auslegen, dass für eine Ersatzpflicht nach § 839a BGB lediglich ein Schaden zwingend vorausgesetzt werde bzw. eine anderweitige Erledigung des Verfahrens meint, dass kein Schaden eintrete.[502]

Daneben stützt der Senat seine Argumentation für eine analoge Anwendbarkeit des § 839a BGB auf die normative Wertung des § 278 ZPO. Diesem liege die gesetzgeberische Intention zugrunde, einen Abschluss von Prozessvergleichen zu fördern. Der Senat führt aus, dass der Ausschluss der Haftung eines Sachverständigen nach § 839a BGB bei einer Verfahrenserledigung durch einen Prozessvergleich eine abschreckende Wirkung gegenüber den Verfahrensbeteiligten hätte. Die Parteien würden vermehrt von einer konsensualen Streitbeilegung absehen, um keine Ansprüche gegen den Sachverständigen zu verlieren. Letztlich würden die betroffenen Verfahrensbeteiligten bei einer vergleichsweisen Erledigung des Verfahrens hinsichtlich Schadensersatzansprüchen gegen den Prozesssachverständigen im Vergleich zu einer streitigen Gerichtsentscheidung schlechter stehen. Somit würde diese

500 Ebd., Rn. 17.
501 BT-Drucks. 14/7752, S. 28.
502 *BGHZ* 226, 116, Rn. 18.

gesetzgeberische Intention verfehlt werden. Vor diesem Hintergrund sei eine analoge Anwendung des § 839a BGB geboten.

Die Wertung des § 278 ZPO spreche somit nicht nur, wie bereits festgestellt, gegen einen generellen Haftungsausschluss des Prozesssachverständigen im Falle einer vergleichsweisen Erledigung des Verfahrens. Vielmehr fordere diese normativ ausgeprägte gesetzgeberische Intention darüber hinaus eine einheitliche deliktische Haftung unabhängig von der konkreten Art der Verfahrenserledigung.[503]

Überdies vertritt der Senat den Standpunkt, dass vor dem Hintergrund etwaiger Schwierigkeiten bei der Beweisführung hinsichtlich der Motivation der Parteien, das Verfahren vergleichsweise zu erledigen, ein Abrücken vom Haftungskonzept des § 839a BGB nicht erforderlich sei. In der Gesetzesbegründung zu § 839a BGB werde angeführt, dass die konkrete Motivation der Parteien für einen Vergleichsabschluss nur schwer nachweisbar sei. Tatsächliche sei ein Nachweis über die Ursächlichkeit bei Fällen psychisch vermittelter Kausalität typischerweise mit Schwierigkeiten verbunden. Dennoch seien diese Schwierigkeiten bei der Beweisführung nicht unüberwindbar. Dies treffe insbesondere auch auf die vorliegende Konstellation zu, bei der die Ursächlichkeit des Gutachtens für den Vergleich nachgewiesen werden müsse. In der Praxis kämen dem Geschädigten regelmäßig Beweiserleichterungen zugute. Ein solches prozessuales Vorgehen komme auch für die vorliegende Fallkonstellation in Betracht. Außerdem könnten die Verfahrensbeteiligten das Gutachten oder einzelne relevante Feststellungen ausdrücklich als Vergleichsgrundlage aufführen. Damit stelle die Begründung der Schwierigkeit der Beweisführung kein stichhaltiges Argument gegen die Anwendbarkeit des § 839a BGB auf die Fallgruppe der konsensualen Streitbeilegung dar.[504]

Der Bundesgerichtshof prüft in der Entscheidung vom 25. Juni 2020 für den konkreten Fall keinen möglichen Haftungsausschluss. Hierfür wären laut Aussage des Senats weitere tatrichterliche Feststellungen erforderlich gewesen. Allerdings gibt der Senat zu erkennen, dass er zumindest an den im Senatsurteil vom 24. Oktober 2019[505] dargelegten Maßstäben festhält.

---

503 Ebd.

504 Ebd., Rn. 19.

505 *BGH* NJW 2020, 1592.

Demnach sei erforderlich, „dass dem Geschädigten unter Abwägung der Einzelfallumstände das Absehen von der Fortsetzung des Rechtsstreits als ‚Verschulden gegen sich selbst' vorgeworfen werden könne."[506]

Ein Verschulden gegen sich selbst sei zu verneinen, „wenn aus begründeter Sicht des Geschädigten die Fortsetzung des Prozesses unzumutbar oder nicht erfolgsversprechend ist."[507] Daher führe eine konsensuale Streitbeilegung an sich nicht bereits zu einem Haftungsausschluss nach § 839a Abs. 2 i. V. m. § 839 Abs. 3 BGB.[508]

III. Replik in der Literatur

Die Entscheidung des Bundesgerichtshofs vom 25. Juni 2020 stößt in der Literatur auf ein geteiltes Echo.

Finkelmeier,[509] *Linz,*[510] *Thora*[511] und *Volze*[512] haben sich kontrovers mit der höchstrichterlichen Rechtsprechung auseinandergesetzt und sehen diese differenziert. Grundsätzlich befürworten sie eine Anwendbarkeit des § 839a BGB bei einer vergleichsweisen Erledigung des Verfahrens. Dennoch sehen sie die analoge Anwendung durch den Senat als kritisch.

Im Ergebnis wird eine analoge Anwendung des § 839a BGB durch den Bundesgerichtshof trotz Fehlens einer planwidrigen Regelungslücke durch *Finkelmeier,*[513] *Linz,*[514] *Thora*[515] und *Volze*[516] scharf kritisiert und als rechtlich zweifelhaft gesehen.

Ungeachtet der Etablierung eines generell geeigneten Haftungskonzepts setzt sich der Bundesgerichtshof nach *Finkelmeier* über den eindeutigen in der Gesetzesbegründung zum Ausdruck kommenden gesetzgeberischen Willen

---

506 *BGHZ* 226, 116, Rn. 17.
507 Ebd.
508 Ebd., Rn. 17, 20.
509 *Finkelmeier*, NJW 2020, S. 2471 (2474).
510 *Linz*, DS 2020, S. 271 (274).
511 *Thora*, VersR 2020, S. 1324 (1327).
512 *Volze*, DS 2020, S. 235.
513 *Finkelmeier*, NJW 2020, S. 2471 (2474) der von einer Rechtsfortbildung contra legem spricht.
514 *Linz*, DS 2020, S. 271 (274).
515 *Thora*, VersR 2020, S. 1324 (1327).
516 *Volze*, DS 2020, S. 235.

hinweg.[517] Eine entsprechende Auffassung wird auch durch *Linz* vertreten. So werde eine Haftung des Sachverständigen nach § 839a BGB im Falle eines auf einem unrichtigen Sachverständigengutachten beruhenden Vergleichs durch den Gesetzgeber a priori gezielt ausgeschlossen.[518]

Nach *Thora* kommt der eindeutige Wille des Gesetzgebers, der einer Planwidrigkeit entgegensteht, darüber hinaus auch im klaren Wortlaut der Norm zum Ausdruck.[519] Auch *Volze* stellt maßgeblich auf den Wortlaut der Norm ab.[520]

Finkelmeier führt an, dass sich der Bundesgerichtshof in den Entscheidungsgründen auf einen aus Sicht des Senats vernünftigeren „gesetzgeberischen Gesamtwillen“[521] stütze. Der Senat stelle seine eigenen materiellen Gerechtigkeitsvorstellungen über die gesetzgeberischen Motive. Ein Hinwegsetzen über den eindeutigen gesetzgeberischen Willen stelle einen unzulässigen Eingriff in die Kompetenz des demokratisch legitimierten Gesetzgebers und somit eine Rechtsfortbildung contra legem dar. Eine Erweiterung des Anwendungsbereichs des § 839a BGB sei Aufgabe des Gesetzgebers.[522] *Thora* begegnet der Argumentation des Bundegerichthofs ebenfalls mit verfassungsrechtlichen Bedenken. Er schließt sich der Ansicht *Finkelmeiers*[523] im Wesentlichen an. „Indem der Senat die aus seiner Sicht alternativlose Analogie fordert, um contra legem die vermeintlichen Vorstellungen des Gesetzgebers zu verwirklichen, setzt er sich (...) unberechtigterweise an dessen Stelle.“[524] Zwar komme grundsätzlich durchaus eine richterliche Rechtsfortbildung in Betracht. Allerdings dürfe der Senat nicht unberechtigterweise die Rolle des Gesetzgebers übernehmen.[525]

Thora kritisiert die Argumentation des Senats,[526] die sich auf die eigens angeführte „Inkonsistenz der Ausklammerung von Vergleichen aus dem

---

517 *Finkelmeier*, NJW 2020, S. 2471 (2474).
518 *Linz*, DS 2020, S. 271 (274).
519 *Thora*, VersR 2020, S. 1324 (1327).
520 *Volze*, DS 2020, S. 235.
521 *Finkelmeier*, NJW 2020, S. 2471 (2474).
522 Ebd.
523 Ebd.
524 *Thora*, VersR 2020, S. 1324 (1327).
525 Ebd.
526 BGHZ 226, 116.

Anwendungsbereich des § 839a BGB"[527] stütze und isoliert betrachtet eine Analogie nicht zu rechtfertigen vermag. Vor dem Hintergrund des offen proklamierten gesetzgeberischen Willens sei auch die vom Senat angenommene Alternativlosigkeit zu einer Analogie nicht entscheidend. Zudem zweifelt *Thora* die Auslegung der Formulierung der Gesetzesbegründung durch den Senat an. Des Weiteren beständen fundamentale, strukturelle Unterschiede zwischen einer gerichtlichen Entscheidung und einem Prozessvergleich.

So ergehe eine gerichtliche Entscheidung durch einen Richter, während ein Vergleichsschluss einen von der Parteidisposition gedeckten privatautonomen Akt der Parteien darstelle. Vor diesem Hintergrund könne nicht davon ausgegangen werden, der Haftungstatbestand des § 839a BGB sei unvollständig und würde der gesetzgeberischen Intention zuwiderlaufen. Vielmehr gehe aus der Gesetzesbegründung ausdrücklich hervor, dass die Regelungslücke absichtlich belassen wurde.[528]

Der Gesetzgeber nimmt nach *Linz* bewusst in Kauf, dass die Parteien faktisch von einem Vergleichsschluss abgehalten werden. Somit werde die Wertung des § 278 ZPO durch den Ausschluss des Prozessvergleichs aus dem Anwendungsbereich des § 839a BGB nicht unterlaufen. Vielmehr prävaliere das gesetzgeberische Ziel, einen Prozessvergleich aus dem Anwendungsbereich des § 839a BGB auszuschließen, gegenüber der gesetzgeberischen Absicht der allgemeinen Förderung des Abschlusses eines Vergleichs. Zudem sei § 839a BGB als Sonderregelung per se einer analogen Anwendung unzugänglich. Ferner würde sich eine erweiterte Anwendung des § 839a BGB auf vergleichsweise Erledigungen des Verfahrens zulasten des Sachverständigen auswirken, da ein Haftungsausschluss gem. § 839a Abs. 2 i. V. m. § 839 Abs. 3 BGB de jure nur noch eingeschränkt möglich sei. Im Anschluss an einen Prozessvergleich ergehe lediglich eine nicht angreifbare deklaratorische Entscheidung. Somit könne gegen eine solche Entscheidung kein Rechtsmittel i. S. v. § 839a Abs. 2 i. V. m. § 839 Abs. 3 BGB eingelegt werden. Praktisch komme nur ein Rechtsmittel gegen das Gutachten selbst in Betracht.[529] Damit

---

527 *Thora*, VersR 2020, S. 1324 (1327).

528 Ebd.

529 Hierzu zählen etwa ein Einwand nach § 411 Abs. 4 ZPO, das Stellen von Ergänzungsfragen, das Beantragen eines Ergänzungsgutachtens oder eines Obergutachtens nach § 412 ZPO sowie die Beantragung der mündlichen Erläuterung des Gutachtens durch den Sachverständigen in der mündlichen Verhandlung vgl. *BGHZ* 173, 98.

wären die Möglichkeiten eines Haftungsausschlusses eingeschränkt. *Linz* bezweifelt letztlich, ob eine Auseinandersetzung mit dem Gutachten tatsächlich regelmäßig zum Abschluss eines Vergleiches führe. Dies sei für eine analoge Anwendbarkeit aber eine zwingende Voraussetzung.[530]

Volze hingegen geht nicht ausdrücklich auf die amtliche Begründung ein. Dennoch übernimmt er das Argument der Gesetzesbegründung, dass eine Vielzahl von Motiven zum Abschluss eines Vergleiches beitragen könne. Dabei können auch Ursachen, die der Sachverständige nicht beeinflussen könne, eine konsensuale Streitbeilegung herbeiführen.

Diese Beweggründe seien, sofern Sie nicht auf einem unrichtigen Gutachten beruhen, nicht der Sphäre des Sachverständigen zuzuordnen. Eine deliktische Inanspruchnahme des Sachverständigen gem. § 839a BGB stehe hierzu im Widerspruch. Damit vertritt *Volze* den Standpunkt, dass sich eine analoge Anwendung zulasten des Sachverständigen auswirkt. Eine Haftungsbegründung sei daher nicht gerechtfertigt.[531]

Staudinger hingegen sieht eine analoge Anwendung des § 839a BGB als vertretbar. Diese könne eine parallele Behandlung von AV-Urteil sowie sonstige Beschlüsse gewährleisten und eine Regressfalle gegen den Rechtsbeistand konterkarieren. In Betracht komme eine grammatikalische Auslegung der Haftungsvoraussetzung der gerichtlichen Entscheidung. Damit könne die höchstrichterliche Rechtsfortbildung bereits auf den Wortlaut des § 839a Abs. 1 BGB gestützt werden. Der konkreten Definition komme im Verhältnis zur Entwurfsbegründung eine vorrangige Bedeutung zu. *Staudinger* verweist auf die Definition der Entscheidung in § 160 Abs. 3 Nr. 6 ZPO, die neben Urteilen auch gerichtliche Beschlüsse und Verfügungen erfasse. Dies müsse im Kontext zu einem Vergleich gesehen werden. Gem. § 278 Abs. 6 S. 2 ZPO werde das Zustandekommen sowie der Inhalt eines nach § 278 Abs. 6 S. 1 ZPO geschlossenen Vergleiches durch das Gericht mittels Beschlusses festgestellt. Somit wäre es widersprüchlich, sofern ein gerichtlicher Vergleich in Beschlussform i. S. d. § 278 Abs. 6 S. 2 ZPO von § 160 Abs. 3 Nr. 6 ZPO, aber nicht von § 839a BGB erfasst werde. Schließe man demgegenüber einen Vergleich in Beschlussform mit ein, sei unter Berücksichtigung des Gleichbehandlungsgrundsatzes gem. Art. 3 Abs. 1 GG eine expansive

---

530 *Linz*, DS 2020, S. 271 (274).

531 *Volze*, DS 2020, S. 235.

Auslegung der Voraussetzung der gerichtlichen Entscheidung geboten, die auch einen klassischen Prozessvergleich in protokollierter Form inkludiere.[532]

Gleichzeitig wird die gesetzgeberische Intention, Fälle einer Verfahrenserledigung durch einen Prozessvergleich im Rahmen des § 839a BGB nicht zu erfassen, moniert.

Finkelmeier widerspricht etwa der gesetzgeberischen Intention, eine Verfahrenserledigung durch konsensuale Streitbeilegung nicht in den Anwendungsbereich des § 839a BGB mit einzubeziehen. Der Ausschluss des Prozessvergleichs aus dem Anwendungsbereich des § 839a BGB stelle eine unvernünftige gesetzgeberische Entscheidung dar. *Finkelmeier* betont in diesem Kontext die Bedeutung des Sachverständigenbeweises. Ein Sachverständiger könne erheblichen Einfluss auf den Ausgang eines Prozesses nehmen. Insbesondere, wenn es dem Gericht an der nötigen Expertise fehle, folge das Gericht in der Praxis regelmäßig dem Sachverständigengutachten.[533] Der Haftungstatbestand des § 839a BGB stelle ein Korrektiv für diese Einflussmöglichkeit dar. Zudem ist nach *Finkelmeier*, unter ausdrücklicher Berufung auf die Ausführungen des Bundesgerichtshofs, eine vergleichbare Interessenlage durchaus gegeben.[534]

Thora sieht den Ausschluss einer konsensualen Streitbeilegung ebenfalls als verfehlt. Er äußert die Ansicht, dass eine Aufnahme der vergleichsweisen Erledigung des Verfahrens in den Anwendungsbereich des § 839a BGB „die Inkonsistenzen der Gesetzesfassung“[535] für die Praxis vermieden hätte. Insbesondere sei nicht ersichtlich, warum zwischen einem Anerkenntnis- bzw. Verzichtsurteil auf der einen Seite und einem Prozessvergleich auf der anderen Seite differenziert werde. Noch deutlicher werde diese Widersprüchlichkeit, wenn ein dem AV-Urteil inhaltsgleicher Vergleich geschlossen werde. Hinzu komme, dass ein Rückgriff auf die allgemeinen deliktischen Vorschriften angesichts der Gesetzesbegründung ausgeschlossen sei.[536]

---

[532] *Staudinger*, JR 2021, S. 203 (208).

[533] Dies sei etwa bei komplexen wirtschaftsrechtlichen Verfahren oder komplexen technischen Sachverhalten der Fall.

[534] *Finkelmeier*, NJW 2020, S. 2471 (2474).

[535] *Thora*, VersR 2020, S. 1324 (1327).

[536] Ebd.

Nach *Linz* kann zudem der gesetzgeberische Verweis auf etwaige Beweisprobleme wenig überzeugen.[537]

Huber hält an seiner Rechtsauffassung fest und ergänzt seine bereits dargestellten Erwägungen in einer weiteren Stellungnahme zur Entscheidung des Bundesgerichtshofs vom 25. Juni 2020.[538] Diese sieht er mit Blick auf den eindeutigen gesetzgeberischen Willen differenziert, befürwortet sie aber im Ergebnis.

Er unterstreicht, dass der Senat im Rahmen einer umfangreichen Abwägung „das stimmige und ausgewogene Haftungskonzept des § 839a auch auf den Abschluss eines Vergleiches angewendet hat."[539] Diese Rechtsprechung sollte durch weitere Entscheidungen endgültig etabliert werden.[540]

Dörr schließt sich der höchstrichterlichen Rechtsprechung unter Berücksichtigung der dort genannten Aspekte an.[541]

Teichmann hingegen plädiert weiterhin für eine Anwendung der §§ 823 ff. BGB.[542]

Nach *Bayerlein* trägt die höchstrichterliche Rechtsprechung vom 25. Juni 2020[543] dazu bei, „den offenkundigen Wertungswiderspruch des Gesetzes aufzulösen."[544] Insbesondere könne erwogen werden, dass dieser Wertungswiderspruch mit dem Rechtsstaatsprinzip kollidiere. Als Alternative zu einer analogen Anwendung des § 839a BGB führt *Bayerlein*, an, „von einer offenen Anspruchskonkurrenz zwischen § 839a BGB und § 823 BGB, zumindest aber mit § 826 BGB auszugehen, weil § 839a BGB nach seinem Wortlaut nur den Schadensersatz nach einer gerichtlichen Entscheidung regelt, bei einer exklusiven Auslegung sein Ziel verfehlt und zu unerträglichen Ergebnissen führt."[545]

Bayerlein sieht in der Entscheidung des Senats eine erhebliche Bedeutung für die Praxis. Eine grob fahrlässige Falschbegutachtung komme an sich

---

537 *Linz*, DS 2020, S. 271 (274).

538 *BGHZ* 226, 116.

539 NK-BGB/*Huber*, § 839a Rn. 39.

540 Ebd.

541 BeckOGK/*Dörr*, BGB, § 839a Rn. 50 ff.

542 *Jauernig/Teichmann*, BGB, § 839a Rn. 2.

543 *BGHZ* 226, 116.

544 *Bayerlein/Bayerlein*, Praxishandbuch Sachverständigenrecht, § 34 Rn. 26.

545 Ebd.

durchaus häufig vor. Daneben blieben zahlreiche grob fahrlässig erstattete Sachverständigengutachten oft zunächst unerkannt.[546]

Einige Stimmen in der Literatur gehen zudem auf einen etwaigen Haftungsausschluss gem. § 839a Abs. 2 i. V. m. § 839 Abs. 3 BGB im Rahmen der Fallgruppe der Verfahrenserledigung durch einen Prozessvergleich ein.

Linz schließt die Möglichkeit eines Rechtsmittels i. S. v. § 839a Abs. 2 i. V. m. § 839 Abs. 3 BGB gegen einen Prozessvergleich kategorisch aus und nimmt in der Folge eine Haftungsverschärfung zu Lasten des Sachverständigen an.[547]

Generell entspricht es der im Schrifttum überwiegend vertretenden Rechtsauffassung, dass die Voraussetzungen für einen Haftungsausschluss i. S. v. § 839a Abs. 2 i. V. m. § 839 Abs. 3 BGB erfüllt sein können, sofern der Geschädigte nicht vorrangig die gegen einen Prozessvergleich bestehenden materiell-rechtlichen Möglichkeiten ergreift.[548]

Nach der Ansicht *Thoras* ist die Haftung des Sachverständigen zwingend ausgeschlossen, sofern ein Vergleich nicht vorrangig über die §§ 779 und 313 BGB angepasst oder rückgängig gemacht wird. Dies sei zum einen erforderlich, um eine Verschärfung der Haftung des Sachverständigen zu umgehen. Zum anderen könne eine Berücksichtigung der materiellen Gestaltungsmöglichkeiten im Rahmen des § 254 BGB nicht überzeugen. Hierbei komme es lediglich zu einer quotalen Anspruchskürzung.

Thora teilt die Auffassung, dass im Falle eines verfahrensbeendenden Vergleichs ein Rechtsmittel i. S. v. § 839 Abs. 3 BGB auch bei einer weiten Auslegung naturgemäß ausscheidet. Zwar bestehe mit den §§ 779 und 313 BGB die Möglichkeit, im Einzelfall einen Vergleich anzupassen oder rückgängig zu machen. Hierbei handele es sich jedoch um materielle Regelungen.

Daher müsse § 839 Abs. 3 BGB im Zuge der Analogiefähigkeit des § 839a BGB ebenfalls analog auf die materiellen Gestaltungsmöglichkeiten des Geschädigten angewendet werden.[549]

---

546 Ebd., § 34 Rn. 29.

547 *Linz*, DS 2020, S. 271 (274 f.).

548 BeckOGK/*Dörr*, BGB, § 839a Rn. 52; MüKoBGB/*Wagner*, § 839a Rn. 26; *Thora*, VersR 2020, S. 1324 (1327).

549 *Thora*, VersR 2020, S. 1324 (1327).

IV. Zwischenergebnis / Stellungnahme

1. BGH, III. Zivilsenat, Urteil vom 25. Juni 2020, BGHZ 226, 116

Der III. Zivilsenat des Bundesgerichtshofs nimmt eine nach allgemeinem Rechtsverständnis untypische Position bei der Interpretation der Analogiefähigkeit des § 839a BGB ein. Trotz der Ablehnung einer planwidrigen Regelungslücke sei § 839a BGB vorliegend analogiefähig. Vermeintlich sieht sich der Senat gezwungen, eine zum klaren und eindeutigen Gesetzeswortlaut sowie der ausdrücklichen gesetzgeberischen Intention konträre Perspektive einzunehmen.

Durch diese Argumentation ist die Entscheidung des Bundesgerichtshofs mit einem absoluten Ausnahmecharakter gekennzeichnet.

Damit weicht der III. Zivilsenat von der Rechtsauffassung der Vorinstanzen[550] sowie weiterer Oberlandesgerichte[551] ab und schließt sich einer in der Literatur zuvor nur von vereinzelten Stimmen vertreten Rechtsauffassung an.[552]

Gleichwohl ein für die Praxis interessengerechtes Ergebnis erzielt wird, ergeben sich schwerwiegende theoretische Bedenken.

Überzeugend begründet der Senat, dass eine für eine Analogie notwendige vergleichbare Interessenlage durchaus gegeben ist. Die Entscheidung ist daher inhaltlich per se nachvollziehbar.

Dennoch lässt sich eine Analogie mit der vom Senat angeführten Begründung nicht ohne Bedenken rechtfertigen. Vielmehr ist die Entscheidung in ihrer substantiierten Argumentation partiell inkonsequent.

Demzufolge lässt sich eine Analogiefähigkeit im Rahmen der Fallgruppe des Prozessvergleichs eigentlich nicht begründen.

Die Entscheidungsgründe vermögen vor allem rechtlich in mehrfacher Hinsicht nicht zu überzeugen. Neben verfassungsrechtlichen Einwänden wirft die Entscheidung auch allgemeine dogmatische Bedenken auf. Zudem lassen sich punktuell einzelne Erwägungen negieren.

---

550 Sowohl das Landgericht München I als auch das Oberlandesgericht München hatten einen Schadensersatzanspruch des Klägers gem. § 839a Abs. 1 BGB in direkter sowie in analoger Anwendung verneint und ein Rückgriff auf § 826 BGB ausgeschlossen vgl. *OLG München* BeckRS 2019, 45782; *LG München I* BeckRS 2018, 53046.

551 *OLG Koblenz* BeckRS 2015, 16409, Rn. 10 f.; *OLG Nürnberg* NJW-RR 2011, 1216 (1217).

552 MüKoBGB/*Wagner*, § 839a Rn. 26; NK-BGB/*Huber*, § 839a Rn. 40 f.

Eine eingehende Auseinandersetzung ist geboten.

Im Rahmen einer kritischen Auseinandersetzung mit der Entscheidung des Bundesgerichtshofs stellt sich zunächst die Frage: Lässt sich die höchstrichterliche Rechtsprechung inhaltlich mit verfassungsrechtlichen Grundsätzen und Prinzipien vereinbaren?

Aufgabe des Bundesgerichtshofs ist es, eine Auslegung von Normen hinsichtlich Rechtsfragen in konkreten Einzelfällen vorzunehmen. Dabei ist auch eine Berechtigung zur richterlichen Rechtsfortbildung in Zivilverfahren allgemein anerkannt. Eine solche richterliche Rechtsfortbildung ist in verfassungsrechtlicher Hinsicht streng reglementiert. Die Schranke einer richterlichen Ergänzung liegt insbesondere in der sinngemäßen Weiterbildung des geschriebenen Rechts. Damit ist der Möglichkeit der richterlichen Rechtsfortbildung seitens des Bundesgerichtshofs eine Grenze gesetzt. Der Bundesgerichtshof ist nicht befugt, den Haftungstatbestand des § 839a BGB abweichend vom Wortlaut sowie der gesetzgeberischen Intentionen zu modifizieren. Maßgeblich für diese Bestimmung ist dabei der gesetzgeberische Wille, der insbesondere in der amtlichen Begründung einen Niederschlag findet.

Vorliegend wird der Haftungstatbestand durch den Senat partiell neu definiert. Aus der Gesetzesbegründung geht ausdrücklich eine diametral entgegengesetzte Wertung hervor.[553] Infolge der analogen Anwendung des § 839a BGB wird die Absicht, eine vergleichsweise Verfahrenserledigung aus dem Haftungstatbestand zu exkludieren, faktisch konterkariert. Damit könnte man schlussfolgern, dass die ausdrückliche Gesetzesbegründung einer so weitreichenden Interpretation der Analogiefähigkeit des § 839a BGB durch den Bundesgerichtshof entgegensteht. Vielmehr scheint sich der erkennende Senat bewusst für eine Analogie der Norm zu entscheiden, die eine Auslegung bzw. eine richterliche Rechtsfortbildung des Haftungstatbestandes contra legem bedeutet.

Auch der Wortlaut des § 839a BGB selbst scheint sich einer ergänzenden Anwendung des § 839a BGB auf die Fallgruppe der Verfahrenserledigung durch eine konsensuale Streitbeilegung zu verschließen.

In der Konsequenz liegt die für eine richterliche Rechtsfortbildung erforderliche sinngemäße Weiterbildung des § 839a BGB gerade nicht vor. Somit scheint der Senat selbst rechtsetzend tätig zu werden. Kritische

553 BT-Drucks. 14/7752, S. 28.

Stimmen könnten hier die Grenze der Befugnis einer richterlichen Rechtsfortbildung überschritten sehen.

Zunächst liegt insbesondere ein Verfassungsverstoß gegen das dem Art. 20 Abs. 3 GG immanenten Rechtstaatsprinzip nahe. In Art. 20 Abs. 3 GG kommt eine umfängliche Rechtsbindung aller drei staatlichen Gewalten insbesondere auch der Judikative zum Ausdruck.

Daneben könnte die Entscheidung als Durchbrechung des verfassungsrechtlich geschützten Gewaltenteilungsgrundsatzes in systemwidriger Art und Weise gesehen werden. Gem. Art. 20 Abs. 2 S. 2 GG wird die Staatsgewalt durch besondere Organe der Gesetzgebung, der vollziehenden Gewalt und der Rechtsprechung ausgeübt. Die Gesetzgebung ist somit originäre Aufgabe der Legislative. Demgegenüber ist eine Interpretation von Normen durch die Gerichte geboten, um einem individuellen Einzelfall gerecht zu werden. Damit steht im Raum, dass der Senat vorliegend in rechtswidriger Weise die Kompetenz des Gesetzgebers ergreift.

Im Übrigen entspricht es dem Demokratieprinzip gem. Art. 20 Abs. 1 und 2 GG als ein wesentlicher Bestandteil der Verfassungsstaatlichkeit, dass die Rechtsetzung durch ein demokratisch legitimiertes Organ i. S. v. Art. 20 Abs. 2 S. 2 GG vorgenommen wird. Somit könnte man von einem Verstoß gegen das Demokratieprinzip sprechen. Der Senat nimmt betont eine rechtliche Nachprüfung der Berufungsinstanz vor, die de facto eine richterliche Korrektur der Gesetzesbegründung und damit einhergehend der legislativen Leitgedanken bedeutet.

Daneben sprechen grundlegende rechtdogmatische Einwände gegen die Analogiefähigkeit des § 839a BGB im Rahmen der vorliegenden Fallkonstellation.

Die für eine Analogie des § 839a BGB konstitutive planwidrige Regelungslücke ist bei einer Verfahrenserledigung durch eine konsensuale Streitbeilegung zu negieren.

Eine objektive Regelungslücke per se ist vorliegend anzunehmen.

Es findet keine gesetzliche Norm für den konkreten Einzelfall Anwendung, da durch den abschließenden Charakter des § 839a BGB für die einschlägige Konstellation insbesondere eine Anwendung der §§ 823 ff. BGB ausgeschlossen ist.

Insbesondere ein Rückgriff auf die allgemeinen deliktischen Vorschriften wäre vorliegend in effectu fehlerhaft und würde zu keinem gerechten Ergebnis führen.

Die gesetzgeberische Motivation, eine Anwendung der §§ 823 ff. BGB zu vermeiden, resultiert daraus, dass das Differenzierungskriterium der Beeidigung bei der Haftung gerichtlicher Sachverständiger für überholt angesehen wird.[554] Diese gesetzgeberische Intention scheint angesichts des evident fehlenden Sachbezugs einer Beeidigung zum deliktischen Haftungsrecht weder hinsichtlich der Haftungsbegründung noch des Haftungsumfangs durchaus plausibel. Bei einer Anwendung der §§ 823 ff. BGB wäre das Differenzierungskriterium der Beeidigung weiterhin maßgeblich. § 839a BGB reglementiert daher, auch unter Berücksichtigung des Wortlauts der Gesetzesbegründung sowie der systematischen Stellung des § 839a BGB, die Haftung des Sachverständigen abschließend. Eine Anwendung der allgemeinen deliktischen Vorschriften würde zu einer Interoperabilität der Haftungssysteme führen, die den gesetzgeberischen Motiven diametral entgegensteht.

Folglich argumentiert der Senat durchaus zutreffend, dass sich ein Rückgriff auf die allgemeinen deliktischen Vorschriften verbiete. Zudem würden durch eine Anwendung der §§ 823 ff. BGB die gesetzlich vorgesehenen Haftungsprivilegierungen des Sachverständigen bzw. der Verfahrensbeteiligten sowie der etwaige Haftungsausschluss konterkariert. Insoweit entsprechen die Entscheidungsgründe des Senats den in der Gesetzesbegründung zum Ausdruck kommenden normativen Wertungen.

Allerdings kann eine Planwidrigkeit der Regelungslücke hier kaum angenommen werden.

Bei der methodischen Bestimmung der Planwidrigkeit kommt der Gesetzesbegründung eine erhebliche Bedeutung zu. Hier hat der Gesetzgeber ausdrücklich seine Absicht bekundet, eine Verfahrenserledigung durch einen Prozessvergleich aus dem Anwendungsbereich des § 839a BGB auszuklammern.[555] Dem läuft die analoge Anwendung des § 839a BGB zuwider.

Die Rechtslage wird durch den erkennenden Senat in den Entscheidungsgründen auch zunächst eingeräumt. Trotzdem wendet der Bundesgerichtshof unter Berufung auf das Erfordernis einer rechtlichen Korrektur § 839a BGB analog an. Der Senat nimmt faktisch eine objektive Gewichtung der normativen Wertungen vor.

[554] Ebd.
[555] Ebd.

Dabei räumt er den gesetzgeberischen Intentionen einer Abkehr vom Differenzierungskriterium der Beeidung sowie der Förderung des Abschlusses von Prozessvergleichen i. S. v. § 278 ZPO einen höheren Stellenwert ein. Diese Priorisierung der gesetzgeberischen Wertungen wird durch den erkennenden Senat nicht näher begründet. Der Bundesgerichtshof konterkariert so die gesetzgeberische Wertung, dass eine vergleichsweise Erledigung des Verfahrens nicht in den Anwendungsbereich des § 839a BGB einbezogen wird.

Die mangelnde Planwidrigkeit wird in der Entscheidung des Bundesgerichtshofs vom 25. Juni 2020 unter Berufung einer Auslegung des Wortlauts der Gesetzesbegründung des § 839a BGB sogar teilweise angezweifelt. Auch an dieser Stelle kommen Bedenken auf. Durch eine Auslegung des Wortlauts der Gesetzesbegründung lässt sich eine Planwidrigkeit nicht begründen. In der Gesetzesbegründung heißt es: „Eine Ersatzpflicht des Sachverständigen soll nur insoweit begründet werden, als einem Prozessbeteiligten durch eine gerichtliche Entscheidung (...) ein Schaden entsteht. Ausgeschlossen von der Ersatzpflicht sind somit Fälle anderweitiger Erledigung wie z. B., dass sich die Parteien unter dem Eindruck eines unrichtigen Gutachtens vergleichen.“[556]

Entgegen der Auffassung des Bundesgerichtshofs lässt sich der Wortlaut der Gesetzesbegründung an dieser Stelle nicht dahingehend auslegen, dass insoweit der Eintritt eines Schadens konstitutiv sei. Gerade auch infolge eines Prozessvergleichs kann einer Partei ein Schaden entstehen. Damit wäre eine dahingehende Auslegung, dass von einer Tatbestandsvoraussetzung auf einen Schaden geschlussfolgert wird, widersprüchlich. Diese Auslegung der Formulierung der Gesetzesbegründung durch den Senat bietet keine stichhaltige Argumentation dafür, dass eine Regelungslücke vorliegt. Vielmehr wirkt diese Auslegung konstruiert. Durch den Senat wird ein einheitlicher zusammenhängender Absatz unnatürlich auseinandergerissen und eine einzelne Formulierung aus dem Kontext genommen.

Somit ist eine Planwidrigkeit der Regelungslücke zu verneinen und eine analoge Anwendung des § 839a BGB bereits unter Berücksichtigung dieses Gesichtspunkts dogmatisch eigentlich nicht zu rechtfertigen.

---

[556] Ebd., S. 27 f.

Des Weiteren ist die Fallgruppe des Prozessvergleichs zu weiteren Fallgruppen abzugrenzen.

In einer Entscheidung vom 9. März 2006[557] weist der Senat noch darauf hin, dass Fälle einer anderweitigen Erledigung angesichts der Gesetzesbegründung von der Ersatzpflicht ausgeschlossen seien. Hierzu zähle ausdrücklich eine konsensuale Streitbeilegung. Daneben verweist der Senat auf eine im Schrifttum vertretene Auffassung, die weitere Fälle der nichtstreitigen Erledigung des Verfahrens insbesondere durch ein AV-Urteil sowie eine Rechtsmittel- und eine Klagerücknahme erfasse. Eine endgültige Positionierung des Bundesgerichtshofs erfolgt jedoch gerade nicht. Den genannten Fallgruppen sei die Gemeinsamkeit der privatautonomen Prozesserledigung immanent. Bezeichnend rückten die Parteien von ihrem Rechtsschutzbegehren ab und würden bewusst von einer streitigen Entscheidung absehen.

Diese Auffassung äußert der Senat zumindest mittelbar in beiden Entscheidungen. In Bezug auf die Vergleichbarkeit von einer Verfahrenserledigung infolge eines Prozessvergleichs mit einem AV-Urteil sowie einer Rechtsmittelrücknahme verfolgt der erkennende Senat eine kontinuierliche Linie, indem er deren Äquivalenz mit Urteil vom 25. Juni 2020 bestätigend feststellt.

Der erkennende Senat unterstreicht in den Entscheidungsgründen, dass neben einem Prozessvergleich weitere Fallgruppen bestehen, bei denen eine Verfahrenserledigung durch einen privatautonomen Akt herbeigeführt werde und auf die § 839a BGB Anwendung finde. Hierzu zählten etwa ein Anerkenntnis, ein Verzicht oder gegebenenfalls eine Rechtsmittelrückname.

Diese Ausführungen machen zwar deutlich, dass es für eine Haftungsbegründung nach § 839a BGB keine Voraussetzung ist, dass ein Gericht eine Entscheidung auf Basis des Gutachtens trifft. Letztlich schließt der Senat von der Anwendbarkeit des § 839a BGB bei den angeführten Fallgruppen auf eine Anwendbarkeit des § 839a BGB im Falle einer Verfahrenserledigung durch einen Prozessvergleich. Der Bundesgerichtshof stützt seine Argumentation insoweit auf eine komparative Auslegung unter Verweis auf einschlägige Kongruenzen.

Dem erkennenden Senat ist insoweit zuzustimmen, dass eine analoge Anwendung des § 839a BGB bei einer konsensualen Streitbeilegung die

---

[557] *BGHZ* 166, 313, Rn. 11 f.

logische Schlussfolgerung darstellt, sofern ausschließlich auf die privatautonome Handlung der Parteien abgestellt wird, die zur Erledigung des Verfahrens führt. Auch wird mit dieser komparativen Auslegung verdeutlicht, dass eine Haftungsbegründung unter Umständen von Zufälligkeiten abhängt, indem diese an die konkrete Art der Erledigung des Verfahrens geknüpft wird.

Dabei wird jedoch der obligate Blick auf die Dogmatik nicht miteinbezogen. So räumt der Senat eigens ein, dass ein AV-Urteil bereits an sich als eine gerichtliche Entscheidung zu qualifizieren sei, während er bei einer Rechtsmittelrücknahme auf das vorinstanzliche Urteil abstellt. Es ist jeweils eine gerichtliche Entscheidung i. S. v. § 839a Abs. 1 BGB gegeben. Demgegenüber stellt eine konsensuale Streitbeilegung gerade keine gerichtliche Entscheidung dar. Der Vergleich hinkt. Eine bloße Parallele, die in der privatautonom herbeigeführten Prozesserledigung liegt, vermag für sich genommen nicht bereits eine Analogiebildung zu begründen.

Insbesondere lässt sich zwischen einer Verfahrenserledigung durch einen in der Rechtsmittelinstanz geschlossenen Prozessvergleich sowie durch eine Rechtsmittelrücknahme eine sachliche Differenz konstatieren.

Zwar hat ein unrichtiges Gutachten in der ersten Instanz jeweils eine haftungsbegründende kausale gerichtliche Entscheidung herbeigeführt. Für sich genommen sind die Voraussetzungen des § 839a BGB daher erfüllt. Dennoch bleibt bei einem in der Rechtsmittelinstanz geschlossen Vergleich das vorinstanzliche Urteil nicht bestehen. Vielmehr stellt der Vergleich gem. § 794 Abs. 1 Nr. 1 ZPO einen eigenen vollstreckungsfähigen Titel dar. Das erstinstanzliche Urteil ist insoweit nicht mehr maßgeblich. Damit ist auch hier keine gerichtliche Entscheidung gegeben.

Folgende Erwägungen stützen die Rechtsauffassung des Bundesgerichtshofs:

Zunächst können verfassungsrechtliche Aspekte zugunsten einer Analogie angeführt werden.

Die Grundrechte finden als objektive Werteordnung auch in einem Zivilprozess mittelbar Anklang. Mangels bestehender materiell-rechtlicher Schadensersatzansprüche erscheint eine Anwendung des § 839a BGB auf die Fallgruppe der Prozesserledigung durch einen Prozessvergleich unter Berücksichtigung des Art. 3 Abs. 1 GG potentiell geboten. Das Sachverständigengutachten kann sowohl auf das Gericht in seiner Überzeugungsbildung und Entscheidungsfindung als auch auf die Parteien maßgeblich Einfluss nehmen. Eine Differenzierung zu einem Anerkenntnis bzw. einem

Verzicht gelingt nicht ohne weiteres. Hier erledigt sich das Verfahren einseitig privatautonom, während bei einer konsensualen Streitbeilegung beide Parteien eine Verfahrenserledigung herbeiführen. Zudem wird jeweils ein vollstreckungsfähiger Titel geschaffen. Somit wäre ein sachlicher Differenzierungsgrund erforderlich.

Ferner schließt der abschließende Charakter des § 839a BGB insbesondere eine Haftung des Sachverständigen nach § 826 BGB aus. Damit würde auch ein vorsätzliches Handeln des gerichtlich berufenen Sachverständigen keine Ersatzpflicht begründen, sofern die Parteien infolge eines vorsätzlich unrichtig erstellten Gutachtens einen das Verfahren erledigenden Prozessvergleich abschließen. Dies würde für den Sachverständigen nicht nur eine ungerechtfertigte Privilegierung darstellen.[558] Ein Ausschluss der Haftung des Geschädigten, selbst bei vorsätzlichem Handeln des gerichtlich berufenen Sachverständigen, wäre zudem nicht mit dem durch das Rechtsstaatsprinzip gebotenen Rechtsschutz der Prozessbeteiligten sowie Art. 2 Abs. 1 GG vereinbar.[559]

Daneben ist ein differenzierter Blick auf die gesetzgeberische Intention, die dem Ausschluss des Prozessvergleichs zugrunde liegt, erforderlich.

Der ausdrückliche Ausschluss von einer Ersatzpflicht bei einer vergleichsweisen Erledigung des Verfahrens ist primär dem Umstand geschuldet, dass die Ursächlichkeit des Gutachtens für die Motivation der Parteien nur bedingt nachgewiesen werden kann.[560] Dabei ist zu berücksichtigen, dass tatsächlich eine Vielzahl von Überlegungen der Parteien zum Abschluss eines Prozessvergleichs führen kann.

Eine Haftungsbegründung des Prozesssachverständigen wäre jedoch ungerechtfertigt, sofern nicht das unrichtige Gutachten den ausschlaggebenden Grund für den Prozessvergleich darstellt. Es entspricht dem Grundsatz der Totalreparation, dass der Schädiger lediglich den zurechenbar verursachten Schaden ersetzen muss.[561] Dieses Prinzip des Schadensrechts muss im Rahmen der haftungsausfüllenden Kausalität berücksichtigt werden. Angesichts

---

[558] Der Bundesgerichtshof bezeichnet solche Privilegierungen teilweise als ein nicht gerecht-fertigtes „Geschenk des Himmels".

[559] *BVerfGE* 49, 304 (304 ff.).

[560] BT-Drucks. 14/7752, S. 28.

[561] BeckOGK/*Brand*, BGB, § 249 Rn. 62.

dieses Risikos kann eine Beweiserleichterung kritisch betrachtet werden, da das dominierende Motiv umfassend festgestellt werden muss.

Dennoch kann ein Ausschluss der Ersatzpflicht für diese Fälle trotz etwaiger Schwierigkeiten bei der Beweisführung hinsichtlich der Beeinflussung des Abschlusses eines Vergleichs durch ein unrichtiges Gutachten nicht überzeugen. Zum einen kann das Gutachten durchaus das tatsächlich dominierende Motiv der Parteien für den Abschluss eines Vergleichs darstellen. Zum anderen besteht in der Praxis bereits die Möglichkeit einer Beweiserleichterung. Lässt sich die Willensbildung der Parteien eruieren, wäre es in sich widersprüchlich, eine Haftung nach § 839a BGB unter dem Verweis auf eine allgemeine schwierige Beweisführung generell zu versagen.

Zudem müssen weitere gesetzgeberische Intentionen in die Untersuchung integriert werden.

Zu berücksichtigen ist, dass ein Regress gegenüber dem Sachverständigen zwar nur in absoluten Ausnahmefällen erfolgen soll. Maßgeblich ist hierbei der Schutz der Rechtskraft.[562] Ein Prozessvergleich erwächst allerdings gerade nicht in Rechtskraft. Damit stünde diese gesetzgeberische Intention einer Analogie nicht entgegen.

Im Übrigen kommt in der Gesetzesbegründung durchaus ein Wertungswiderspruch zum Ausdruck. Zum einen soll ein gerichtlich berufener Sachverständiger, der ein unrichtiges Gutachten erstellt, das zu einem Schaden führt, einer abschließenden Haftung nach § 839a BGB unterworfen werden.[563] Zum anderen ist die Haftung eines gerichtlichen Sachverständigen ausgeschlossen, sofern ein verfahrenserledigender Prozessvergleich durch ein von ihm erstelltes unrichtiges Gutachten beeinflusst wird. Diese zwei entgegengesetzten normativen Wertungen sind in sich widersprüchlich.

Prozesssachverständige werden somit gerade nicht generell einer einheitlichen Haftung unterworfen. Vielmehr hängt die Haftung vom konkreten Ausgang des gerichtlichen Verfahrens ab.

Mutmaßlich kann es auch kaum den gesetzgeberischen Willen widerspiegeln, dass der Geschädigte materiell-rechtlich relativ schutzlos gestellt, während der Sachverständige weitgehend privilegiert wird. Dennoch entspricht diese Konstellation faktisch der Gesetzesbegründung, indem § 839a

[562] BT-Drucks. 14/7752, S. 28.
[563] Ebd.

BGB als abschließender Haftungstatbestand konzipiert ist und die Haftung des Sachverständigen bei Erledigung des Verfahrens durch einen Vergleich ausdrücklich ausgeschlossen wird. Obwohl der Gesetzgeber dieses Ergebnis nicht explizit ausführt, kommt durch eine Kumulation der normativen Wertungen zum Ausdruck, dass die deliktische Haftung des Sachverständigen ausgeschlossen sein soll, sofern das unrichtige Gutachten lediglich einen Prozessvergleich herbeiführt.

Leitgedanke der Einfügung des § 839a BGB ist eine Haftung des gerichtlich bestellten Sachverständigen, die sich unabhängig von einer Beeidigung begründet.[564] Daher wäre eine Ersatzpflicht des gerichtlich berufenen Sachverständigen nach § 839a BGB stringent und würde einer genetischen Auslegung entsprechen.

Zudem spricht gerade der Charakter des § 839a BGB als ein abschließender Haftungstatbestand gegen eine restriktive Auslegung des Tatbestandsmerkmals der gerichtlichen Entscheidung. Sofern es sich bei § 839a BGB um eine Ausnahmevorschrift handelt, droht keine Umkehr des Regel-Ausnahme-Verhältnisses. Vielmehr sollen gerichtlich berufene Sachverständige einer einheitlichen Haftung unterworfen werden. Daher ist für die Anwendungsfälle des § 839a BGB eine extensivere Auslegung geboten, gerade auch, um Haftungslücken zu vermeiden. Nur so kann erreicht werden, dass § 839a BGB umfassend eine Haftung für gerichtlich berufene Sachverständige begründet.

Für die Praxis lassen sich aus der höchstrichterlichen Entscheidung folgende Konsequenzen induzieren:

Vor dem Hintergrund des eindeutigen Wortlauts des § 839a BGB sowie der amtlichen Begründung zu § 839a BGB, der kontroversen Ansichten in der Rechtsprechung und im Schrifttum, die seit in Kraft treten des § 839a BGB vertreten werden, und der Kritik an der Entscheidung des Bundesgerichtshofs vom 25. Juni 2020[565] im Schrifttum kommt dem Urteil eine fundamentale Bedeutung für die rechtsdogmatische Entwicklung der deliktischen Haftung von Prozesssachverständigen zu.

Trotz einer nicht unbedingt nachvollziehbaren Begründung und einer gewagten Auslegung des § 839a BGB sollte man sich in der Praxis an der Entscheidung orientieren.

---

564 Ebd.

565 *BGHZ* 226, 116.

Insbesondere die Untergerichte werden dem Bundesgerichtshof folgen und das Haftungsinstitut des § 839a BGB zukünftig auch bei einer Erledigung des Verfahrens durch einen Prozessvergleich analog anwenden. Gleichwohl einer grundsätzlichen Eigenständigkeit der Untergerichte, sind diese faktisch an die höchstrichterliche Rechtsprechung gebunden. Der III. Zivilsenat wird zukünftig kaum von seiner Rechtsauffassung abrücken.

Die analoge Anwendung des § 839a BGB auf die vorliegende Fallkonstellation trägt zu einer kontinuierlichen Erweiterung des Anwendungsbereichs des Haftungstatbestandes signifikant bei. Mit der begründeten Analogie erweitert der Bundesgerichtshof die Anwendungsfälle des § 839a BGB für die Praxis. So trägt die Entscheidung des Bundesgerichtshofs vom 25. Juni 2020 maßgeblich zum Diskurs der Anwendungsfälle des § 839a BGB bei.

Trotz verfassungsrechtlicher und dogmatischer Diskrepanzen wird durch das Urteil des Bundesgerichtshofs die Prämisse der progressiv wachsenden Bedeutung des Haftungskonzepts des § 839a Abs. 1 BGB bestätigt. In der Entscheidung kommt das außerordentliche Bedürfnis zum Ausdruck, dass gerichtlich berufene Sachverständige einer einheitlichen Haftung unterworfen werden.

Unbeschadet der bedenklichen Herleitung des Senats kann das Ergebnis des Bundesgerichtshofs an sich überzeugen.

Für das Ergebnis des Senats sprechen insbesondere praktische Gesichtspunkte.

Es darf nicht übersehen werden, dass durch die Entscheidung des Bundegerichtshofs für die Praxis zumindest Rechtssicherheit geschaffen wird.

Sowohl für die schädigende als auch die geschädigte Partei ist ein Haftungsausschluss des Sachverständigen oder eine teilweise vertretene Interoperabilität der Haftungssysteme mit Rechtsunsicherheiten verbunden. Hierfür ist kein sachlicher Differenzierungsgrund ersichtlich. Durch eine Anwendung des § 839a BGB wäre für den Geschädigten eine einheitliche Anspruchsgrundlage sowie für den Prozesssachverständigen ein kongruenter Haftungsmaßstab gesichert.

Die tatsächliche Art und Weise der Erledigung des Gerichtsverfahrens stellt in der Praxis kein geeignetes Differenzierungskriterium für die Haftung des gerichtlich berufenen Sachverständigen dar, der ein unrichtiges Gutachten erstattet. Letztlich würde ein erhebliches Rechtschutzdefizit bestehen, sofern § 839a BGB bei Beendigung eines gerichtlichen Verfahrens durch einen Vergleich weder direkt noch analog angewendet werden kann. Insbesondere eine Anwendung der allgemeinen deliktischen Vorschriften ist nicht mehr vertretbar.

Der Bundesgerichtshof legt sich somit auf einen pragmatischen Ansatz fest. Um diese Rechtsschutzlücke zu schließen und um die Haftungsdefizite zu beheben, empfiehlt sich hier dennoch losgelöst von der Rechtsprechung des Bundesgerichtshofs eine Anpassung des § 839a BGB durch den Gesetzgeber. Bis eine umfassende normative Anpassung erfolgt, bleiben die festgestellten Diskrepanzen ad interim bestehen.

2. Replik in der Literatur

Finkelmeier,[566] *Linz*,[567] *Thora*[568] und *Volze*[569] lehnen die Entscheidung des Bundesgerichtshofs nicht gänzlich ab. Vielmehr wird die Rechtsfolge sogar befürwortet. Dennoch werden der Entscheidung immanente essenzielle verfassungsrechtliche und dogmatischen Mängel entgegenhalten, die durch die Autoren einer kritischen Würdigung unterzogen werden. Zentral angeführt wird dabei die fehelende planwidrige Regelungslücke.

Insbesondere den Ausführungen *Thoras* ist zuzustimmen.[570] Durch die Aufnahme einer vergleichsweisen Erledigung in den Haftungstatbestand des § 839a BGB wären Prozesssachverständige allgemein einer einheitlichen Haftung unterworfen. So könnte eine inkonsistente Gesetzesfassung vermieden werden.

Die von *Thora* kritisierte Differenzierung zwischen einem AV-Urteil auf der einen Seite und einem Prozessvergleich auf der anderen Seite[571] lässt sich jedoch nur damit rechtfertigen, dass die Verfahrenserledigung sowohl bei einem AV-Urteil sowie bei einem Vergleich letztendlich jeweils auf einem privatautonomen Akt der Parteien beruht, der maßgeblich durch ein unrichtiges Sachverständigengutachten gelenkt wird. Das Gutachten trägt daher jeweils nicht zu einer richterlichen Überzeugungsbildung i. S. v. § 286 Abs. 1 S. 1 ZPO bei. Dennoch ist durch den Gesetzgeber eindeutig vorgesehen,

---

566 *Finkelmeier*, NJW 2020, S. 2471 (2474).
567 *Linz*, DS 2020, S. 271 (274 f.).
568 *Thora*, VersR 2020, S. 1324 (1327).
569 *Volze*, DS 2020, S. 235.
570 *Thora*, VersR 2020, S. 1324 (1327).
571 Ebd.

dass sich die Haftung eines gerichtlich berufenen Sachverständigen bei einer vergleichsweisen Erledigung des Verfahrens weder nach § 839a BGB noch nach alternativen Haftungsmöglichkeiten begründet.[572] Über diesen gesetzgeberischen Willen dürfte sich der Bundesgerichtshof nicht hinwegsetzen. Im Falle einer Prozessbeendigung durch ein AV-Urteil wird das Verfahren zumindest pro forma durch eine gerichtliche Entscheidung beendet. Demgegenüber ergeht bei einem Prozessvergleich lediglich ein Gerichtsbeschluss gem. § 278 Abs. 6 S. 2 ZPO. Dieser stellt keine gerichtliche Entscheidung i. S. v. § 839a Abs. 1 BGB dar.

Finkelmeier[573] liegt zunächst richtig in der Annahme, dass der Gesetzgeber die Anwendung des § 839a BGB bei einer Erledigung des Verfahrens durch einen Vergleich insbesondere vor dem Hintergrund etwaiger Beweisschwierigkeiten ausschließen wollte. In der Gesetzesbegründung kommen allerdings weitere gesetzgeberische Motive zum Ausdruck. *Finkelmeier* versäumt eine Auseinandersetzung mit diesen Motiven. Denn die Gesetzesbegründung macht deutlich, dass ein gerichtlich berufener Sachverständiger, der ein unrichtiges Gutachten erstellt, das zu einem Schaden führt, einer abschließenden Haftung unterworfen werden soll.[574]

Aus den Ausführungen *Finkelmeiers* geht nicht hervor, ob ein Rückgriff auf die allgemeinen deliktischen Vorschriften gesperrt wäre, sofern sich das Verfahren infolge einer konsensualen Streitbeilegung erledigt. Eine solche Sperrwirkung wird in der Rechtsprechung sowie in der Literatur überwiegend angenommen.[575] Entsprechend der Ausführungen *Finkelmeiers* könnte ein Geschädigter einen Sachverständigen nicht gerichtlich beanspruchen, sofern das erstellte Gutachten unrichtig ist und zum Abschluss des Prozessvergleichs bewegt hat. Sowohl eine Geltendmachung eines Anspruchs aus § 839a BGB in analoger Anwendung als auch ein Rückgriff auf die allgemeinen

---

572 BT-Drucks. 14/7752, S. 28.

573 *Finkelmeier*, NJW 2020, S. 2471 (2474).

574 BT-Drucks. 14/7752, S. 28.

575 *OLG Frankfurt a. M.* NJW-RR 2017, 984, Rn. 16 f.; *OLG Nürnberg* NJW-RR 2011, 1216; wohl auch *OLG Hamm* DS 2014, 157 (159); *Erman/Mayen*, BGB, § 839a Rn. 4; *Grüneberg/Sprau*, BGB, § 839a Rn. 1b; MüKoBGB/*Wagner*, § 839a Rn. 26; *Wagner*, Das neue Schadensersatzrecht, Rn. 72 ff.; wohl auch NK-BGB/*Huber*, § 839a Rn. 38, der lediglich eine Ersatzpflicht gem. § 826 BGB befürwortet; siehe auch *Kilian*, ZGS 2004, S. 220 (225) m. w. N.

deliktischen Vorschriften wären ausgeschlossen. Ob dies tatsächlich dem gesetzgeberischen Leitbild entspricht, lässt *Finkelmeier* offen. Insbesondere vor dem Hintergrund der von *Finkelmeier* selbst angeführten Funktion des § 839a BGB als Korrektiv für die allgemein hohe Bedeutung des Sachverständigenbeweises, kann dies nicht überzeugen. Die erhebliche Einflussmöglichkeit, die ein Sachverständiger auf den Verlauf des Prozesses nimmt, besteht unabhängig von der konkreten Art der Erledigung des Verfahrens. Im Falle einer konsensualen Streitbeilegung verlässt sich das Gericht nicht auf die Expertise des Sachverständigen. Vielmehr beeinflusst das Gutachten die Dispositionen der Parteien.

Die Ausführungen von *Linz*[576] können nur teilweise überzeugen. Aufzuführen ist, dass kein allgemeiner Grundsatz existiert, der eine analoge Anwendung von Sonderregelungen verbietet. In der Tat ist bei der Bestimmung der Analogiefähigkeit von Sonderregelungen eine restriktive Auslegung geboten. Dennoch lässt sich hieraus nicht folgern, dass sich eine Analogie per se verbietet. Vielmehr zeigen die Entwicklungen seit Einfügung des § 839a BGB, dass ein Bedürfnis besteht, § 839a BGB auf weitere Fallgruppen anzuwenden. So wird § 839a BGB etwa im Zwangsversteigerungsverfahren und im staatsanwaltschaftlichen Ermittlungsverfahren angewendet.[577] Auch der von *Linz* befürchtete verschärfte Haftungsausschluss tritt in der Regel nicht ein. Zwar ist *Linz* insoweit zuzustimmen, dass die infolge des Prozessvergleichs ergehende deklaratorische Entscheidung nicht angegriffen werden kann. Allerdings kommt dem Geschädigten stattdessen die Möglichkeit zu, einen Schaden über § 779 Abs. 1 BGB sowie die §§ 812, 313 und 346 BGB zu korrigieren. Wird von dieser materiellen Gestaltungsmöglichkeit nicht vorrangig Gebrauch gemacht, so kann eine Haftung des Sachverständigen ausgeschlossen sein.

Den Ausführungen *Volzes*[578] lässt sich entgegenhalten, dass dessen Ansicht rein auf einem pauschalen Verweis des Wortlauts der Vorschrift basiert. Eine Stellungnahme zu den ausschlaggebenden normativen Wertungen unterbleibt. Zudem kann die Behauptung *Volzes*, dass sich eine analoge Anwendung des § 839a BGB zulasten des Sachverständigen auswirkt, angezweifelt

[576] *Linz*, DS 2020, S. 271 (274 f.).

[577] *BGH* NJW 2020, 1592, Rn. 20 ff.; *BGHZ* 198, 265.

[578] *Volze*, DS 2020, S. 235.

werden. Das Haftungskonzept des § 839a BGB sieht im Verhältnis zu den allgemeinen deliktischen Vorschriften gerade Privilegierungen des Sachverständigen vor. Eine Haftungsfreistellung des Sachverständigen hingegen würde unter Umständen eine nicht gerechtfertigte Privilegierung bedeuten.

3. Haftungsausschluss i. S. v. § 839a Abs. 2 i. V. m. § 839 Abs. 3 BGB

Eine Untersuchung des Haftungsausschlusses i. S. v. § 839a Abs. 2 i. V. m. § 839 Abs. 3 BGB im Rahmen der Fallgruppe des Prozessvergleichs ist insbesondere vor dem Hintergrund der Fortführung der Rechtsprechung des Bundesgerichtshofs vom 25. Juni 2020[579] relevant.

In der Rechtsprechung sowie in der Literatur findet ein etwaiger Haftungsausschluss bislang kaum Berücksichtigung.

Bei einem Prozessvergleich handelt es sich grundsätzlich um einen privatautonomen Rechtsakt, dem eine Doppelnatur zukommt. Dieser ist materiellrechtlich gem. § 779 Abs. 1 BGB unwirksam, wenn der nach dem Inhalt des Vertrags als feststehend zugrunde gelegte Sachverhalt der Wirklichkeit nicht entspricht und der Streit oder die Ungewissheit bei Kenntnis der Sachlage nicht entstanden sein würde. Der als feststehend zugrunde gelegte Sachverhalt entspricht dabei nicht der Wirklichkeit, soweit Tatsachen, die die Grundlage des Vergleichs bilden, durch den Gutachter fälschlicherweise als feststehend deklariert werden.

Demnach ist über § 779 Abs. 1 BGB sowie die §§ 812, 313 und 346 BGB eine nachträgliche materiell-rechtliche Korrektur des Vergleichs möglich. Er erwächst gerade nicht in Rechtskraft.

Insoweit stellt eine Korrektur über § 779 Abs. 1 BGB sowie die §§ 812, 313 und 346 BGB gegebenenfalls eine primär zu berücksichtigende Möglichkeit dar, um einen Schaden abzuwenden.

Neben den materiell-rechtlichen Auswirkungen kann in Hinblick auf die Doppelnatur eine Fortführung des Prozesses beantragt werden, da eine materiell-rechtliche Unwirksamkeit auch eine Prozessbeendigung aufhebt. Vorliegend ist eine einheitliche Betrachtung der materiell-rechtlichen sowie der prozessualen Komponente geboten.

---

579 *BGHZ* 226, 116.

Zu klären ist, wie sich ein Haftungsausschluss rechtsdogmatisch herleiten lässt.

Entscheidend ist dabei zu eruieren, ob die Korrektur eines Prozessvergleichs über die materiell-rechtlichen Normen als ein Rechtsmittel i. S. d. § 839 Abs. 3 BGB zu qualifizieren ist. Dies wird in der Literatur regelmäßig nicht weiter problematisiert, sondern als selbstverständlich behandelt.[580] Insbesondere die dogmatische Herleitung des Haftungsausschlusses als relevante Folgeproblematik findet im Schrifttum bislang wenig Berücksichtigung.[581]

Zwar herrscht Einigkeit darüber, § 839 Abs. 3 BGB weit auszulegen.[582] Allerdings fallen auch bei einer weiten Auslegung die Geltendmachung materiell-rechtlicher Gestaltungsmöglichkeiten des Geschädigten wohl nicht unter den Begriff des Rechtsmittels i. S. v. § 839 Abs. 3 BGB. Daher würde zumindest eine direkte Anwendung des § 839 Abs. 3 BGB ausscheiden.

Für eine analoge Anwendung des § 839 Abs. 3 BGB sprechen folgende Erwägungen:

Konkret ist nicht einzusehen, warum eine restriktive Ansicht einem Haftungsausschluss entgegenstehen sollte. Vielmehr fordert die logische und konsequente Fortführung der zitierten Rechtsprechung für die Praxis wohl eine analoge Anwendung des § 839 Abs. 3 BGB.

Auch ist keine Legitimation ersichtlich, weshalb ein Sachverständiger de facto einer strengeren Haftung unterliegen soll, sofern infolge des unrichtigen Gutachtens eine konsensuale Streitbelegung erfolgt.

Für § 839 Abs. 3 BGB gilt das Prinzip des Vorrangs des Primärrechtsschutzes vor dem Sekundärrechtsschutz.[583] Hierbei handelt es sich um ein allgemein vorherrschendes Prinzip des Staatshaftungsrechts, dass über den Verweis des § 839a Abs. 2 BGB in einer entsprechenden Anwendung für die Sachverständigenhaftung gilt. Ein Sachverständiger soll nur beansprucht werden können, soweit ein Schaden endgültig eingetreten ist. Hier kommt insbesondere der strenge Subsidiaritätsgedanke der Sachverständigenhaftung zum Ausdruck. Demnach genügt es nicht, sämtliche Rechtsmittel zur

---

580 BeckOGK/*Dörr*, BGB, § 839a Rn. 52; MüKoBGB/*Wagner*, § 839a Rn. 26.

581 *Thora*, VersR 2020, S. 1324 (1327).

582 BeckOGK/*Dörr*, BGB, § 839 Rn. 675.

583 Ebd., § 839a Rn. 64; MüKoBGB/*Wagner*, § 839a Rn. 40.

Korrektur eines unrichtigen Gutachtens einzulegen. Vielmehr muss unter Umständen auch der Prozessvergleich nachträglich korrigiert werden.

Bleibt dieses Vorgehen erfolglos, kann im Anschluss ein Schadensersatzanspruch gem. § 839a Abs. 1 BGB geltend gemacht werden. Diese These wird konkret für § 839a BGB mit Blick auf die amtliche Begründung deutlich. Denn die Gesetzesbegründung geht zum einen davon aus, dass ein Regressanspruch gegen den Sachverständigen die alternativlose Möglichkeit ist, um einen Schaden abzuwenden. Zum anderen soll gerade vermieden werden, über einen Sachverständigenhaftungsprozess den Ausgangsprozess, in dem ein Sachverständiger berufen wurde, neu aufzurollen. Hier geht es primär um die Vermeidung einer Rechtskraftdurchbrechung, die bei einer konsensualen Streitbeilegung nicht denkbar ist. Dennoch wäre ein Regressanspruch mit einer gewissen Redundanz verbunden. Einen Haftungsausschluss des Sachverständigen a priori partiell zu negieren, kann strengausgelegt daher ein inkonsequentes Vorgehen contra legem bedeuten.

Zudem entspricht es der Prozessökonomie, nicht unmittelbar einen Anspruch gegen den Sachverständigen geltend zu machen, sofern der Ausgangsprozess noch revidiert werden kann.

Gleichermaßen kann auf den Schutzzweck des § 839a BGB abgestellt werden. Ratio leges ist unter anderem gerade der Schutz des gerichtlich berufenen Sachverständigen. § 839a BGB ist ein ausgewogenes Haftungssystem immanent.[584] Ein Haftungsausschluss nach § 839a Abs. 2 i. V. m. § 839 Abs. 3 BGB ist ein integraler Bestandteil der Prozesssachverständigenhaftung. Durch eine Haftungsverschärfung würde das Haftungskonzept gestört werden.

Grundsätzlich kommen als Rechtsmittel i. S. v. § 839a Abs. 2 i. V. m. § 839 Abs. 3 BGB sowohl Rechtsmittel im engeren Sinne gegen die auf einem unrichtigen Gutachten beruhenden gerichtlichen Entscheidung als auch Rechtsbehelfe im weiteren Sinne gegen das Gutachten an sich in Betracht. Im Zuge einer vergleichsweisen Erledigung des Verfahrens ergeht lediglich eine nicht angreifbare deklaratorische Entscheidung. Steht dem Geschädigten kein Rechtsmittel gem. § 839a Abs. 2 i. V. m. § 839 Abs. 3 BGB gegen einen Prozessvergleich zur Verfügung, droht eine ungerechtfertigte verschärfte Haftung zulasten des gerichtlich berufenen Sachverständigen. Lehnte man eine Analogie ab, käme ein Haftungsausschluss des Sachverständigen im

---

[584] BT-Drucks. 14/7752, S. 28.

Rahmen der vorliegenden Fallkonstellation angesichts der höchstrichterlichen Rechtsprechung nicht oder nur eingeschränkt in Betracht.

Eine alternative Quotelung des Schadensersatzanspruchs über § 254 BGB steht ebenfalls den gesetzgeberischen Intentionen entgegen. Der Gesetzgeber hat sich bewusst für eine „Alles oder Nichts Rechtsfolge“ entschieden. Der Vorrang des Primärrechtsschutzes ist eine spezielle Ausprägung des Mitverschuldenseinwands. § 254 BGB soll durch § 839 Abs. 3 BGB gerade verdrängt und explizit nicht herangezogen werden.[585]

In Anbetracht der materiell-rechtlichen Regelung wäre es nicht vertretbar, den gerichtlich berufenen Sachverständigen unmittelbar zu beanspruchen, sofern der Geschädigte den Schaden nicht vorrangig über § 779 Abs. 1 BGB sowie die §§ 812, 313 und 346 BGB korrigiert. Vielmehr sollte die Haftung des Sachverständigen vollumfänglich ausgeschlossen sein. Eine dahingehende Praktizierung stellt insoweit die stringente Implikation der Rechtsprechung des Bundesgerichtshofs dar.

Im Ergebnis ist eine den Sachverständigen benachteiligende Haftungsverschärfung abzulehnen. Macht der Geschädigt von der Möglichkeit einer Korrektur des Prozessvergleiches keinen Gebrauch, scheidet eine Haftung des Sachverständigen aus. Dogmatisch lässt sich die Praktizierung des Haftungsausschlusses über eine analoge Anwendung des § 839 Abs. 3 BGB stützten. Dennoch wäre auch hier eine normative Anpassung wünschenswert und zur Schaffung von Rechtssicherheit geboten.

---

[585] Ebd.

D. AV-Urteil

I. BGH, III. Zivilsenat, Urteil vom 25. Juni 2020, BGHZ 226, 116

In der Entscheidung vom 25. Juni 2020 stellt der Senat primär die Analogiefähigkeit des § 839a BGB bei einer konsensualen Streitbeilegung fest. In den Entscheidungsgründen konstatiert der Bundesgerichtshof jedoch auch, dass § 839a Abs. 1 BGB unmittelbar bei einer Verfahrenserledigung durch ein Anerkenntnis oder einen Verzicht anwendbar sei. Diese Rechtsauffassung ergibt sich implizit aus dem Kontext der Entscheidungsgründe.

Mit Bezug auf den Wortlaut des § 839a BGB stellt der Senat die Prämisse auf, dass formal betrachtet ein AV-Urteil eine gerichtliche Entscheidung i. S. v. § 839a Abs. 1 BGB darstelle und daher eine Haftung nach § 839a Abs. 1 BGB begründen könne.[586]

II. Darstellung der im Schrifttum vertretenen Rechtsaufassungen

Grundsätzlich wird ein AV-Urteil in der Literatur überwiegend, etwa durch *Dörr*,[587] *Huber*,[588] *Spickhoff*[589] und *Wagner*,[590] als eine gerichtliche Entscheidung

---

[586] *BGHZ* 226, 116, Rn. 14.
[587] BeckOGK/*Dörr*, BGB, § 839a Rn. 55.
[588] NK-BGB/*Huber*, § 839a Rn. 40a.
[589] *Soergel/Spickhoff*, BGB, § 839a Rn. 35, 38.
[590] MüKoBGB/*Wagner*, § 839a Rn. 31.

eingeordnet. Entsprechendes gilt für *Wöstmann*[591] und *Zimmerling*,[592] die eine Anwendung des § 839a BGB im Ergebnis dennoch ablehnen.

§ 839a Abs. 1 BGB stelle nach *Dörr* weder an die Form noch an den Inhalt der gerichtlichen Entscheidung besondere Anforderungen. Letztlich seien AV-Urteile gerichtliche Entscheidungen in der Sache und könnten somit grundsätzlich eine Haftung des Sachverständigen begründen.[593]

Umstritten ist vor allem die Voraussetzung der haftungsbegründenden Kausalität.

Wöstmann spricht sich für einen Rückgriff auf das frühere Haftungskonzept aus. Er vertritt die Rechtsauffassung, dass ein AV-Urteil nicht auf einem unrichtigen Gutachten beruhen könne i. S. v. § 839a Abs. 1 BGB. Begründet wird dies damit, dass in dem Fall einer Verfahrenserledigung durch ein AV-Urteil die Erklärung des Anerkenntnisses bzw. des Verzichts als Prozesshandlung der entsprechenden Partei die Grundlage des Urteils darstelle. Damit resultiere das Urteil gerade nicht aus einer beweismäßigen Verwertung des Sachverständigengutachtens.[594]

Auch durch *Zimmerling* wird eine haftungsbegründende Kausalität grundsätzlich bestritten. „Diese Prozesshandlungen geschehen ohne Mitwirkung des Gerichtes."[595] *Zimmerling* spricht sich jedoch dafür aus, ein AV-Urteil als eine gerichtliche Entscheidung i. S. v. § 839a Abs. 1 BGB zu qualifizieren, sofern „nach Vorliegen eines Sachverständigengutachtens und nach Anhörung der Parteien das Gericht eine Empfehlung ausspricht, die zu einer Beendigung des Rechtsstreites"[596] mit einem AV-Urteil führe. Hierfür beruft er sich darauf, dass eine einheitliche Auslegung der Voraussetzung der gerichtlichen Entscheidung i. S. v. § 839a Abs. 1 BGB zu begrüßen sei, sodass diese sowohl einen gerichtlich vorgeschlagenen Prozessvergleich als auch ein gerichtlich vorgeschlagenes AV-Urteil umfasse.[597]

---

591 *Staudinger/Wöstmann*, BGB, § 839a Rn. 21.
592 *Zimmerling/Wingler*, in: JurisPK-BGB, § 839a Rn. 19, 22.
593 BeckOGK/*Dörr*, BGB, § 839a Rn. 55.
594 *Staudinger/Wöstmann*, BGB, § 839a Rn. 21.
595 *Zimmerling/Wingler*, in: JurisPK-BGB, § 839a Rn. 19.
596 Ebd., § 839a Rn. 22.
597 Ebd.

Die herrschende Ansicht im Schrifttum teilt diese Auffassung nicht. Eine haftungsbegründende Kausalität zwischen einem unrichtigen Gutachten und einem AV-Urteil könne durchaus gegeben sein.[598]

Dörr führt aus, dass bei einem Anerkenntnis oder Verzicht in der Tat eine Beweiswürdigung durch das Gericht unterbleibe. Das Gericht überprüfe den ursprünglich vorgelegten Streitstoff und insbesondere ein unrichtiges Gutachten gerade nicht. Dennoch könnten sich betroffenen Parteien durch das Sachverständigengutachten zu einem Anerkenntnis oder einem Verzicht herausgefordert fühlen. Erklärten die Parteien infolge eines Gutachtens ein Anerkenntnis bzw. einen Verzicht, liege somit ein Fall der psychisch vermittelten Kausalität vor. Eine solche hielte sich im Rahmen der allgemein geltenden Kausalitätsgrundsätze. Damit würde ein AV-Urteil zumindest mittelbar auf dem unrichtigen Gutachten beruhen. Das für die Haftungsbegründung erforderliche Beruhen des unrichtigen Gutachtens für die gerichtliche Entscheidung wäre damit erfüllt.[599]

AV-Urteile beruhen, so *Spickhoff*, „zunächst einmal unmittelbar nur auf der entsprechenden Disposition der Parteien."[600] Allerdings reiche die hier erfüllte mittelbare Kausalität zwischen Gutachten und AV-Urteil aus. *Spickhoff* stellt dabei auf die höchstrichterlich geprägte Herausforderungsformel ab und unterstreicht: „Beibringungs- und Dispositionsgrundsatz führen (…) nicht per se zur haftungsrechtlichen Freistellung des Gerichtssachverständigen."[601]

III. Zwischenergebnis / Stellungnahme

Der Bundesgerichtshof vertritt in einem obiter dictum die überzeugende Auffassung, dass § 839a BGB bei einer Prozesserledigung durch ein AV-Urteil unmittelbar anwendbar sei.

Dabei schließt sich der erkennende Senat einer unter Theoretikern vertretenen Auffassung an.[602]

---

598 BeckOGK/*Dörr*, BGB, § 839a Rn. 56; MüKoBGB/*Wagner*, § 839a Rn. 31; NK-BGB/*Huber*, § 839a Rn. 40a; *Soergel/Spickhoff*, BGB, § 839a Rn. 35, 38.

599 BeckOGK/*Dörr*, BGB, § 839a Rn. 56.

600 *Soergel/Spickhoff*, BGB, § 839a Rn. 38.

601 Ebd.

602 BeckOGK/*Dörr*, BGB, § 839a Rn. 55 f.; MüKoBGB/*Wagner*, § 839a Rn. 31; *Soergel/Spickhoff*, BGB, § 839a Rn. 35, 38.

Bereits im Rahmen einer Entscheidung vom 9. März 2006[603] geht der Senat inter alia auf die Rechtsfrage ein, ob § 839a BGB auch ein AV-Urteil erfasst. Hier verweist der Senat noch auf die Auffassung *Wurms*, dass eine nichtstreitige Verfahrenserledigung, zu denen unter anderem eine Erledigung des Verfahrens durch ein AV-Urteil zähle, einen Fall der in den Gesetzesmaterialien ausgeschlossenen anderweitigen Erledigung des Verfahrens darstelle.[604] Zudem führt der Senat bereits in der Entscheidung vom 9. März 2006 eine Parallele zwischen einer Verfahrenserledigung durch einen Vergleich sowie einer Verfahrenserledigung durch ein AV-Urteil an, die darin liege, „dass die betroffenen Parteien von ihrem bisherigen Rechtsschutzbegehren Abstand nehmen und auf eine streitige Gerichtsentscheidung verzichten."[605]

Diese Äquivalenz wird vorliegend durch den Senat bestätigt.

In einer Entscheidung vom 17. März 1993 stellte der Bundesgerichtshof fest, dass ein Sachurteil lediglich aufgrund des Anerkenntnisses ergehe.[606]

Mit Urteil vom 6. Mai 2014 nahm der Bundesgerichtshof Stellung zur Rechtsnatur eines Anerkenntnisses nach § 307 S. 1 ZPO sowie eines Verzichts nach § 306 ZPO. Bei einem Anerkenntnis handele es sich um eine Prozesshandlung, die den prozessualen Anspruch betreffe und auf den Erlass eines Sachurteils gerichtet sei. Infolge eines Anerkenntnis werde ein Verfahren, anders als im Falle einer Klagerücknahme, nicht unmittelbar beendet. „Das Gericht ist lediglich davon enthoben, den ihm ursprünglich vorgelegten Streitstoff zu überprüfen."[607] Daher treffe das Gericht weiterhin die Aufgabe in der Sache zu entscheiden. Zu einem Anerkenntnis bilde ein Verzicht gem. § 306 ZPO das prozessuale Gegenstück. Überschneidungspunkte beständen insbesondere zu einem Prozessvergleich.[608]

---

[603] *BGHZ* 166, 313.

[604] *Staudinger/Wurm*, BGB, bis Stand 2013, § 839a Rn. 21, diese Ansicht wurde inzwischen durch *Wöstmann* übernommen vgl. *Staudinger/Wöstmann*, BGB, § 839a Rn. 21.

[605] *BGHZ* 166, 313, Rn. 12.

[606] *BGH* NJW 1993, 1717 (1718).

[607] *BGH* NJW-RR 2014, 831, Rn. 6; so bereits *BGHZ* 10, 333 (335); in diese Richtung auch *BGH* NJW 1993, 1717 (1718).

[608] *BGH* NJW-RR 2014, 831, Rn. 6.

Unter Berücksichtigung dieses Urteils vom 6. Mai 2014 vertritt der Senat mit Entscheidung vom 25. Juni 2020[609] eine konsequente Ansicht. Der Senat stellt ausdrücklich fest, dass ein AV-Urteil ein Urteil in der Sache darstelle. Damit wäre es widersprüchlich, ein AV-Urteil nicht unter eine gerichtliche Entscheidung i. S. v § 839a Abs. 1 BGB zu subsumieren. Zumindest wäre eine gesteigerte Argumentation zwingend notwendig, aus der deutlich hervorgehe, aus welchen Bewegründen der Senat seine Ansicht revidiere und ein AV-Urteil kein Sachurteil darstelle.

Festzuhalten ist, dass in der höchstrichterlichen Rechtsprechung in den späteren Urteilen vom 6. Mai 2014 sowie vom 25. Juni 2020 die gegenwärtig maßgebliche Ansicht vertreten wird. Sieht man die dort angeführten Aspekte als zutreffend an, hat der erkennende Senat eine durchaus überzeugendere Ansicht eingenommen.

Folgende Erwägungen lassen sich für eine Anwendbarkeit des § 839a BGB anführen:

Der Gesetzgeber setzt eine generelle gerichtliche Entscheidung als haftungsbegründendes Tatbestandsmerkmal voraus. Es bedarf gerade keiner qualifizierten Voraussetzung in Form einer inhaltlichen Verwertung des Gutachtens durch ein Gericht. Auch ist nicht erforderlich, dass das Gutachten im Inhalt der gerichtlichen Entscheidung etwa in den Entscheidungsgründen einen Niederschlag findet. Daher muss das Gericht keine Entscheidung auf Grundlage des vorgelegten Tatsachenstoffes und vor allem des Sachverständigengutachtens treffen. Ebenso wenig muss die Verfahrenserledigung auf dem Willen des Gerichts basieren. Es wird lediglich verlangt, dass eine Entscheidung in der Sache durch eine objektiv unabhängige Spruchstelle ergeht, die in einem formell gültigen Gesetz mit den Aufgaben eines Gerichts betraut ist. Damit ist unerheblich, ob eine streitige oder unstreitige gerichtliche Entscheidung ergeht.

Im Ergebnis lässt sich festhalten, dass insbesondere aus der Gesetzesbegründung kein entgegengesetzter Wille hervorgeht.[610] Für die Voraussetzung einer gerichtlichen Entscheidung aus dem Haftungstatbestand des § 839a Abs. 1 BGB genügt, dass das Gericht durch eine Prozesshandlung, die sich auf die Parteiendisposition stützt, zum Erlass der konkreten Entscheidung

[609] *BGHZ* 226, 116, Rn. 14.
[610] BT-Drucks. 14/7752, S. 28.

veranlasst wird. Demzufolge lässt sich ein AV-Urteil unter die Voraussetzungen einer gerichtlichen Entscheidung i. S. v. § 839a Abs. 1 BGB subsumieren und erfüllt die formalen Anforderungen. Die formalen Aspekte für die Bestimmung der Anwendbarkeit des § 839a BGB bei einer Verfahrenserledigung durch Anerkenntnis und Verzicht sind erfüllt. Damit scheint die Anwendung des § 839a BGB bei einer Verfahrenserledigung durch ein Anerkenntnis und einen Verzicht dem gesetzgeberischen Leitbild zu entsprechen.

In der amtlichen Begründung zu § 839a BGB werden lediglich Fälle einer anderweitigen Erledigung ausgeschlossen.[611] Damit sind Fallkonstellationen gemeint, in denen sich ein gerichtliches Verfahren nicht durch eine formale gerichtliche Entscheidung erledigt. An dieser Stelle kann auf den Wortlaut des § 99 Abs. 2 ZPO verwiesen werden. Demnach erledigt sich ein Gerichtsverfahren auch im Falle eines Anerkenntnisses erst durch eine entsprechende Verurteilung.

Zu den Fällen einer anderweitigen Erledigung lässt sich etwa eine Klagerücknahme zählen. Hierzu ist die Fallgruppe der Verfahrenserledigung durch ein AV-Urteil abzugrenzen. Den Fallgruppen ist zunächst eine Similarität inhärent. Die betroffenen Parteien rücken jeweils privatautonom von der weiteren Verfolgung ihres Rechtsschutzziels ab. Dennoch ergeht infolge einer Klagerücknahme lediglich ein Kostenbeschluss. Ein solcher ist nicht als gerichtliche Entscheidung zu qualifizieren. Demgegenüber wird das Verfahren bei einem Anerkenntnis bzw. einem Verzicht zumindest teilweise mit einem vollstreckbaren Endurteil gem. § 704 ZPO abgeschlossen. Dieses stellt eine gerichtliche Entscheidung i. S. v. § 839a Abs. 1 BGB dar. Als Resultat lässt sich festhalten, dass die beiden Fallgruppen in einem signifikanten Faktor differieren. Bei einem AV-Urteil liegt kein Fall einer anderweitigen Erledigung i. S. d. Gesetzesbegründung zu § 839a BGB vor.

Für die Annahme einer gerichtlichen Entscheidung i. S. v. § 839a BGB bei einer Verfahrenserledigung infolge eines Anerkenntnisses oder Verzichts sprechen auch Praktikabilitätsgründe. Falls mit einem Anerkenntnis oder einem Verzicht ein Schadensersatzanspruch gegen einen gerichtlich berufenen Sachverständigen per se rechtswirksam ausgeschlossen wäre, würde eine Partei von dieser Erklärung voraussichtlich absehen.

---

[611] Ebd.

Darüber hinaus lässt sich die Argumentation des Bundesgerichtshofs im Rahmen der Bestimmung der Anwendbarkeit des § 839a BGB bei einer Prozesserledigung durch einen Vergleich in Teilen auf die vorliegende Fallgruppe des AV-Urteils übertragen, sodass zumindest eine analoge Anwendung gerechtfertigt wäre. Nach Erstattung des Gutachtens hängt die konkrete Art der Erledigung des Verfahrens größtenteils von Zufälligkeiten ab. Das Vertrauen der Parteien in die Richtigkeit des Gutachtens kann sich auf unterschiedliche Weise äußern. So können die Parteien unter dem Eindruck des Gutachtens ein dem Ergebnis des Sachverständigengutachtens folgendes Gerichtsurteil ergehen lassen, dass unangefochten bleibt und rechtskräftig wird. Alternativ hierzu kommt in Betracht, dass die Parteien einen Vergleich anstreben oder den geltend gemachten Anspruch anerkennen bzw. auf diesen verzichten. Auf den modus operandi der Parteien hat der Sachverständige keinen Einfluss. In Anbetracht dieser Tatsache wäre ein divergierender Haftungsmaßstab nicht gerechtfertigt. Daher scheint eine Haftungsbegründung jeweils nach § 839a Abs. 1 BGB sachgerecht.

Ferner stellt die Anwendung des § 839a BGB im Rahmen der Fallgruppe des AV-Urteils die stringente Konsequenz der Rechtsprechung des Bundesgerichtshofs vom 25. Juni 2020 dar.[612] Unabhängig von den gerichtlichen Ausführungen hinsichtlich eines AV-Urteils wendet der Senat § 839a BGB analog bei einer vergleichsweisen Erledigung des Verfahrens an. Dies müsste erst recht für ein AV-Urteil gelten.

Ein alternativer Haftungsmaßstab bei einer Verfahrenserledigung durch ein AV-Urteil lässt sich sachlich nicht begründen. Eine einheitliche deliktische Haftung für Prozesssachverständige nach der abschließenden Sondervorschrift des § 839a BGB entspricht auch dem gesetzgeberischen Leitbild. Letztlich kann auch erneut auf die gesetzgeberische Intention, eine Haftungsbegründung nicht mehr mit einer Beeidigung des Sachverständigen zu korrelieren,[613] verwiesen werden. Ein vollständiger Ausschluss der Haftung wäre nicht interessengerecht.

Durch die Feststellung des Senats wird sowohl für die schädigende als auch für die geschädigte Partei in der Praxis Rechtssicherheit geschaffen.

---

612 *BGHZ* 226, 116.

613 BT-Drucks. 14/7752, S. 28.

Die Problematik, die sich bei der haftungsbegründenden Kausalität zwischen einem unrichtigen Gutachten und einem AV-Urteil ergibt, lässt der Senat in der Entscheidung vom 25. Juni 2020[614] hingegen unberücksichtigt. Ein ergänzendes Judikat bleibt hier abzuwarten.

Insbesondere in der Literatur wird die Frage, ob ein AV-Urteil auf einem unrichtigen Sachverständigengutachten beruhen kann, kontrovers diskutiert.

Hinsichtlich einer haftungsbegründenden Kausalität lässt sich folgendes festhalten:

Gegen eine haftungsbegründende Kausalität i. S. e. Beruhens kann angeführt werden, dass das Gericht das AV-Urteil zwar erlässt, aber lediglich auf Veranlassung einer Partei. Das Gericht setzt sich nicht selbst inhaltlich mit einem Gutachten auseinander und trifft im Anschluss keine konkrete Entscheidung. Insbesondere hat dieses keinen direkten Einfluss auf den Tenor und die Entscheidungsgründe. Vielmehr wirkt sich das Gutachten auf die Willensbildung der Parteien aus, sodass eine privatautonome Entscheidung der Parteien das entsprechende Urteil herbeiführt.

Damit wird ein AV-Urteil nicht unmittelbar durch ein unrichtiges Sachverständigengutachten herbeigeführt. Respektive ist eine mittelbare Kausalität zwischen einem unrichtigen Gutachten und einem AV-Urteil zu affirmieren.

Dennoch lässt sich eine haftungsbegründende Kausalität bejahen:

Zunächst handelt es sich um den besonderen Fall der psychisch vermittelten Kausalität. Dabei lässt sich auf die Herausforderungsformel des Bundesgerichtshofs verweisen, die in Zusammenhang mit einer haftungsbegründenden Kausalität in der Rechtsprechung praktiziert wird. Demnach „kann jemand, der durch vorwerfbares Tun einen anderen zu selbstgefährdendem Verhalten herausfordert, diesem anderen dann, wenn dessen Willensentschluss auf einer mindestens im Ansatz billigenswerten Motivation beruht, aus unerlaubter Handlung zum Ersatz des Schadens verpflichtet sein, der infolge des durch die Herausforderung gesteigerten Risikos entstanden ist.“[615] Die anerkennenden bzw. die verzichtenden Parteien werden in ihrem Willensentschluss maßgeblich durch ein Gutachten gelenkt und zu einem

[614] *BGHZ* 226, 116.

[615] *BGHZ* 192, 261, Rn. 8.

konkreten Handeln herausgefordert. Zudem stellt die vorsätzliche oder grob fahrlässige Erstattung eines unrichtigen Gutachtens ein vorwerfbares Tun dar. Somit sind die aufgestellten Grundsätze erfüllt, nach denen eine Kausalität zu bejahen ist. Im Zuge dessen ist unerheblich, dass ein AV-Urteil lediglich mittelbar durch eine privatautonome Prozesshandlung herbeigeführt wird. Insbesondere ist für eine haftungsbegründende Kausalität i. S. v § 839a Abs. 1 BGB nicht erforderlich, dass durch das Gutachten die Willensbildung des Gerichts beeinflusst wird.

In § 839a Abs. 1 BGB heißt es, dass der Sachverständige zum Ersatz des Schadens verpflichtet ist, der einem Verfahrensbeteiligten durch eine gerichtliche Entscheidung entsteht, die auf diesem Gutachten beruht. Bereits der Ausdruck „beruht“ stellt eine weiche Formulierung dar. So lässt sich der Wortlaut dahingehend auslegen, dass keine strenge unmittelbare Kausalität zwischen Gutachten und gerichtlicher Entscheidung gemeint ist. Damit wäre bereits durch den Wortlaut der Vorschrift eine mittelbare Kausalität des Gutachtens für eine Haftungsbegründung ausreichend.

Im Ergebnis müsste daher für eine Haftungsbegründung des § 839a Abs. 1 BGB genügen, dass das unrichtige Gutachten das dominierende Motiv für die Erklärung des Anerkenntnisses oder des Verzichts darstellt.

E. Rechtsmittelrücknahme

I. BGH, III. Zivilsenat, Urteil vom 25. Juni 2020, BGHZ 226, 116

Mit Urteil vom 25. Juni 2020 erkennt der Senat primär die Analogiefähigkeit des § 839a BGB bei einer konsensualen Streitbeilegung an. In den Entscheidungsgründen äußert sich der Senat ebenso zustimmend zur Rechtsfrage der Anwendbarkeit des § 839a BGB im Fall einer Prozesserledigung durch eine Rechtsmittelrücknahme, „obgleich die Rechtsmittelrücknahme ihrerseits ein privatautonomer Akt der rechtsmittelführenden Partei ist und ebenso wie ein in der Rechtsmittelinstanz geschlossener Vergleich vom gerichtlichen Sachverständigengutachten beeinflusst sein kann."[616] Der Senat bezieht sich explizit auf den Sachverhalt, dass eine auf einem unrichtigen Gutachten beruhende vorinstanzliche gerichtliche Entscheidung, durch eine Rechtsmittelrücknahme rechtskräftigt werde. Hierbei stelle das vorinstanzliche Urteil eine gerichtliche Entscheidung i. S. v. § 839a Abs. 1 BGB dar.[617]

---

[616] *BGHZ* 226, 116, Rn. 14.
[617] Ebd.

II. Darstellung der im Schrifttum vertretenen Rechtsaufassungen

Dörr,[618] *Huber*[619] und *Wagner*[620] befürworten, dass sich die Ersatzpflicht eines Gerichtssachverständigen für die Fallgruppe der Verfahrenserledigung durch eine unter dem Eindruck eines unrichtigen Gutachtens erfolgten Rechtsmittelrücknahme generell nach den Haftungsvoraussetzungen des § 839a BGB begründe.

Wagner führt an, dass auch bei einer durch ein unrichtiges Gutachten veranlassten Rechtsmittelrücknahme der Rückgriff auf das allgemeine Deliktsrecht vermieden werden sollte. Daher sei eine Anwendung des § 839a BGB erforderlich.

Ausdrücklich sieht *Wagner* eine analoge Anwendung des § 839a BGG gerechtfertigt, sofern eine auf einem unrichtigen Gutachten beruhende gerichtliche Entscheidung durch die Rücknahme des Rechtsmittels rechtskräftig werde. Nach *Wagner* lässt sich dabei der einer Rechtsmittelrücknahme folgende Kostenbeschluss als eine gerichtliche Entscheidung i. S. v. § 839a Abs. 1 BGB konstatieren und legitimiere eine Anwendung des § 839a BGB. Werde der Kläger durch ein unrichtiges Gutachten zu einer Rücknahme des Rechtsmittels veranlasst, beruhe der Kostenbeschluss des Gerichts mittelbar auf dem Gutachten. Die auf dem Gutachten beruhende gerichtliche Entscheidung der Vorinstanz finde im Kostenbeschluss einen Niederschlag. Durch die postulierte Perpetuierung dieser vorinstanzlichen Entscheidung bestehe eine Parallele zum regulären Tatbestand des § 839a BGB. *Wagner* betont jedoch, dass diese Argumentation nicht greife, sofern das Gutachten erst im Rechtsmittelzug eingeholt werde.[621] Durch *Dörr* wird zudem vorgebracht, dass im Rahmen einer Anwendung des § 839a BGB der durch einen Kostenbeschluss unmittelbar herbeigeführte Schaden, namentlich die Verfahrenskosten, nur peripher relevant sei.[622]

Dörr stellt auf die Erwägungen des Bundesgerichtshofs ab, die maßgeblich für eine Analogiefähigkeit des § 839a BGB bei einer vergleichsweisen

---

618 BeckOGK/*Dörr*, BGB, § 839a Rn. 53 f.
619 NK-BGB/*Huber*, § 839a Rn. 40a.
620 MüKoBGB/*Wagner*, § 839a Rn. 27.
621 Ebd.
622 BeckOGK/*Dörr*, BGB, § 839a Rn. 53 f.

Erledigung des Verfahrens angeführt werden. Entsprechend wird angeführt, dass mit § 839a BGB ein Haftungskonzept etabliert sei, das die tangierten Interessen adäquat integriere. Darüber hinaus habe sich der Senat auch hinsichtlich einer Anwendbarkeit des § 839a BGB bei Erlass einer nicht streitmäßigen Entscheidung zustimmend geäußert. Besonders hervorgehoben wird, dass für die vorliegende Fallgruppe eine Rechtsschutzlücke entstanden sei. Die Integration des § 839a BGB in die Systematik des Deliktsrechts würde, auch bei grob fahrlässiger Erstattung eines unrichtigen Gutachtens, faktisch in einer Haftungsfreistellung für Prozesssachverständige münden, wenn sich das Verfahren infolge einer Rechtsmittelrücknahme erledige und das Gutachten erst im zweiten Rechtszug erstattet werde. Diese Rechtsschutzlücke wird explizit als ein Versehen des Gesetzgebers gewertet.

Für eine Planwidrigkeit spräche, dass die objektiv bestehende Rechtsschutzlücke mit den in der amtlichen Begründung zu § 839a BGB formulierten gesetzgeberischen Motiven im Widerspruch stehe. *Dörr* betont, dass eine Diskrepanz zum verfassungsrechtlich gebotenen Schutz der Rechte der Verfahrensbeteiligten bestehe. Um die versehentliche Rechtsschutzlücke zu schließen, sei es erforderlich, § 839a BGB entgegen seines Wortlauts sowie der amtlichen Begründung analog auch in den in Rede stehenden Fällen anzuwenden.[623]

Losgelöst von der Frage der Anwendbarkeit des § 839a BGB wird durch *Dörr* ein Haftungsausschluss gem. § 839a Abs. 2 i. V. m. § 839 Abs. 3 BGB infolge einer Rechtsmittelrücknahme nicht generell angenommen. Vielmehr sei erforderlich, dass durch das zurückgenommene Rechtsmittel die Richtigkeit des Gutachtens vor Gericht bestritten werde.[624]

Auch *Huber* differenziert nicht danach, in welcher Instanz das Gutachten erstattet wird, und spricht sich für einen Rückgriff auf § 839a BGB aus. Er argumentiert in diesem Zusammenhang: „Wenn man § 839a als im Wesentlichen gelungene Rechtsnorm ansieht, spricht das dafür, ihren Anwendungsbereich möglichst weiträumig zu gestalten."[625]

---

623 Ebd., *Dörr* rückt ausdrücklich von seiner bis zum 1. Juli 2020 vertretenen Ansicht, dass ein Sachverständiger bei Erstattung eines unrichtigen Gutachtens nach den allgemeinen deliktsrechtlichen Vorschriften haftet, ab.

624 Ebd., § 839a Rn. 54.

625 NK-BGB/*Huber*, § 839a Rn. 40a.

Dabei wird für eine haftungsbegründende Kausalität keine Monokausalität gefordert. Vielmehr genüge, dass das unrichtige Gutachten das dominierende Motiv für eine Rechtsmittelrücknahme darstelle.[626]

Demgegenüber präferieren *Sprau*[627] und *Wöstmann*[628] die Auffassung, § 839a BGB anzuwenden, sofern das Sachverständigengutachten bereits in der ersten Instanz erstattet werde und das in dieser Instanz ergehende Urteil auf diesem Gutachten beruhe. In diesem Fall liegt, so *Wöstmann*, grundsätzlich eine auf dem Gutachten beruhende gerichtliche Entscheidung i. S. v. § 839a Abs. 1 BGB vor. Infolge einer Rechtsmittelrücknahme erwachse ein solches Urteil dann in Rechtskraft. Dies gelte allerdings nicht für eine Rechtsmittelrücknahme, die unter dem Eindruck eines im zweiten Rechtszug eingeholten unrichtigen Gutachtens erklärt werde.

Sofern das Gutachten in der Rechtsmittelinstanz erstattet werde, richte sich die Haftung daher nach dem früheren Haftungskonzept. Des Weiteren bleibe zu berücksichtigen, dass „die Rechtsmittelrücknahme nach § 839a Abs 2 iVm § 839 Abs 3 BGB zu Rechtsnachteilen für den Geschädigten führen“[629] könne.[630]

III. Zwischenergebnis / Stellungnahme

Der erkennende Senat hat in einer richtungsweisenden Entscheidung vom 25. Juni 2020 in einem obiter dictum eine Anwendung des § 839a BGB bei der Erledigung eines Rechtsstreits durch eine von einem unrichtigen Gutachten beeinflusste Rechtsmittelrücknahme für möglich erachtet.

Insoweit schließt sich der Bundesgerichtshof einer bereits zuvor in der Literatur von einzelnen Stimmen vertretenen Auffassung an.[631]

Der Bundesgerichtshof sieht eine Anwendung des § 839a BGB lediglich bei einer Prozesserledigung durch eine Rechtsmittelrücknahme für eröffnet,

---

626 MüKoBGB/*Wagner*, BGB, § 839a Rn. 27, 31; *Grüneberg/Sprau*, BGB, § 839a Rn. 4.
627 *Grüneberg/Sprau*, BGB, § 839a Rn. 4.
628 *Staudinger/Wöstmann*, BGB, § 839a Rn. 20.
629 Ebd.
630 Ebd.
631 BeckOGK/*Dörr*, BGB, § 839a Rn. 54; MüKoBGB/*Wagner*, § 839a Rn. 27; *Staudinger/Wöstmann*, BGB, § 839a Rn. 20.

sofern ein auf einem unrichtigen Gutachten beruhendes vorinstanzliches Urteil rechtskräftig wird.

Schon in der höchstrichterlichen Rechtsprechung vom 6. März 2006[632] verweist der Senat explizit auf die Rechtsauffassung *Wurms*. Dieser differenziert bereits danach, in welcher Instanz das Gutachten erstattet wird. Eine Haftungsbegründung schließt er lediglich für die Fälle einer zweitinstanzlichen Erstattung des Gutachtens aus.[633]

Der Senat kommt zu einem dogmatisch überzeugenden Ergebnis.

Eine konstitutive gerichtliche Entscheidung i. S. v. § 839a Abs. 1 BGB, die auf einem unrichtigen Gutachten beruht, ist gegeben. Somit sind letztlich alle Tatbestandsvoraussetzungen des § 839a Abs. 1 BGB erfüllt. Zudem wird durch eine Rechtsmittelrücknahme eine Ausgangssituation herbeigeführt, die den Regelfall des § 839a BGB darstellt.

Die Rücknahme des Rechtsmittels stellt de facto eine zusätzliche Handlung der Parteien bzw. eine haftungsbegründende Voraussetzung dar. Damit stellt die Rechtsmittelrücknahme kein alternatives Tatbestandsmerkmal dar, sondern vielmehr ein faktisches Mehr bzw. eine zusätzliche Voraussetzung. Insoweit ist es überzeugend, eine deliktische Haftung des Sachverständigen nach § 839a Abs. 1 BGB zu eröffnen, sofern ein unrichtiges Gutachten in der Vorinstanz ein Urteil herbeigeführt hat.

Begründet sich infolge einer Rechtsmittelrücknahme, die ein auf einem unrichtigen Gutachten beruhendes vorinstanzliches Urteil rechtskräftig werden lässt, keine Ersatzflicht des Sachverständigen, wäre mit der Berufungseinlegung eine Haftung des Sachverständigen aufgehoben. Erst durch ein zweitinstanzliches Urteil, dass auf dem unrichtigen Gutachten beruht, würde sich eine Haftung des Sachverständigen erneut begründen. Eine Aufhebung der Ersatzpflicht macht einen inkohärenten Eindruck. Deutlich wird dies auch mit Blick auf § 839a Abs. 2 i. V. m. § 839 Abs. 3 BGB. Sofern der Geschädigte kein Rechtsmittel einlegt, droht ein Haftungsausschluss. Damit bestände für den Geschädigten de facto die Pflicht, ein Rechtsmittel einzulegen. Auch die Gesetzesbegründung zu § 839a BGB kollidiert mit einer solchen Auslegung. „Mit der Regelung soll auch dem Umstand Rechnung getragen werden, dass

---

632 *BGHZ* 166, 313.

633 *Staudinger/Wurm*, BGB, bis Stand 2013, § 839a Rn. 20, diese Ansicht wurde inzwischen durch *Wöstmann* übernommen vgl. *Staudinger/Wöstmann*, BGB, § 839a Rn. 20.

der Rückgriff auf den Sachverständigen, für den in einem Rechtsstreit auf Grund eines falschen Sachverständigengutachtens Unterlegenen oft die einzige Möglichkeit ist, materielle Gerechtigkeit zu erlangen."[634] Dem würde es widersprechen, einen Anspruch gegen den Sachverständigen bereits im Vorfeld zu suspendieren, insbesondere bevor der Prozess, in dem der Sachverständige berufen wurde, überhaupt beendet ist. Darüber hinaus wird mit der Rechtsmittelrücknahme das erstinstanzliche Urteil rechtskräftig, infolgedessen gerade der maßgebliche auf der gerichtlichen Entscheidung beruhende Schaden eintritt, der über § 839a BGB ausgeglichen werden soll.

Daneben muss berücksichtigt werden, dass der Bundesgerichtshof explizit in Betracht zieht, ein in der Berufungsinstanz geschlossenen Prozessvergleich als eine Schadensfolge der erstinstanzlichen gerichtlichen Entscheidung i. S. v. § 839a BGB anzusehen. Gleiches muss für eine Rechtsmittelrücknahme gelten.

Folgerichtig muss das unrichtige Gutachten nicht das dominierende Motiv für eine Rechtsmittelrücknahme darstellen. In Parallele zu einem Urteil dessen Tenor in den Entscheidungsgründen auch auf mehreren Motiven beruhen kann, schließen Motivbündel bei einer Rechtsmittelrücknahme eine Haftungsbegründung des § 839a Abs. 1 BGB ebenfalls nicht aus. Vielmehr genügt, wie bei einer gerichtlichen Entscheidung, dass die Parteien die privatautonome Entscheidung ohne das unrichtige Gutachten nicht getroffen hätten.

Insbesondere in der Literatur wird die Rechtsfrage der Begründung einer Ersatzpflicht des gerichtlich berufenen Sachverständigen nach § 839a BGB für die Fallgruppe der Rechtsmittelrücknahme kontrovers diskutiert.

Die herrschende Lehre vertritt kongruent zur höchstrichterlichen Rechtsprechung die Auffassung, dass § 839a BGB bei einer Rechtsmittelrücknahme anwendbar ist, sofern infolgedessen ein auf einem unrichtigen Gutachten beruhendes vorinstanzliches Urteil rechtskräftig wird.

Eine Disparität der Ansichten in der Literatur besteht, sofern ein Sachverständigenbeweis erst zweitinstanzlich eingeholt wird und die Rechtsmittelrücknahme auf diesem Gutachten beruht.

Klärungsbedürftig für eine unmittelbare Anwendbarkeit des § 839a BGB ist insbesondere, ob und in welchen Fällen eine auf einem unrichtigen

[634] BT-Drucks. 14/7552, S. 28.

Gutachten beruhende gerichtliche Entscheidung i. S. v. § 839a Abs. 1 BGB vorliegt.

Gegen die durch *Wagner*[635] angeführte Qualifizierung des im Fall einer Rechtsmittelrücknahme gem. § 516 Abs. 3 S. 1 ZPO ergehenden den Rechtsmittelführer belastenden Kostenbeschluss als gerichtliche Entscheidung i. S. v. § 839a BGB lassen sich folgende Gesichtspunkte vorbringen:

Zunächst sprechen formale Aspekte gegen ein Abstellen auf einen Kostenbeschluss als gerichtliche Entscheidung. Ein Kostenbeschluss stellt keine Entscheidung in der Sache dar. Somit fehlt ein charakteristisches Merkmal einer gerichtlichen Entscheidung i. S. v. § 839a Abs. 1 BGB. Ergeht ein Kostenbeschluss, erwächst kein Tenor in Rechtskraft, der einer gerichtlichen Geltendmachung der materiellen Ansprüche als negative Prozessvoraussetzung entgegensteht.

Die Kostentragungspflicht bestimmt sich lediglich unter Berücksichtigung des bisherigen Sach- und Streitstandes nach billigem Ermessen.

Über die formalen Aspekte hinaus ist das Urteil des Bundesgerichtshofs vom 25. Juni 2020 in die Untersuchung zu integrieren. Der Senat stellt für die gerichtliche Entscheidung nicht auf den Hinweisbeschluss des Berufungsgerichts, sondern im Zuge der analogen Anwendung auf den Prozessvergleich an sich ab.[636] Konsequenterweise müsste auch im Rahmen der vorliegenden Fallgruppe auf die verfahrenserledigende Rechtsmittelrücknahme an sich abgestellt werden.

Unter Berücksichtigung folgender Erwägungen kann man sich tatsächlich der von *Dörr*[637] dargestellten Ansicht anschließen, dass es der klagerücknehmenden Partei nicht um die Geltendmachung der Prozesskosten geht.

Die Prämisse, dass § 839a BGB nicht auf einen Ausgleich der Verfahrenskosten gerichtet ist, wird bei einer genaueren Betrachtung der Gesetzesbegründung bekräftigt. Dem Gesetzgeber geht es explizit um einen Schadensersatz, der akzentuiert zur Anwendung kommt, sofern die Geltendmachung der materiellen Ansprüche im Ausgangsverfahren rechtskräftig ausgeschlossen ist.[638] Der maßgebliche Schaden entsteht infolge der

---

635 MüKoBGB/*Wagner*, § 839a Rn. 27.
636 *BGHZ* 226, 116, Rn. 8.
637 BeckOGK/*Dörr*, BGB, § 839a Rn. 53 f.
638 BT-Drucks. 14/7752, S. 28.

Erledigung des Ausgangsverfahrens, in dem der Sachverständige gerichtlich berufen wurde, sofern die geltend gemachten materiell-rechtlichen Ansprüche nicht mehr verwirklicht werden können. Mit § 839a BGB soll ein Regressanspruch an die Stelle der Ansprüche im Ausgangsverfahren rücken. Ein Anspruch gem. § 839a BGB bildet zu diesen Ansprüchen daher ein Surrogat. Die Bestimmung des maßgeblichen Schadens im Rahmen eines Anspruchs gem. § 839a Abs. 1 BGB leitet sich somit äquivalent zu den materiell-rechtlichen Ansprüchen im Ausgangsverfahren ab. Besonders deutlich wird dies etwa in einem Strafverfahren, in dem es dem Betroffenen eindeutig nicht primär um die Kosten des Verfahrens geht.

Damit ist festzuhalten, dass mit einem Kostenbeschluss nicht generell eine haftungsbegründende gerichtliche Entscheidung i. S. v. § 839a BGB gegeben ist. Vielmehr muss für den konkreten Einzelfall ermittelt werden, ob eine durch ein unrichtiges Gutachten kausal herbei geführte gerichtliche Entscheidung i. S. v. § 839a Abs. 1 BGB vorliegt. Hierfür ist bei der Rücknahme eines Rechtsmittels zwischen zwei Konstellationen zu unterscheiden.

Die Abgrenzung erfolgt, wie bereits dargestellt, maßgeblich danach, in welcher Instanz das unrichtige Gutachten eingeholt wird.

Dörr[639] und *Huber*[640] sehen die Anwendbarkeit des § 839a BGB bei einer Rechtsmittelrücknahme generell und damit auch für die Fälle einer zweitinstanzlichen Gutachtenerstattung für eröffnet.

Diese Auffassung muss differenziert betrachtet werden:

Hinsichtlich dogmatischer Gesichtspunkte scheint die Ansicht nicht überzeugen zu können.

Wird ein unrichtiges Gutachten erst in der Rechtsmittelinstanz erstattet, mangelt es an der konstitutiven Haftungsvoraussetzung einer gerichtlichen Entscheidung i. S. v. § 839a Abs. 1 BGB, die haftungsbegründend kausal durch ein unrichtiges Gutachten herbeigeführt wird. Eine Rechtsmittelrücknahme lässt sich auch bei einer extensiven Auslegung wohl kaum unter einer gerichtlichen Entscheidung i. S. v. § 839a Abs. 1 BGB subsumieren. Fälle einer anderweitigen Erledigung werden in der Gesetzesbegründung zu § 839a BGB ausdrücklich ausgeschlossen. Diese normative Wertung kollidiert mit einer

---

639 BeckOGK/*Dörr*, BGB, § 839a Rn. 54.
640 NK-BGB/*Huber*, § 839a Rn. 40a.

Analogiefähigkeit. Eine generelle Haftungsbegründung nach § 839a Abs. 1 BGB muss daher in praxi ausscheiden.

Dennoch lässt sich eine analoge Anwendung durchaus mit den weiteren in der Gesetzesbegründung formulierten normativen Wertungen vereinbaren.[641] Demnach soll ein einheitliches, interessengerechtes Haftungsinstitut für Prozesssachverständige etabliert werden, um insbesondere einen Rückgriff auf das allgemeine Deliktsrecht auszuschließen. Damit kommt auch an dieser Stelle erneut ein deutlicher Wertungswiderspruch zum Ausdruck.

Zudem sollte folgende konkrete Einzelfallbetrachtung in Erwägung gezogen werden. Wird ein unrichtiges Gutachten in der Rechtsmittelinstanz eingeholt, beeinflusst dies grundlegend die Perspektive des Verfahrens. Nimmt der Kläger das Rechtsmittel vorsorglich zurück, erwächst das vorinstanzliche klageabweisende Urteil in Rechtskraft. Einer erneuten gerichtlichen Geltendmachung des Klagegenstandes steht die materielle Rechtskraft entgegen.

Die erstinstanzliche gerichtliche Entscheidung begründet mangels einer haftungsbegründenden Kausalität des Gutachtens keine Ersatzpflicht des Sachverständigen nach § 839a BGB. Der Kläger wäre daher faktisch gezwungen, ein auf dem Gutachten beruhendes Urteil abzuwarten, um eine gerichtliche Entscheidung i. S. v. § 839a Abs. 1 BGB zu bewirken und damit einen potentiellen Anspruch gegen den Sachverständigen nicht rechtswirksam auszuschließen. Nimmt der Rechtsmittelführer das Rechtsmittel aufgrund des in der Rechtsmittelinstanz erstatteten Gutachtens vorsorglich zurück, bleibt zu berücksichtigen, dass dies unter diesen Umständen eine bloße Spekulation bezüglich der potentiellen gerichtlichen Entscheidung darstellt.

Überdies kann die ratio legis des § 839a Abs. 1 BGB angeführt werden. Die Vorschrift dient unter anderem als schadensrechtliche Kompensation, sofern die materiell-rechtlichen Ansprüche nicht mehr gerichtlich durchsetzbar sind.[642] Genau dies wäre der Fall, sofern ein Rechtsmittel zurückgenommen wird und das vorinstanzliche Urteil in Rechtskraft erwächst, unabhängig davon, in welcher Instanz das Gutachten erstattet wird.

Demgegenüber scheint dem Rechtsmittelführer zugemutet werden zu können, eine endgültige Entscheidung des Gerichts abzuwarten. Er wird hierdurch nicht unverhältnismäßig benachteiligt. In der Praxis wird ein

---

641 BT-Drucks. 14/7752, S. 28.

642 Ebd.

rechtlicher Beistand hierzu auch raten, da in der Rechtsmittelinstanz vor den Landgerichten und Oberlandesgerichten gem. § 78 Abs. 1 S. 1 ZPO in jedem Fall die Postulationspflicht gilt. Somit wäre gewährleistet, dass die rechtsmittelführende Partei über etwaige rechtliche Risiken aufgeklärt wird.

Auch wird durch eine zumindest analoge Anwendung des § 839a BGB auf sämtliche Fallkonstellationen einer Rechtsmittelrücknahme einer ansonsten bestehenden Rechtsunsicherheit für den Sachverständigen entgegengewirkt. Dieser hat letztlich weder Einfluss darauf, ob eine streitige oder eine nicht streitige Entscheidung ergeht, noch, ob er in der Vor- oder Rechtsmittelinstanz berufen wird.

Für eine generelle Anwendbarkeit des § 839a BGB bei einer Prozesserledigung durch eine Rechtsmittelrücknahme spricht letztlich die konsequente Anwendung des § 839a BGB auf sämtliche Fallgruppen einer anderweitigen Erledigung i. S. d. Gesetzesbegründung.

Komplementierend bedarf der Ausschluss der Haftung nach § 839a Abs. 2 i. V. m. § 839 Abs. 3 BGB einer genaueren Betrachtung.

Im Rahmen eines Haftungsausschlusses ist auf eine Rücknahme des Rechtsmittels abzustellen.

Zu Recht wird durch *Dörr* vertreten, dass eine Rechtsmittelrücknahme nicht allgemein zu einem Ausschluss der Ersatzpflicht des Sachverständigen gem. § 839a Abs. 2 i. V. m. § 839 Abs. 3 BGB führt.[643]

Nach Ansicht des Bundesgerichtshofs wird „ein Haftungsausschluss nach § 839a Abs. 2 i. V. m. § 839 Abs. 3 BGB nicht bereits durch einen Vergleichsabschluss als solchen bewirkt."[644] Entsprechendes sollte für eine Rechtsmittelrücknahme gelten. Konsequenterweise müssten die durch den Bundesgerichtshof mit Entscheidung vom 24. Oktober 2019 aufgestellten Dogmen gleichermaßen auf die vorliegende Fallgruppe der Rechtsmittelrücknahme angewendet werden. Demnach muss dem Geschädigten das Absehen von der Fortsetzung des Prozesses als ein Verschulden gegen sich selbst vorgeworfen werden können. Ist die Fortsetzung des Rechtsstreits aus begründeter Sicht des Geschädigten diesem nicht zumutbar oder nicht

---

643 BeckOGK/*Dörr*, BGB, § 839a Rn. 54.

644 *BGHZ* 226, 116, Rn. 17.

erfolgversprechend, ist insoweit ein Verschulden gegen sich selbst abzulehnen. Dabei sind jeweils die konkreten Umstände des Einzelfalls maßgeblich.[645]

Die dargestellten Erwägungen knüpfen an eine Haftungsbegründung bei der Rücknahme einer Berufung an. Letztlich lassen sich diese auf eine Revisionsrücknahme übertragen, sodass auch in diesem Fall eine Anwendbarkeit des § 839a Abs. 1 BGB in Erwägung gezogen werden muss. Eine Rücknahme der Revision ist gem. der §§ 565 S. 1 und 516 ZPO grundsätzlich möglich. Eine tatsächliche Nachprüfung des Gerichts ist gem. der §§ 557 und 559 ZPO zwar nur eingeschränkt möglich. Damit kann in der Revision insbesondere kein Sachverständigengutachten eingeholt werden.

Allerdings kann ein in der Berufung ergangenes Sachverständigengutachten die revisionsführende Partei zu einer Rücknahme des Rechtsmittels bewegen. Beruht das Urteil der Berufungsinstanz zudem auf dem unrichtigen Gutachten, ist eine Haftung des Sachverständigen gem. § 839a Abs. 1 BGB möglich. Hinzu kommt allerdings, dass eine einseitige privatautonome Rücknahme der Revision nur eingeschränkt möglich ist. Gem. § 565 S. 2 ZPO kann eine Revision nur bis zum Beginn der mündlichen Verhandlung ohne eine Einwilligung des Revisionsbeklagten zurückgenommen werden. Dies würde der Situation hinsichtlich der Anwendbarkeit des § 839a BGB im Falle einer beiderseitigen Erledigungserklärung entsprechen.

Im Ergebnis ist eine deliktische Haftung des Sachverständigen nach § 839a Abs. 1 BGB eröffnet, sofern infolge einer Rechtsmittelrücknahme ein auf einem unrichtigen Gutachten beruhendes vorinstanzliches Urteil rechtskräftig wird.

IV. Rechtsmittelrücknahme infolge einer weiteren Beweisaufnahme in zweiter Instanz

1. LG Hagen, II. Zivilkammer, Urteil vom 20. Juni 2018, BeckRS 2018, 19575

Mit Entscheidung vom 20. Juni 2018 stellt das Landgericht Hagen fest, dass sich die Ersatzpflicht eines Sachverständigen nicht nach § 839a Abs. 1 BGB begründe, sofern die Rücknahme der Berufung erst infolge einer weiteren Beweisaufnahme in zweiter Instanz erfolge. Dies gelte insbesondere auch,

---

[645] Ebd.; vgl. auch *BGH* NJW 2020, 1592, Rn. 25.

wenn durch die Rechtsmittelrücknahme eine auf einem unrichtigen Gutachten beruhende erstinstanzliche Entscheidung rechtskräftig werde.

In einem Arzthaftungsprozess erstattet ein Sachverständiger ein medizinisches Gutachten. Aufgrund des Gutachtens wird die Klage in erster Instanz abgewiesen. Nach Anhörung des Sachverständigen in zweiter Instanz nimmt die Klägerin die Berufung zurück. Nachfolgend widerspricht ein weiterer Sachverständiger den Ausführungen des Sachverständigen in einem folgenden Prozess. Daraufhin macht die Klägerin in einem Regressanspruch Schadensersatzansprüche aufgrund einer grob fahrlässigen unrichtiges Begutachtung gegenüber den gerichtlichen Sachverständigen geltend.[646]

In den Entscheidungsgründen weist die erkennende Kammer ausdrücklich auf die fehlende höchstrichterliche Rechtsprechung für die explizite Fallgruppe hin.[647]

Das Landgericht Hagen deutet zunächst an, dass eine Ersatzpflicht des Sachverständigen nach § 839a Abs. 1 BGB bereits im Zuge der Berufung ausgeschlossen sei.[648] „Der Bundesgerichtshof führt insoweit zurecht aus, dass die Gemeinsamkeit der Fallgestaltungen anderweitiger Erledigungen darin liegt, dass die betroffenen Parteien von ihrem bisherigen Rechtsschutzbegehren Abstand nehmen und auf eine streitige Gerichtsentscheidung verzichten. Ein solches Abstandnehmen von einer gerichtlichen Entscheidung liegt aber gerade auch in der Rücknahme eines eingelegten Rechtsmittels.“[649]

Im Übrigen sei eine Haftung nach § 839a Abs. 1 BGB durch die ergänzende Anhörung des Sachverständigen in der zweiten Instanz, die eine erneute bzw. ergänzende Beweisaufnahme darstelle, ausgeschlossen.[650] Es fehle an einer auf einem unrichtigen Gutachten beruhenden gerichtlichen Entscheidung i. S. v. § 839a Abs. 1 BGB, die einen Schaden verursache. Vielmehr handele es sich bei einer Rechtsmittelrücknahme nach einer zweitinstanzlichen Beweisaufnahme um einen autonomen Fall einer anderweitigen Erledigung.[651]

---

646 *LG Hagen* BeckRS 2018, 19575, Rn. 1 ff.
647 Ebd., Rn. 46 f.
648 Ebd., Rn. 42, 48, 57.
649 Ebd., Rn. 57; vgl. auch *BGHZ* 166, 313, Rn. 12.
650 Ebd., Rn. 45, 53, 58.
651 Ebd., Rn. 45, 53.

Für seine These stellt das Landgericht auf die Gesetzesbegründung sowie den Sinn und Zweck des § 839a BGB ab.[652] Ausweislich der amtlichen Begründung zu § 839a BGB sei der Nachweis der Ursächlichkeit des unrichtigen Gutachtens für die Motivation der autonomen Entscheidung der Parteien in den Fällen einer anderweitigen Erledigung des Verfahrens nur schwer zu erbringen. Deshalb sei eine vergleichsweise Erledigung des Verfahrens von der Haftungsnorm ausgenommen. Ein Anknüpfen an die erstinstanzliche gerichtliche Entscheidung widerspreche dem Zweck des gezielten Ausschlusses anderweitiger Erledigungen. Im Umkehrschluss gewährleiste der Ausschluss anderweitiger Fälle, dass die Ursächlichkeit zwischen einem unrichtigen Gutachten und der Verfahrenserledigung stets transparent sei.

Mittels einer solch deutlichen Restriktion könne insbesondere vermieden werden, dass durch einen Haftungsprozess gegen einen Sachverständigen rechtskräftig abgeschlossene Verfahren neu aufgerollt werden würden.[653]

Grundsätzlich werde die Motivation der Partei für eine Rechtsmittelrücknahme nicht ersichtlich. Damit werde nach außen nicht erkennbar, ob die Unrichtigkeit eines Gutachtens fortwirke.

Dies gelte erst recht, sofern ein Rechtsmittelverfahren zu einer ergänzenden Beweisaufnahme vor der Rechtsmittelrücknahme komme und somit die Möglichkeit bestehe, dass das Gutachten in zweiter Instanz korrigiert werde. In dem Fall „bleibt nämlich offen, ob ein in erster Instanz im Gutachten enthaltener Fehler, auf dem noch das erstinstanzliche Urteil beruht hat, fortgewirkt hat und ursächlich werden konnte oder ob die Rechtsmittelrücknahme trotz der Behebung der Unrichtigkeit oder unabhängig von einem im Gutachten enthaltenen Fehler aus anderweitigen Motiven erklärt wurde.“[654]

Ein Ausschluss der Ersatzpflicht des Sachverständigen gelte insbesondere unabhängig davon, ob sich die Ursächlichkeit und somit das Fortwirken des unrichtigen Gutachtens aus der ersten Instanz in zweiter Instanz nachweisen lasse.[655]

---

652 Ebd., Rn. 54.

653 Ebd., Rn. 59.

654 Ebd., Rn. 60.

655 Dies könne auf vielfältige Weise erfolgen, etwa durch eine schriftliche Dokumentation bzw. einen inhaltlichen Hinweis des Rechtsmittelgerichts sowie eine Beweisaufnahme über die Motivation der Rechtsmittelrücknahme.

Durch die Tatbestandvoraussetzung einer gerichtlichen Entscheidung habe der Gesetzgeber bewusst in einer abstrakt generellen Weisen geregelt, wie Nachweisschwierigkeiten hinsichtlich der Ursächlichkeit des Gutachtens umgangen werden könnten, da eine Kausalität hier zweifelsfrei belegbar sei.[656]

Ferner stelle § 839a BGB eine abschließende Spezialregelung dar. Dies „legt eine eher enge als eine weite Auslegung nahe, welche auch eine analoge Anwendung auf Fälle anderweitiger Erledigung verbietet."[657]

2. OLG Hamm, VII. Zivilsenat, Urteil vom 24. Januar 2020, BeckRS 2020, 29529

Eine andere Auffassung vertritt das Oberlandesgericht Hamm in der Berufungsinstanz mit Entscheidung vom 24. Januar 2020.

Demnach liege eine gerichtliche Entscheidung im Sinne des § 839a Abs. 1 BGB vor, die auf dem Gutachten beruhe und infolge der Rücknahme der Berufung rechtskräftig geworden sei, unabhängig davon, dass die Rechtsmittelrücknahme nach einer ergänzenden Beweisaufnahme in der Rechtsmittelinstanz erfolge.[658]

Dabei wird durch das Gericht für die dogmatische Begründung explizit auf das durch die Berufungsrücknahme rechtskräftig gewordene Urteil der Vorinstanz abgestellt.[659]

Eine Haftungsbegründung scheitere nicht bereits an der Rechtsmittelrücknahme an sich. Die Klägerin habe bewusst eine nicht streitige Erledigung des Berufungsverfahrens angestrebt. Jedoch sei sie lediglich einer voraussichtlichen Zurückweisung ihres Rechtsmittels zuvorgekommen. Damit liege ein entscheidender Unterschied zu den in der Gesetzesbegründung zu § 839a Abs. 1 BGB ausgeschlossen Fällen einer anderweitigen Erledigung des Verfahrens vor.

Diese bestimmten sich unter Berufung auf den Wortlaut einer Entscheidung des Bundesgerichtshofs vom 9. März 2006 danach, dass „die betroffenen Parteien von ihrem bisherigen Rechtsschutzbegehren Abstand nehmen und auf eine streitige Gerichtsentscheidung verzichten."[660] Das Handeln der

---

656 *LG Hagen* BeckRS 2018, 19575, Rn. 61.

657 Ebd., Rn. 62.

658 *OLG Hamm* BeckRS 2020, 29529, Rn. 18.

659 Ebd., Rn. 19.

660 *BGHZ* 166, 313, Rn. 12.

Klägerin stelle gerade keinen freiwilligen Entschluss dar, da sie einen erfolglosen Ausgang des Verfahrens befürchten müsse. Hierin begründe sich auch ein entscheidender Unterschied zu einer vergleichsweisen Erledigung des Verfahrens, die ausdrücklich in der Gesetzesbegründung ausgeschlossen werde. Einem Vergleich gehe regelmäßig ein unsicherer Verfahrensausgang voran. Insbesondere entspreche ein Hinweis des Berufungsgerichts hinsichtlich fehlender Erfolgsaussichten, infolgedessen dann ein Rechtsmittel zurückgenommen werde, der gängigen Praxis eines Berufungsverfahrens. Damit sei dem Rechtsmittelführer das Ergebnis des Berufungsverfahrens de facto bekannt und ein Berufungsurteil würde lediglich weitere Kosten verursachen.[661]

Vor diesem Hintergrund führe eine fehlende Rechtswegerschöpfung nicht zu einem Haftungsausschluss gem. § 839a Abs. 2 i. V. m. § 839 Abs. 3 BGB. Ein Verschulden sei angesichts der genannten Erwägungen abzulehnen. Zum einen seien keine Anhaltspunkte für eine Unrichtigkeit des Gutachtens ersichtlich. Zum anderen sei die Berufung unter einem eindeutigen Hinweis des Berufungsgerichts zurückgenommen.[662] Zudem fehle es an einer Kausalität zwischen Nichteinlegung des Rechtsmittels und dem Eintritt des Schadens. Unter Berücksichtigung des Hinweises des Gerichts in der Rechtsmittelinstanz sei kein anderes Ergebnis durch ein das Berufungsverfahren abschließendes gerichtliches Urteil zu erwarten.[663]

3. Zwischenergebnis / Stellungnahme

Das Landgerichts Hagen sowie das Oberlandesgericht Hamm befassen sich mit dem speziellen Fall, dass ein Rechtsmittel infolge einer weiteren Beweisaufnahme in zweiter Instanz zurückgenommen wird.

Bereits eine einfache Rechtsmittelrücknahme, durch die eine vorinstanzliche, auf einem unrichtigen Gutachten beruhende, gerichtliche Entscheidung rechtskräftig wird, postuliert das Landgericht Hagen als einen Fall einer anderweitigen Erledigung i. S. d. Gesetzesbegründung. Angesichts dessen weicht das Landgericht von einer bereits zuvor im Schrifttum vertretenen Auffassung ab, die für eine Haftungsbegründung danach differenziert, ob

[661] *OLG Hamm* BeckRS 2020, 29529, Rn. 20 ff.
[662] Ebd., Rn. 25 f.
[663] Ebd., Rn. 27.

durch die Rechtsmittelrücknahme eine auf einem unrichtigen Gutachten beruhende gerichtliche Entscheidung rechtskräftig werde.[664]

Das Landgericht stützt sich dabei auf den in der höchstrichterlichen Rechtsprechung vom 9. März 2006[665] aufgestellten Maßstab zur Bestimmung einer anderweitigen Erledigung des Verfahrens i. S. d. Gesetzesbegründung zu § 839a BGB.

Zu beachten ist, dass die Entscheidung des Landgerichts im Vorfeld des höchstrichterlichen Urteils vom 25. Juni 2020[666] ergeht. Damit werden die höchstrichterlichen Erwägungen insoweit nicht berücksichtigt. Wie bereits dargestellt, hat sich der Bundesgerichtshof von der dort vertretenen Auffassung teilweise distanziert bzw. für die Fallgruppe der Rechtsmittelrücknahme eine Haftung lediglich bei einer zweitinstanzlichen Erstattung des Gutachtens ausgeschlossen. Die Ansicht des Landesgerichts steht der Entscheidung des Bundesgerichtshofs vom 25. Juni 2020 somit diametral entgegen.

Daneben ist das Landgericht der Ansicht, dass eine Haftung nach § 839a Abs. 1 BGB ausgeschlossen sei, wenn in der zweiten Instanz eine erneute bzw. ergänzende Beweisaufnahme erfolge und ein Rechtsmittel daraufhin zurückgenommen werde. Ob der Bundesgerichtshof diese Auffassung teilt, lässt sich bis dato nicht deutlich sagen.

Für eine rechtsfehlerhafte Einordnung des Landgerichts Hagen kann folgendes angeführt werden:

Unabhängig davon, ob die Unrichtigkeit des Gutachtens in der privatautonomen Entscheidung der Partei fortwirkt, beruht das erstinstanzliche Urteil auf einem unrichtigen Gutachten. Damit ist eine gerichtliche Entscheidung i. S. v. § 839a Abs. 1 BGB gegeben. Stellt man dogmatisch für eine Haftungsbegründung auf diese gerichtliche Entscheidung ab, bleibt unerheblich, inwieweit sich die Unrichtigkeit des Gutachtens auf die privatautonome Entscheidung der Rechtsmittelrücknahme in der zweiten Instanz auswirkt.

Das Landgericht verweist auf die diffizile Nachweisbarkeit der Ursächlichkeit des Gutachtens für die Motivation der Parteien, die zum Ausschluss anderweitiger Prozesserledigungen geführt haben. Als argumentum a fortiori führt die Kammer an, dass dies erst recht gelten müsse, sofern in der

---

664 *Staudinger/Wöstmann*, BGB, § 839a Rn. 20.
665 *BGHZ* 166, 313, Rn. 12.
666 *BGHZ* 226, 116.

Rechtsmittelinstanz vor der Rechtsmittelrücknahme im Rahmen einer ergänzenden Beweisaufnahme ein Sachverständigenbeweis erhoben werde.

Das Landgericht Haagen lässt dabei folgende Aspekte unberücksichtigt:

Beruht das erstinstanzliche Urteil auf einem unrichtigen Gutachten, ist zum einen ein Nachweis der Ursächlichkeit des Gutachtens für die gerichtliche Entscheidung in der Regel gewährleistet. Zum anderen erfüllt die vorinstanzliche gerichtliche Entscheidung die Haftungsvoraussetzung, in der sich nach Ansicht des erkennenden Gerichts der gesetzgeberische Wille widerspiegelt, eine Nachweisschwierigkeit in einer abstrakt generellen Weise zu verhindern.

Dessen ungeachtet scheint es fraglich, ob der Gesetzgeber Beweisschwierigkeiten tatsächlich durch eine abstrakt generelle Regelung umgehen will. Aus der Gesetzesbegründung[667] geht dies nicht ausdrücklich hervor.

Vor allem wird nicht ersichtlich, dass explizit durch die Haftungsvoraussetzung einer gerichtlichen Entscheidung einem erneuten Aufrollen des rechtskräftigen Ausgangsprozesses präventiv entgegengewirkt werden soll. Hierfür fehlt es an einem inneren Zusammenhang in der Gesetzesbegründung.

Vielmehr ist dieses potentielle Risiko durch eine Regressmöglichkeit gegenüber dem Sachverständigen allgemein eröffnet. Dessen ist sich der Gesetzgeber erkennbar bewusst.

Letztlich tritt der endgültige Schaden entweder durch ein absichtliches Verstreichen lassen der Rechtsmittelfrist und eine damit verbundene formelle Rechtskraft ein oder das erstinstanzliche Urteil erwächst durch eine Rechtsmittelrücknahme in Rechtskraft. Beide Alternativen basieren letztlich auf einer privatautonomen Entscheidung des Betroffenen. Die Willensbildung kann dabei maßgeblich durch das Gutachten beeinflusst werden. Da jeweils die Parteien den weiteren Verfahrensgang maßgeblich beeinflussen, kann es keinen Unterschied machen, auf welche spezifische Weise die gerichtliche Entscheidung rechtskräftig wird. Eine solche Praktizierung wäre inkohärent.

Die restriktive Auslegung des Landgerichts wird dem gesetzgeberischen Willen kaum gerecht. Demnach kommt das Oberlandesgericht Hamm zu einem überzeugenden Ergebnis.

---

667 BT-Drucks. 14/7752, S. 28.

F. Klagerücknahme

I. BGH, III. Zivilsenat, Urteil vom 9. März 2006, BGHZ 166, 133

Der Bundesgerichtshof verweist mit Entscheidung vom 9. März 2006 auf eine im Schrifttum vertretene Ansicht,[668] dass eine Klagrücknahme einen von der Ersatzpflicht ausgeschlossen Fall einer anderweitigen Erledigung darstelle.[669] Nähere Ausführungen fehlen.

II. Darstellung der im Schrifttum vertretenen Rechtsaufassungen

Eine Klagerücknahme an sich stellt nach unstrittiger Ansicht *Dörrs*,[670] *Spickhoffs*,[671] *Wagners*[672] sowie *Wöstmanns*[673] keine gerichtliche Entscheidung i. S. d. § 839a Abs. 1 BGB dar.

Daneben kann, so *Wagner*, erwogen werden, auf den Kostenbeschluss, der gem. § 269 Abs. 4 S. 1 ZPO regelmäßig infolge einer Klagerücknahme ergeht, als gerichtliche Entscheidung i. S. v. § 839a Abs. 1 BGB abzustellen.[674]

---

668 *Staudinger/Wurm*, BGB, bis Stand 2013, § 839a Rn. 2, diese Ansicht wurde inzwischen durch *Wöstmann* übernommen vgl. *Staudinger/Wöstmann*, BGB, § 839a Rn. 20.

669 *BGHZ* 166, 313, Rn. 12.

670 BeckOGK/*Dörr*, BGB, § 839a Rn. 53.

671 *Soergel/Spickhoff*, BGB, § 839a Rn. 35.

672 MüKoBGB/*Wagner*, § 839a Rn. 27.

673 *Staudinger/Wöstmann*, BGB, § 839a Rn. 20.

674 MüKoBGB/*Wagner*, § 839a Rn. 27.

Eine Qualifizierung des Kostenbeschlusses als gerichtliche Entscheidung wird durch *Dörr*[675] und *Spickhoff*[676] kritisch bewertet. Diese führen an, dass der durch einen Kostenbeschluss unmittelbar herbeigeführte Schaden, namentlich die Verfahrenskosten, nur peripher relevant sei.

Damit wird eine unmittelbare Anwendung des § 839a BGB im Schrifttum überwiegend exkludiert.

Nach der Ansicht *Dörrs*,[677] *Hubers*[678] und *Wagners*[679] findet § 839a BGB analog Anwendung, wenn ein gerichtliches Verfahren unter dem Eindruck eines unrichtigen Gutachtens durch eine Klagerücknahme beendet wird.

Die Herleitung der Analogiefähigkeit erfolgt deckungsgleich zur Begründung der analogen Anwendbarkeit des § 839a BGB im Rahmen der Fallgruppe der Rechtsmittelrücknahme.

Dörr betont, dass vor einer Verjährung der materiell-rechtlichen Ansprüche die Möglichkeit bestehe, erneut Klage zu erheben. In den Fällen einer Verjährung der Ansprüche fehle es jedoch an einer auf dem unrichtigen Gutachten beruhenden Entscheidung in der Sache.

Dörr stützt seine Argumentation hinsichtlich einer Analogiefähigkeit zum Teil auf die Erwägungen des Bundesgerichtshofs in seiner Entscheidung vom 25. Juni 2020[680] und überträgt diese auf die vorliegende Fallgruppe. Demnach sei mit § 839a BGB ein Haftungskonzept etabliert, das die entsprechenden Interessen der Parteien adäquat integriere. Als abschließende Sondervorschrift solle § 839a BGB insbesondere einen Rückgriff auf das allgemeine Deliktsrecht ausschließen. Zudem liege für die Fallgruppe der Klagrücknahme ebenfalls eine versehentliche Rechtschutzlücke vor, die geschlossen werden müsse. Ein Versehen sei insbesondere auch unter Berücksichtigung der normativen Wertungen des § 839a BGB anzunehmen. Es drohe eine Haftungsfreistellung des Sachverständigen auch im Falle eines grob fahrlässigen

---

675 BeckOGK/*Dörr*, BGB, § 839a Rn. 53.

676 *Soergel/Spickhoff*, BGB, § 839a Rn. 35.

677 BeckOGK/*Dörr*, BGB, § 839a Rn. 53, der von seiner bis zum 1. Juli 2020 vertretenen Ansicht, dass ein Sachverständiger bei Erstattung eines unrichtigen Gutachtens nach den allgemeinen deliktsrechtlichen Vorschriften haftet, ausdrücklich abrückt.

678 NK-BGB/*Huber*, § 839a Rn. 40a, 38 ff.

679 MüKoBGB/*Wagner*, § 839a Rn. 27.

680 *BGHZ* 226, 116.

Handelns, die mit den verfassungsrechtlich zu schützenden Rechten der Betroffenen kollidiere.[681]

Huber verweist auf das überzeugende Haftungskonzept des § 839a BGB.[682]

Wagner sieht einen Rückgriff auf die allgemeinen deliktischen Vorschriften als eine Alternative zu einer Analogie kritisch.[683]

Demgegenüber wird durch *Spickhoff*[684] und *Wöstmann*[685] für einen Rückgriff auf die allgemeinen deliktischen Vorschriften plädiert. *Spickhoff* negiert dabei die haftungsausfüllende Kausalität zwischen Klagerücknahme und einem etwaigen Schaden.[686]

III. Zwischenergebnis / Stellungnahme

Eine explizite höchstrichterliche Untersuchung der Fallgruppe der Klagerücknahme liegt nicht vor.

Mit der Perspektive auf die Entscheidungsgründe des Urteils vom 25. Juni 2020[687] spricht eine Interpretation allerdings gegen die Anwendbarkeit des § 839a BGB. Der erkennende Senat greift Fallgruppen auf, mit denen er sich bereits in der Entscheidung vom 9. März 2006[688] befasst, und nimmt Stellung zu einer Anwendbarkeit des § 839a BGB. Dabei sind ausschließlich Fallgruppen von Relevanz, bei denen der Senat § 839a BGB für anwendbar erachtet. Die Fallgruppe einer Verfahrenserledigung durch eine Klagerücknahme findet dabei keine Berücksichtigung. Eine Haftungsbegründung bei einer Klagerücknahme wird weder ausdrücklich anerkannt noch zieht der Senat eine Parallele zu einer Klagerücknahme für die Begründung der Analogiefähigkeit des § 839a BGB im Rahmen eines Prozessvergleichs. Diese Modalität, dass eine Positionierung hinsichtlich der Anwendung des § 839a BGB bei einer Erledigung des gerichtlichen Verfahrens durch eine Klagerücknahme gerade unterbleibt, kann dahingehend ausgelegt werden,

---

681 BeckOGK/*Dörr*, BGB, § 839a Rn. 53.
682 NK-BGB/*Huber*, § 839a Rn. 40a, 38 ff.
683 MüKoBGB/*Wagner*, § 839a Rn. 27.
684 *Soergel/Spickhoff*, BGB, § 839a Rn. 35.
685 *Staudinger/Wöstmann*, BGB, § 839a Rn. 20.
686 *Soergel/Spickhoff*, BGB, § 839a Rn. 35.
687 *BGHZ* 226, 116.
688 *BGHZ* 166, 313.

dass eine Verfahrenserledigung durch eine Klagerücknahme gerade keine Ersatzpflicht begründen kann. Der erkennende Senat scheint sich nicht von der ursprünglich zitierten Literaturansicht zu distanzieren. Vielmehr scheint weiterhin die Auffassung der Entscheidung vom 9. März 2006 maßgeblich, in der erwogen wird, eine persönliche Haftung des Sachverständigen für die Fälle einer Klagerücknahme auszuschließen.

Ergänzend sind folgende Erwägungen anzuführen:

Zunächst ist festzuhalten, dass der abschließende Charakter des § 839a BGB einen Rückgriff auf das allgemeine Deliktsrecht, entgegen der Auffassung *Spickhoffs*[689] und *Wöstmann*,[690] auch bei einer Erledigung des Verfahrens infolge einer Klagerücknahme zweifellos ausschließt. Damit ist bereits die in der Literatur angeführte Anwendung der §§ 826 und 823 BGB unhaltbar.

Eine unmittelbare Anwendung des § 839a BGB muss mangels einer gerichtlichen Entscheidung ausscheiden.

Gegen eine Qualifizierung des durch *Wagner*[691] angeführten Kostenbeschlusses als gerichtliche Entscheidung i. S. v. § 839a Abs. 1 BGB sprechen die im Abschnitt über die Rechtsmittelrücknahme genannten Erwägungen.

Dörr,[692] *Huber*[693] und *Wagner*[694] stellen die These einer Analogiefähigkeit des § 839a BGB bei einer Klagerücknahme auf.

Damit würde zumindest eine konsequente Haftungsbegründung im Falle einer nichtstreitigen Erledigung erfolgen. Ein wesentliches Argument für eine analoge Anwendung ist die durch den Gesetzgeber angestrebte einheitliche Haftung für Prozesssachverständige nach § 839a BGB.[695]

Die Stimmen im Schrifttum vertreten eine dogmatisch und wertungsmäßig nicht überzeugende Ansicht.

Eine systematische Auslegung scheint nahezuglegen, dass eine Klagerücknahme eine anderweitige Erledigung i. S. d. Gesetzesbegründung darstellt.

---

689 *Soergel/Spickhoff*, BGB, § 839a Rn. 35.
690 *Staudinger/Wöstmann*, BGB, § 839a Rn. 20.
691 MüKoBGB/*Wagner*, § 839a Rn. 27.
692 BeckOGK/*Dörr*, BGB, § 839a Rn. 53.
693 NK-BGB/*Huber*, § 839a Rn. 40a, 38 ff.
694 MüKoBGB/*Wagner*, § 839a Rn. 27.
695 BT-Drucks. 14/7752, S. 28.

Dabei ist der zu den §§ 204 Abs. 2 S. 1 BGB und 31 KostO[696] parallele Wortlaut zu beachten. Nach *Grothe* zählen zu den Fällen einer anderweitigen Erledigung i. S. v. § 204 Abs. 2 S. 1 BGB eine Verfahrenserledigung durch einen Prozessvergleich, durch eine übereinstimmende Erledigungserklärung i. S. v. § 91a ZPO sowie durch eine Klagerückahme.[697]

Dennoch sind Fälle einer anderweitigen Erledigung i. S. d. Gesetzesbegründung zu § 839a Abs. 1 BGB, die keine Haftung begründen, anhand der autonomen normativen Wertungen zu determinieren. Eine einheitliche Definition kann nicht überzeugen.

Primär spricht eine konkrete Betrachtung der rechtlichen Folgen einer Klagerücknahme gegen eine Analogiefähigkeit des § 839a BGB. Wird eine Klage zurückgenommen, erwächst kein Urteil in Rechtskraft. Respektive besteht weiterhin die Möglichkeit, die materiell-rechtlichen Ansprüche gerichtlich geltend zu machen. Zudem wird durch eine Klagerücknahme kein Vollstreckungstitel geschaffen.

Die Möglichkeit der Realisierung der streitgegenständlichen Ansprüche wirkt sich folgendermaßen aus:

In erster Linie verschieben sich die in Rede stehenden Interessen des dem § 839a BGB zugrundeliegenden beiderseits abgewogenen interessengerechten Haftungskonzepts,[698] das durch die Stimmen in der Literatur explizit angeführt wird. Eine Ersatzpflicht des Gerichtssachverständigen nach § 839a BGB würde eine Privilegierung der klagrücknehmenden Partei darstellen.

Auch steht eine analoge Anwendung des § 839a BGB nicht im Einklang mit dem Schutzzweckgedanken des § 839a BGB. Hierzu heißt es in der Gesetzesbegründung: „Mit der Regelung soll auch dem Umstand Rechnung getragen werden, dass der Rückgriff auf den Sachverständigen für den in einem Rechtsstreit auf Grund eines falschen Sachverständigengutachtens Unterlegenen oft die einzige Möglichkeit ist, materielle Gerechtigkeit zu erlangen."[699] Erwächst eine auf einem unrichtigen Gutachten beruhende gerichtliche Entscheidung in Rechtskraft, ist eine Durchsetzung der materiellen Ansprüche kaum möglich, unabhängig davon, ob diese objektiv bestehen.

---

696 Am 31. Juli 2013 außer Kraft getreten.
697 MüKoBGB/*Grothe*, § 204 Rn. 77, 113.
698 BT-Drucks. 14/7752, S. 28.
699 Ebd.

§ 839a BGB stellt hierfür einen Ausgleichs- bzw. einen Regressanspruch gegen den Sachverständigen dar. Bei einer Klagerücknahme besteht dieses Risiko aber gerade nicht, da hier kein Urteil ergeht, dessen anschließende Rechtskraft einem erneuten Prozess entgegensteht. Auch eine vergleichbare Wirkung entfaltet eine Klagerücknahme nicht.

Eine analoge Anwendung des § 839a BGB scheint sogar im Widerspruch zu den gesetzgeberischen Intentionen zu stehen.

So heißt es in der Gesetzesbegründung: Ein Regressprozess gegen den Sachverständigen „birgt freilich auch die Gefahr in sich, dass rechtskräftig abgeschlossene Prozesse im Gewand des Sachverständigenhaftungsprozesses neu aufgerollt werden."[700] Damit soll ein Regressanspruch weitestmöglich vermieden werden, um zu verhindern, dass der Ausgangsprozess neu aufgerollt wird. Grundsätzlich steht dabei eine indirekte Rechtskraftdurchbrechung im Vordergrund. Dennoch wäre ein Prozess gegen den Sachverständigen redundant und nicht prozessökonomisch, sofern der Ausgangsprozess noch erfolgreich finalisiert werden könnte.

Auch die vorgebrachten verfassungsrechtlichen Bedenken können angezweifelt werden. Die betroffene Partei ist rechtlich nicht schutzlos gestellt. Vielmehr steht es ihr offen, erneut Klage zu erheben und so die materiellrechtlichen Ansprüche geltend zu machen. Ein Bedürfnis der analogen Anwendung des § 839a BGB besteht daher nicht.

Vor diesem Hintergrund kann in Betracht gezogen werden, wie von *Dörr* erwogen,[701] § 839a BGB lediglich anlog anzuwenden, sofern der ursprünglich geltend gemachte Anspruch verjährt ist. Damit würde es zu einer partiellen analogen Anwendung des § 839a BGB kommen.

Eine Differenzierung bei der Klagerücknahme nach der Verjährung der materiell-rechtlichen Ansprüche scheint zunächst logisch, da in diesen Fällen gerade keine gerichtliche Geltendmachung möglich ist.

Allerdings wäre dies in der Praxis mit einer erheblichen Rechtsunsicherheit für beide Parteien verbunden.

Für den Sachverständigen bestünde die Gefahr, dass der Geschädigte sowohl einen Schadensersatzanspruch als auch die materiell-rechtlichen Ansprüche erfolgreich geltend macht.

---

[700] Ebd.

[701] BeckOGK/*Dörr*, BGB, § 839a Rn. 53.

Den Geschädigten würde das Risiko treffen, dass in dem Ausgangsverfahren eine Verjährung der materiellen Ansprüche angenommen wird, während dies in einem Regressanspruch unter Umständen abgelehnt wird.

Daher müsste zunächst präjustiziell in einem vorgeschalteten Verfahren die Verjährung der entsprechenden Ansprüche festgestellt werden. Der präjudizierte Urteilstenor würde jedoch lediglich inter partes die Parteien des Rechtsstreits binden. In einem Verfahren gegen den Sachverständigen wäre nicht gewährleisten, dass das Gericht von einer Verjährung der materiellen Ansprüche überzeugt ist. Zudem sprechen gegen ein solches Vorgehen prozessökonomische Erwägungen.

Eine Streitverkündung ist gem. § 72 Abs. 2 S. 2 ZPO hingegen ausgeschlossen.

Darüber hinaus hinge eine persönliche Haftung des Sachverständigen in concreto von den Zufälligkeiten ab, ob und wann die Ansprüche verjähren. Folgender Aspekt lässt sich ebenfalls gegen eine Differenzierung nach einer Verjährung anführen.

Der Schaden tritt erst endgültig ein, sofern der Beklagte des Ausgangsverfahrens die Einrede der Verjährung im Prozess geltend macht. Damit wäre ein Regressanspruch wesentlich abhängig vom Handeln des Beklagten.

Des Weiteren bliebe unberücksichtigt, dass eine Verjährung der materiellen Ansprüche dem allgemeinen Lebensrisiko entspricht. So kann potentiell auch ein Regressanspruch nach § 839a BGB verjähren.

Stellt man die Prämisse auf, dass durch ein unrichtiges Gutachten das Risiko einer Verjährung erhöht wird, da die betroffene Partei die Geltendmachung der materiellen Ansprüche nicht weiter anstrebt, steht einer Anwendbarkeit dennoch die genannte gesetzgeberische Wertung[702] entgegen, dass § 839a BGB ausschließlich der Erlangung materieller Gerechtigkeit dient und Fälle einer anderweitigen Erledigung von einer Ersatzpflicht ausdrücklich ausgeschlossen werden.[703] Infolge einer Klagerücknahme ist eine gerichtliche Durchsetzung der materiellen Ansprüche weiterhin möglich, sodass ein Rückgriff auf die Sachverständigenhaftung nicht die ausschließliche Möglichkeit ist, materielle Gerechtigkeit zu erlangen.

702 BT-Drucks. 14/7752, S. 28.

703 Hierbei bleiben allerdings in der Tat die Gerichtsgebühren unberücksichtigt.

Letztlich kann nur eine konsequente Weiterführung der Rechtsprechung des Bundesgerichtshofs vom 25. Juni 2020,[704] in der sich der Senat für eine Analogiefähigkeit des § 839a BGB bei einer vergleichsweisen Erledigung des Verfahrens entschieden hat, eine analoge Anwendbarkeit bei einer Klagerücknahme rechtfertigen.

Die höchstrichterliche Rechtsprechung muss insoweit vorliegend berücksichtigt werden.

Dabei wird die Reflexion von folgender ergebnisorientierter These geleitet. Eine vergleichsweise Erledigung des Verfahrens stellt eine anderweitige Erledigung dar, die zudem ausdrücklich in der amtlichen Begründung aufgeführt wird. Daher könnte argumentiert werden, dass § 839a BGB erst recht bei einer Klagerücknahme analogiefähig ist, sofern sich eine Similarität zwischen einer Verfahrenserledigung durch einen Prozessvergleich sowie durch eine Klagrücknahme konstatieren lässt. Etwas anderes muss hingegen gelten, sofern sich die Prozesshandlungen in ihrer Wirkung erheblich unterscheiden. Obgleich eine konsequente Weiterführung der Rechtsprechung des Bundesgerichtshofs vom 25. Juni 2020 bei evident vergleichbaren Fallgruppen zwingend erforderlich wäre, kann dies nicht ad infinitum gelten. Eine Grenze besteht dort, wo die Fallgruppen deutlich divergieren.

Die grundlegende Gemeinsamkeit zwischen einer Verfahrenserledigung durch einen Prozessvergleich sowie einer Klagerücknahme liegt evident in der Verfahrensbeendigung durch eine privatautonome Prozesshandlung. In beiden Fällen ergeht keine gerichtliche Entscheidung i. S. v. § 839a Abs. 1 BGB. Somit handelt es sich, jeweils um eine anderweitige Erledigung i. S. d. Gesetzesbegründung zu § 839a BGB.

Dennoch lassen sich entscheidende Unterschiede feststellen. Wird eine Klage zurückgenommen, so ist der Rechtsstreit gem. § 269 Abs. 3 S. 1 ZPO als nicht anhängig geworden anzusehen. Damit ist, wie bereits festgestellt, eine erneute Klageerhebung uneingeschränkt nicht ausgeschlossen. Die Korrektur eines Prozessvergleiches hingegen ist nur eingeschränkt über § 779 Abs. 1 BGB sowie die §§ 812, 313 und 346 BGB möglich. Zudem stellt ein Prozessvergleich gem. § 794 Abs. 1 Nr. 1 ZPO einen Vollstreckungstitel dar. Damit weist eine vergleichsweise Erledigung des Verfahrens eine ausschlaggebende ähnliche prozessuale Wirkung zu einem rechtskräftigen

---

[704] *BGHZ* 226, 116.

Urteil auf. Hierdurch korrespondiert ein Prozessvergleich mit einer in der Gesetzesbegründung vorgesehenen Erledigung des Verfahrens durch eine gerichtliche Entscheidung. Bei einer Klagerücknahme liegt eine solche prozessuale Wirkung gerade nicht vor. Die konkrete Erledigung des Verfahrens ist aber entscheidend für den Gesetzgeber.

So beeinflusst diese maßgeblich, ob der Geschädigte unabhängig von einer Ersatzpflicht des Sachverständigen die materiell-rechtlichen Ansprüche gerichtlich verwirklichen kann. Im Falle eines rechtskräftigen Urteils im Ausgangsverfahren ist dies dem Geschädigten nicht möglich.

Rechtsdogmatisch besteht auch ein grundlegender Unterschied gegenüber einer Rechtsmittelrücknahme, die ein vorinstanzliches Urteil rechtskräftig werden lässt. Daher ist eine divergierende Behandlung der Fallgruppen gerechtfertigt und eine Weiterführung der höchstrichterlichen Rechtsprechung vorliegend nicht zielführend.

Zusammenfassend sprechen wesentliche Aspekte gegen eine unmittelbare sowie eine analoge Anwendung des § 839a BGB im Rahmen der Fallgruppe der Klagerücknahme. Für die in der Literatur begrüßte Haftungsbegründung wäre eine normative Anpassung durch den Gesetzgeber erforderlich.

IV. Beiderseitige Erledigungserklärung

1. Darstellung der im Schrifttum vertretenen Rechtsaufassungen

Dörr teilt im Ergebnis die Auffassung einer analogen Anwendbarkeit des § 839a BGB.[705] Dies wird auch durch *Huber* begrüßt.[706]

Nach *Dörr* ist § 839a BGB im Rahmen der Fallgruppe einer beiderseitigen Erledigungserklärung nicht unmittelbar anwendbar. Eine privatautonome Entscheidung der Verfahrensbeteiligten, die Hauptsache übereinstimmend für erledigt zu erklären, stelle keine gerichtliche Entscheidung i.S. v. § 839a Abs. 1 BGB dar.

Die infolge einer beiderseitigen Erledigungserklärung nach § 91a ZPO ergehende Kostenentscheidung kann, so *Dörr*, auf einem unrichtigen Gutachten

705 BeckOGK/*Dörr*, BGB, § 839a Rn. 57, der von seiner bis zum 1. Juli 2020 vertretenen Ansicht, dass ein Sachverständiger bei Erstattung eines unrichtigen Gutachtens nach den allgemeinen deliktsrechtlichen Vorschriften haftet, ausdrücklich abrückt.

706 NK-BGB/*Huber*, § 839a Rn. 40a.

beruhen, da hierbei eine Ermessensentscheidung des Gerichts anhand des bisherigen Sach- und Streitstands getroffen werde. Dennoch stelle diese keine gerichtliche Entscheidung i. S. v. § 839a Abs.1 BGB dar.

Kongruent zu den bereits behandelten Fallgruppen wird dies auch im Rahmen einer beiderseitigen Erledigungserklärung unter der Begründung abgelehnt, dass der Schaden, der infolge einer Kostenentscheidung verursacht werde, auf das bloße Kosteninteresse beschränkt sei.[707]

Dörr führt an, dass insbesondere die dem Prozessvergleich ähnelnde Wirkung der beiderseitigen Erledigungserklärung eine analoge Anwendung legitimiere. Eine analoge Anwendbarkeit des § 839a BGB bei einer vergleichsweisen Erledigung des Verfahrens sei mit Entscheidung vom 25. Juni 2020[708] bereits höchstrichterlich anerkannt. Lehne man eine Analogiefähigkeit ab, komme lediglich ein Rückgriff auf die allgemeinen deliktsrechtlichen Vorschriften in Betracht. Letztlich wird auf die Argumentation zurückgegriffen, die bereits im Rahmen der Fallgruppen des Prozessvergleichs sowie der Klage- und Rechtsmittelrücknahme angeführt wird. Dabei wird die geltende Rechtslage, die zu einer postulierten Freistellung der Sachverständigenhaftung nach § 839a BGB bei einer beiderseitigen Erledigungserklärung führe, als ein Versehen des Gesetzgebers deklariert. Daneben sei die Freistellung von einer Ersatzpflicht auch bei grob fahrlässigem Handeln nicht mit dem verfassungsrechtlich gebotenen Schutz der Rechte der Verfahrensbeteiligten vereinbar. Das § 839a BGB zugrundeliegende Haftungskonzept berücksichtige die in Rede stehenden Interessen angemessen und obstruiere überdies einen Rückgriff auf das allgemeine Deliktsrecht. Es sei kein durchgreifender Grund ersichtlich, bei der Haftung eines Prozesssachverständigen zwischen einer Verfahrensbeendigung durch eine beiderseitige Erledigungserklärung und einer Verfahrensbeendigung durch eine gerichtliche Entscheidung zu differenzieren. Denn die konkrete Art der Erledigung des Prozesses hänge oftmals nur von zufälligen Umständen ab. Ein unrichtiges Gutachten könne die Parteien entweder dahingehend beeinflussen, eine darauf beruhende gerichtliche Entscheidung rechtskräftig werden zu lassen oder dahingehend beeinflussen, den Streit konsensual für erledigt zu erklären. Überzeugende

[707] BeckOGK/*Dörr*, BGB, § 839a Rn. 57.
[708] *BGHZ* 226, 116.

Haftungsalternativen beständen nicht. Eine materielle Umsetzung der normativen Wertungen erfordere eine analoge Anwendung.

Explizit drohe für die Fallgruppe der beiderseitigen Erledigungserklärung, dass die materiellen Ansprüche infolge einer durch das Gutachten beeinflussten beiderseitigen Erledigungserklärung verjähren, während eine haftungsbegründende kausale gerichtliche Entscheidung i. S. d. § 839a Abs. 1 BGB fehle. Damit könne nach § 839a Abs. 1 BGB kein Ersatz für den eingetretenen Schaden erlangt werden.[709]

Demgegenüber wird eine Anwendung des § 839a BGB von *Sprau* angezweifelt.[710]

Eine Anwendung der allgemeinen deliktischen Vorschriften wird etwa von *Wöstmann* befürwortet.[711]

2. Zwischenergebnis / Stellungnahme

Bezüglich der Anwendbarkeit des § 839a BGB auf eine beiderseitige Erledigungserklärung fehlt es an einer höchstrichterlichen Entscheidung. In der Literatur ist keine herrschende Ansicht etabliert.

Die Ausführungen *Dörrs* spiegeln im Wesentlichen die höchstrichterlichen Erwägungen des Senats in seiner Entscheidung vom 25. Juni 2020[712] wider.

Zunächst ist anzumerken, dass der abschließende Charakter des § 839a BGB auch für die Fälle einer konsensualen Erledigungserklärung eine Anwendung der §§ 823 ff. BGB nicht zulässt.

Hinsichtlich einer Haftungsbegründung nach den Voraussetzungen des § 839a BGB lässt sich folgendes festhalten:

Im Falle einer beiderseitigen Erledigungserklärung ergeht durch das Gericht gem. § 91a ZPO lediglich eine Kostenentscheidung. Diese Ermessensentscheidung erfolgt auf Grundlage des bisherigen Sach- und Streitstands. Ein erstattetes Sachverständigengutachten kann die Ermessenentscheidung somit maßgeblich beeinflussen. Eine formale Qualifizierung des Kostenbeschlusses als gerichtliche Entscheidung gem. § 839 Abs. 1 BGB ist unter

709 BeckOGK/*Dörr*, BGB, § 839a Rn. 51, 53, 57.
710 *Grüneberg/Sprau*, BGB, § 839a Rn. 4.
711 *Staudinger/Wöstmann*, BGB, § 839a Rn. 22.
712 *BGHZ* 226, 116.

entsprechender Berücksichtigung der im Rahmen einer Rechtsmittelrücknahme genannten Erwägungen nicht überzeugend.

Die damit korrelierende Rechtsfrage nach dem haftungsausfüllenden Schaden i. S. v. § 839a Abs. 1 BGB wird ebenfalls abschließend im Rahmen einer Rechtsmittelrücknahme geklärt.

In Betracht kommt, dass eine beiderseitige Erledigungserklärung, die in der Rechtsmittelinstanz getroffen wird, eine vorinstanzliche auf dem Gutachten beruhende gerichtliche Entscheidung rechtskräftig werden lässt. Damit wäre, vergleichbar zu einer Rechtsmittelrücknahme, die ein vorinstanzliches auf dem Gutachten beruhendes Urteil rechtskräftig werden lässt, eine unmittelbare Anwendung eröffnet. Hierfür kann explizit auf die prozessuale Wirkung abgestellt werden. So führt eine beiderseitige Erledigungserklärung zur Beendigung der Rechtshängigkeit. Dabei finde § 269 Abs. 3 S. 1 Hs. 2 ZPO analog Anwendung.[713] Ein bereits ergangenes, noch nicht rechtskräftiges Urteil wird, ohne dass es seiner ausdrücklichen Aufhebung bedarf, wirkungslos. Demzufolge führt eine übereinstimmende Erklärung der Erledigung in der Berufung nicht dazu, dass ein vorinstanzliches Urteil rechtskräftig wird. Eine Differenzierung danach, in welcher Instanz der Rechtsstreit übereinstimmend für erledigt erklärt wird, wäre nicht erforderlich.

Auch der Erledigungsbeschluss erlangt bei einer beiderseitigen Erledigungserklärung keine Rechtskraft. Die Klage kann somit in der Regel erneut geltend gemacht werden. Zudem wird ebenfalls kein Vollstreckungstitel geschaffen.

Im Ergebnis ist eine unmittelbare Anwendung des § 839a BGB bei einer beiderseitigen Erledigungserklärung abzulehnen.

Für eine durch *Dörr*[714] und *Huber*[715] befürwortete Analogiefähigkeit spricht die höchstrichterliche Rechtsprechung vom 25. Juni 2020.[716] Hier wird eine analoge Anwendbarkeit des § 839a BGB einer Verfahrenserledigung durch einen Prozessvergleich, trotz des ausdrücklichen Ausschlusses in der Gesetzesbegründung, bejaht.

---

713 BeckOK/*Jaspersen*, ZPO, § 91a Rn. 25.
714 BeckOGK/*Dörr*, BGB, § 839a Rn. 57.
715 NK-BGB/*Huber*, § 839a Rn. 40a.
716 *BGHZ* 226, 116.

Daher könnte als argumentum a fortiori angeführt werden, dass § 839a Abs. 1 BGB erst recht bei einer Verfahrenserledigung infolge einer übereinstimmenden Erledigungserklärung angewendet werden müsste.

Zudem lässt sich eine haftungsbegründende Kausalität nicht bereits im Vorfeld negieren. Ein unrichtiges Gutachten kann die Verfahrensbeteiligten grundsätzlich dazu bewegen, das Hauptsacheverfahren übereinstimmend für erledigt zu erklären. Für eine haftungsbegründende Kausalität genügt dabei, dass das unrichtige Gutachten das dominierende Motiv für die konsensuale Streitbeilegung darstellt. Neben dem Gutachten können andere Umstände hinzutreten. Dabei bliebe jedoch unberücksichtigt, dass eine beiderseitige Erledigungserklärung und ein Prozessvergleich divergente prozessuale Wirkungen entfalten.

Dennoch lässt sich eine klare parallele prozessuale Wirkung zu einer Klagerücknahme konstatieren. Angesichts der vergleichbaren prozessualen Folgen lassen sich die zur Prozesserledigung durch eine Klagerücknahme aufgestellten Dogmen und Erwägungen auf die vorliegende Fallgruppe übertragen. Soweit die Hauptsache übereinstimmend für erledigt erklärt wird, ist auch eine analoge Anwendung des § 839a BGB abzulehnen.

Eine beiderseitige Erledigungserklärung ist eine autonome Entscheidung der Parteien, bei der es sich um einen Fall einer anderweitigen Erledigung handelt, die in der Gesetzesbegründung ausdrücklich aus dem Haftungstatbestand des § 839a BGB ausgeschlossen wird.

G. Gesamtergebnis

1. Nach gefestigter höchstrichterlicher Auffassung sowie der aktuellen überwiegenden vertretenen Ansicht im Schrifttum findet § 839a Abs. 1 BGB zugunsten eines Erstehers in einem Zwangsversteigerungsverfahren gegenüber dem Verkehrswertgutachter i. S. v. § 74a Abs. 5 S. 1 ZVG Anwendung.

Die sich hieraus mitunter ergebenden modifizierten Haftungsvoraussetzungen haben sich gleichermaßen etabliert.

Demnach ist der Meistbietende als Verfahrensbeteiligter i. S. v. § 839a Abs. 1 BGB und der Zuschlagsbeschluss als gerichtliche Entscheidung i. S. v. § 839a Abs. 1 BGB zu qualifizieren.

Die Unrichtigkeit des Gutachtens muss sich auf den ermittelten Verkehrswert beziehen. Erforderlich ist dabei eine Erheblichkeit der Abweichung zwischen der Taxierung des Sachverständigen und dem tatsächlichen Verkehrswert, sodass eine annäherungsweise Ermittlung des Verkehrswerts genügt.

Der Verschuldensmaßstab richtet sich maßgeblich nach der konkreten fachlichen Expertise des Sachverständigen.

Das Landgericht Freiburg transferiert die durch den Bundesgerichtshof festgestellten Dogmen teilweise auf eine in einem Strafverfahren durchzuführende online ausgerichtete Versteigerung.

2. § 839a BGB ist nach der höchstrichterlichen Rechtsprechung sowie der im Schrifttum überwiegend vertretenen Ansicht auf staatsanwaltschaftlich berufene Sachverständige, die in einem Ermittlungsverfahren ein Gutachten erstatten, analog anzuwenden.

Folgerichtig ist eine Tatbestandsverschiebung obligat. Eine Anklageerhebung der Staatsanwaltschaft gem. der §§ 151, 152 Abs. 1 und 170 Abs. 1 StPO ist dabei als eine haftungsbegründende gerichtliche Entscheidung i. S. v § 839a Abs. 1 BGB zu qualifizieren.

Über den Verweis des § 839a Abs. 2 BGB auf § 839 Abs. 3 BGB finden staatshaftungsrechtliche Dogmen Einzug in die Sachverständigenhaftung nach § 839a BGB.

Ein Rechtsmittel i. S. v. § 839a Abs. 2 i. V. m. § 839 Abs. 3 BGB muss objektiv dazu geeignet und subjektiv dazu bestimmt sein, die gerichtliche Entscheidung abzuwenden, die sich auf ein unrichtiges Gutachten stützt.

Für einen schuldhaften Nichtgebrauch des Rechtsmittels bedarf es insbesondere eines sog. Verschulden gegen sich selbst. Diese Voraussetzung ist nicht erfüllt, sofern der Geschädigte sämtliche ihm zumutbaren und für ihn erfolgversprechenden Behelfe gegen das Gutachten ergreife. Dabei ist auf die subjektive Sicht des Geschädigten abzustellen. In einem strafprozessualen Zwischenverfahren genügt regelmäßig ein substantiierter Angriff auf das Sachverständigengutachten in Form eines schriftlichen Tatsachen- bzw. Sachvortrags.

Wird ein Sachverständiger durch eine Finanzbehörde in einem von dieser gem. § 386 Abs. 2 AO selbstständig durchzuführenden Ermittlungsverfahren herangezogen, lassen sich die höchstrichterlichen Erwägungen evident übertragen.

3. Eine analoge Anwendung des § 839a BGB für die Fälle einer vergleichsweisen Erledigung des Verfahrens kann entgegen der Ansicht des Bundesgerichtshofs aus verfassungsrechtlichen und dogmatischen Gründen nicht überzeugen.

Ein AV-Urteil stellt nach der höchstrichterlichen Rechtsprechung sowie der überwiegend im Schrifttum vertretenen Auffassung eine gerichtliche Entscheidung i. S. v. § 839a Abs. 1 BGB dar und legitimiert so eine Anwendung des § 839a BGB.

Einer Rechtsmittelrücknahme, die eine vorinstanzliche auf einem unrichtigen Gutachten beruhende gerichtliche Entscheidung rechtskräftig werden lässt, kann eine Haftung nach den Voraussetzungen des § 839a BGB begründen. Dies gilt entsprechend bei einer Rücknahme des Rechtsmittels infolge einer weiteren Beweisaufnahme in zweiter Instanz.

4. In der Literatur wird kontrovers diskutiert, ob § 839a Abs. 1 BGB im Rahmen weiterer Fälle einer nichtstreitigen Verfahrenserledigung gilt.

Eine Anwendung des § 839a BGB für die Fälle einer Verfahrenserledigung durch eine Klagerücknahme ist nur schwer zu rechtfertigen.

Im Hinblick auf die evidenten Parallelen ergeben sich bei einer beiderseitigen Erledigungserklärung kongruente Bedenken.

DRITTER TEIL

Untersuchung kontroverser Fallgruppen in der Rechtsprechung der Untergerichte

A. Verwaltungsverfahren

I. Rechtsprechung der Untergerichte

1. OLG Schleswig, IV. Zivilsenat, Urteil vom 12. Januar 1994, NJW 1995, 791

Durch eine Kreisgesundheitsbehörde wird eine vorläufige Unterbringung in einer geschlossenen psychiatrischen Krankenhausabteilung auf Grundlage der Diagnose eines Arztes für Neurologie und Psychiatrie veranlasst. Im Weiteren macht der Kläger Schmerzensgeld gegenüber dem Sachverständigen geltend. Er begründet dies im Wesentlichen mit einem sorgfaltswidrigen Verhalten des Gutachters. Dieser habe unzutreffend einen Einweisungsgrund nach § 8 SchlHPsychKG ermittelt.[717]

Das Oberlandesgericht Schleswig nimmt eine Reduktion des Haftungsmaßstabs des behördlich beauftragten Sachverständigen auf vorsätzliches oder grob fahrlässiges Handeln im Rahmen einer Haftung nach § 823 Abs. 1 BGB vor. Es gelte insoweit der für einen Gutachter in einem gerichtlichen Verfahren maßgebliche Haftungsmaßstab.[718]

2. OLG Koblenz, V. Zivilsenat, Beschluss vom 6. Juni 2005, NVwZ-RR 2006, 262

Nach Ansicht des erkennenden Gerichts haftet der von einer Berufsgenossenschaft zur Klärung sozialrechtlicher Ansprüche eines Mitgliedes beauftragte Arzt gegenüber einem Patienten nicht persönlich.

---

717 *OLG Schleswig* NJW 1995, 791 (791).

718 Ebd. (792).

Die deliktische Haftung richte sich vorrangig nach § 839 BGB i. V. m. Art. 34 S. 1 GG, da eine entsprechende Untersuchung eine hoheitliche Tätigkeit darstelle.

In der Folge komme eine analoge Anwendung des § 839a BGB mangels einer planwidrigen Regelungslücke nicht in Betracht.[719]

3. OLG Köln, V. Zivilsenat, Beschluss vom 20. Juli 2018, BeckRS 2018, 21459

Der Kläger macht Schadensersatzansprüche gegen einen von einer Berufsgenossenschaft beauftragten Gutachter aufgrund einer fehlerhaften Diagnose sowie einer damit verbundenen Therapie geltend.[720]

Eine persönliche deliktische Haftung des Sachverständigen nach § 839a BGB analog komme nicht in Betracht, da dieser nicht passivlegitimiert sei.[721]

Der Sachverständige, der im Auftrag einer Berufsgenossenschaft zur Klärung sozialrechtlicher Fragestellungen tätig werde, nehme eine hoheitliche Aufgabe wahr. Damit richte sich ein Schadensanspruch nach § 839 BGB i. V. m. Art. 34 S. 1 GG.[722]

Der Kläger beruft sich unter anderem auf ein Urteil des Bundesgerichtshofs vom 5. Oktober 1972. Hier stellt der erkennende Senat fest, dass ein gerichtlich berufener Sachverständiger nicht generell in Ausübung eines ihm anvertrauten öffentlichen Amtes tätig wird.[723] Das Oberlandesgericht Köln unterstreicht jedoch, dass der Sachverständige dabei durch ein Gericht ernannt worden sei. Eine Haftungsbegründung richte sich für diesen Fall maßgeblich nach § 839a BGB. Demgegenüber liege der hier einschlägige Sachverhalt, da der Sachverständige durch eine Berufsgenossenschaft beauftragt werde. Der Verweis auf die höchstrichterliche Rechtsprechung sei daher nicht zielführend.[724]

---

719 *OLG Koblenz* NVwZ-RR 2006, 262 (262).

720 *OLG Köln* BeckRS 2018, 21459, Rn. 1 ff.

721 Mit dieser Begründung hat bereits das Landgericht Köln die Klage in der 1. Instanz abgewiesen und daher ebenfalls lediglich eine Amtshaftung erwogen vgl. *OLG Köln* BeckRS 2018, 21459, Rn. 8.

722 *OLG Köln* BeckRS 2018, 21459, Rn. 8; so bereits in *OLG Köln* BeckRS 2017, 151407, Rn. 2 ff.

723 *BGHZ* 59, 310 (311 ff.).

724 *OLG Köln* BeckRS 2018, 21459, Rn. 15.

Zudem sei § 839a BGB einer Analogie vorliegend nicht zugänglich. Grundsätzlich könne der Haftungstatbestand des § 839a BGB analog auch auf ein behördliches Verfahren angewendet werden. Erforderlich sei dabei, dass „die Behörde in einer dem Gerichtsverfahren vergleichbaren, justiziellen Funktion tätig wird.“[725] Dies werde etwa für ein staatsanwaltschaftliches Ermittlungsverfahren angenommen. Hier sei das Verfahren allerdings nicht derartig gerichtsähnlich ausgestaltet.[726]

II. Darstellung der im Schrifttum vertretenen Rechtsaufassungen

Im Schrifttum wird die Haftung des behördlich ernannten Sachverständigen differenziert betrachtet.

Der Konsens in der Literatur spricht sich gegen eine unmittelbare Anwendung des § 839a BGB aus.

Zimmermann weist darauf hin, dass eine Verwaltungsbehörde einen Sachverständigen in Verwaltungsverfahren aller Art beauftragen könne. Daneben geht *Zimmermann* auf die Gemeinsamkeiten zwischen einer behördlichen und einer gerichtlichen Ernennung ein. Demnach sei das Rechtsverhältnis zwischen Sachverständigem und Behörde nicht vertraglich ausgestaltet. Vielmehr werde ebenfalls ein öffentlich-rechtliches Verhältnis mit dem staatlichen Träger der beauftragenden Behörde begründet. Zudem richte sich eine Entschädigung jeweils nach dem ZuSEG (a. F.).

Dennoch sei eine unmittelbare Anwendung des § 839a BGB mit Blick auf die Normüberschrift sowie auf den eindeutigen Normtext, der ausschließlich eine gerichtliche Ernennung sowie eine gerichtliche Entscheidung vorsehe, zu negieren.[727]

Kilian verweist ebenfalls auf den eindeutigen Wortlaut des § 839a BGB, der eine unmittelbare Anwendung des § 839a BGB ausschließe.[728] Entspre-

[725] Ebd., Rn. 16.

[726] Ebd.

[727] *Zimmermann*, BuW 2003, S. 154 (156); im Ergebnis auch *Zimmermann*, DS 2008, S. 8 (8).

[728] *Kilian*, ZGS 2004, S. 220 (222); so auch *Kilian*, VersR 2003, S. 683 (687).

chendes gilt für *Dörr*,[729] für *Huber*[730] sowie für *Schöpflin*, der explizit anmerkt, dass der Wortlaut ausdrücklich den konkret durch ein Gericht berufenen Sachverständigen erfasse. Daher bleibe auch unbeachtlich, sofern ein behördlich beauftragter Sachverständiger den Titel eines gerichtlich beeideten Sachverständigen führe.[731]

Auch eine analoge Anwendung lehnen zahlreiche Stimmen ab.

Zimmermann trägt vor, dass § 839a Abs. 1 BGB mangels Planwidrigkeit der Regelungslücke nicht analogiefähig sei. Insbesondere aus der Gesetzesbegründung lasse sich eine Planwidrigkeit nicht interpretieren.

Dass in der amtlichen Begründung kein Bezug auf einen in einem Verwaltungsverfahren berufenen Sachverständigen genommen werde, „besagt für sich nur wenig, weil nicht auszuschließen ist, dass die zuständig gewesenen Bearbeiter im BMJ es bei der Abfassung dieser Begründung sozusagen für selbstverständlich gehalten haben, dass § 839 a Abs. 1 BGB nur für Gerichtssachverständige gelten soll."[732] Vor diesem Hintergrund könne ein Verweis auf Sachverständige in einem Verwaltungsverfahren für obsolet erachtet worden sein. Zumindest lasse sich hieraus keine Planwidrigkeit konkludieren.[733]

Kilian kritisiert die Annahme einer unbewussten gesetzgeberischen Regelungslücke und lehnt eine analoge Anwendung des § 839a BGB ebenfalls mangels Planwidrigkeit ab.[734] Hierfür stützt er sich, wie *Zimmermann*,[735] auf die amtliche Begründung des § 839a BGB, die zur Einbeziehung eines Behördengutachtens in den Anwendungsbereich der Vorschrift keine Stellung nehme. Aus dem Wortlaut der Gesetzesbegründung lasse sich ein gesetzgeberischer Wille nicht implizieren. Eine solche Schlussfolgerung sei mit methodischen Mängeln behaftet.[736]

Zimmermann unterstreicht, dass Behördenentscheidungen einer fachgerichtlichen Kontrolle unterlägen. Hierin sieht er einen elementaren

---

729 BeckOGK/*Dörr*, BGB, § 839a Rn. 22.
730 NK-BGB/*Huber*, § 839a Rn. 24.
731 *Schöpflin* ZfS 2004, S. 241 (243).
732 *Zimmermann*, BuW 2003, S. 154 (156).
733 Ebd.
734 *So* bereits *Kilian*, VersR 2003, S. 683 (687).
735 *Zimmermann*, BuW 2003, S. 154 (156).
736 *Kilian*, ZGS 2004, S. 220 (222).

Unterschied zu einer gerichtlichen Entscheidung. Darüber hinaus sei der Betroffene zu einer gerichtlichen Geltendmachung verpflichtet, sofern die Behördenentscheidung auf einem unrichtigen Gutachten beruhe. In dem Verfahren der gerichtlichen Kontrolle könne § 839a Abs. 1 BGB dann ggf. eine Ersatzpflicht begründen.[737]

Bereits in einem früheren Aufsatz wird eine vergleichbare Interessenlage durch *Kilian* dementiert. Unterschiede ließen sich insbesondere hinsichtlich der Vertragsfreiheit sowie der Vergütung feststellen. *Kilian* merkt an dieser Stelle an, dass § 839a BGB gerade die besondere Stellung eines gerichtlich berufenen Sachverständigen berücksichtige. In Hinblick auf einen Amtshaftungsanspruch, der eine weniger restriktive Haftungsbegründung vorsehe, zweifelt *Kilian* ferner die praktische Relevanz einer analogen Anwendung des § 839a BGB an.[738]

In einer späteren Publikation stellt *Kilian* erneut die für eine Analogie obligatorische vergleichbare Interessenlage in Frage. Hierfür beruft er sich auf die materielle sowie prozessuale Rechtslage, die bei einer behördlichen Beauftragung in einem Verwaltungsverfahren erheblich divergiere. Zum einen komme ein staatshaftungsrechtlicher Anspruch nach § 839 BGB i. V. m. Art. 34 GG in Betracht. Zum anderen führt *Kilian* zu *Zimmermann*[739] kongruente Erwägungen an. Demnach könne die auf einem Gutachten beruhende Behördenentscheidung in einem Verwaltungsverfahren „vom Bürger in einem gerichtlichen Verfahren nochmals zur Überprüfung gestellt werden."[740] Erstatte der im gerichtlichen Verfahren berufene Sachverständige wiederum ein unrichtiges Gutachten, könne dieser direkt nach § 839a BGB in Anspruch genommen werden. Damit bestehe kein Bedürfnis, § 839a BGB analog anzuwenden.[741]

Nach *Spickhoff* könne eine analoge Anwendung des § 839a BGB zunächst erwogen werden, sofern ein Sachverständiger in einem Verwaltungsverfahren einem Begutachtungszwang unterliege. Dabei stellt *Spickhoff* auf die Judikatur

---

737 *Zimmermann*, BuW 2003, S. 154 (156).

738 *Kilian*, VersR 2003, S. 683 (687).

739 *Zimmermann*, BuW 2003, S. 154 (156).

740 *Kilian*, ZGS 2004, S. 220 (222).

741 Ebd.

des Oberlandesgerichts Schleswig,[742] die Gutachtenerstattungspflicht sowie die einheitliche Entschädigung nach dem JVEG ab.[743]

Dennoch lehnt *Spickhoff* eine Analogiebildung auch für die Fälle einer Gutachtenerstattungspflicht ab.

Spickhoff konstatiert: „§ 839 a erweitert – jedenfalls im Vergleich zur bisherigen Rechtsprechung – die Haftung des Sachverständigen zwar nicht in Bezug auf den Haftungsmaßstab (Haftung für Vorsatz und grobe Fahrlässigkeit), wohl aber in Bezug auf die geschützten Interessen, da § 839 a reine Vermögensschäden einbezieht, während insofern bislang nur im Rahmen des § 823 Abs 2 in Verbindung mit einem entsprechenden Schutzgesetz und § 826 gehaftet worden ist."[744] Eine analoge Anwendung des § 839a BGB bedeute hinsichtlich eines Vermögensschadens somit eine Haftungserweiterung.

Ohne eine konkrete Haftungsgrundlage sieht *Spickhoff* eine solche Haftungserweiterung für den Fall einer Sachverständigenpflicht kritisch.[745] Zudem lasse sich eine Differenzierung zwischen Sachverständigen in einem Gerichtsverfahren und einem Verwaltungsverfahren sachlich legitimieren. Mittels der angeführten Haftungserweiterung werde unter anderem angestrebt, die Korrektheit gerichtlicher Entscheidungen zu gewährleisten. Denn durch eine strengere Haftung werde ein Sachverständiger im Rahmen seiner Gutachtenerstattung zu einer erhöhten Sorgfalt veranlasst. Eine behördliche Entscheidung unterliege aber gerader einer gerichtlichen Kontrolle und könne somit nachträglich korrigiert werden. Erst in diesem Kontrollverfahren könne eine Haftung des Sachverständigen ggf. nach § 839a BGB begründet werden.[746]

Nach *Schöpflin* sprechen einerseits Praktikabilitätsgründe für eine Analogie zu § 839a BGB. So könne eine umständliche Abwicklung der Ansprüche in einem Dreiecksverhältnis vereinfacht werden, indem der Geschädigte einen Schadensersatz unmittelbar gegenüber dem Sachverständigen geltend machen könne. Andererseits lasse sich nicht fundieren, einen behördlich berufenen Sachverständigen über § 839a BGB mit einem eingeschränkten

---

742 *OLG Schleswig* NJW 1995, 791.

743 *Soergel/Spickhoff*, BGB, § 839a Rn. 14.

744 Ebd., § 839a Rn. 15.

745 *Huber* hebt hervor, dass *Spickhoff* somit grundsätzlich ebenfalls eine vergleichbare Interessenlage konstatiere, eine Analogie aber dennoch ablehne vgl. NK-BGB/*Huber*, § 839a Rn. 25.

746 *Soergel/Spickhoff*, BGB, § 839a Rn. 15.

Haftungsmaßstab zu privilegieren, da dieser eine Vergütung mit der Behörde vereinbaren könne. Vielmehr sei ein Haftungsmaßstab des Sachverständigen, der auch leichte Fahrlässigkeit umfasse, sachgerecht. Er stützt sich dabei darauf, dass ein Sachverständiger gleich einem Beamten hafte, der anders als ein Richter nicht durch das Spruchrichterprivileg des § 839 Abs. 2 BGB begünstigt werde. Zudem könnten Behördenentscheidungen durch ein Verwaltungsgericht überprüft werden. Es bestehe keine Rechtskraft, die durch § 839a BGB gesichert werden müsste.[747]

Ein in einem Verwaltungsverfahren behördlich berufener Sachverständige ist, so *Sprau*, zu einem gerichtlichen Sachverständigen i. S. v. § 839a Abs. 1 BGB abzugrenzen.[748]

Auch *Haag* lehnt, unter Verweis auf die Entscheidungen des Oberlandesgerichts Koblenz vom 6. Juni 2005[749] sowie des Oberlandesgerichts Köln vom 20. Juli 2018,[750] eine Anwendung des § 839a BGB ab.[751]

In einem früheren Aufsatz lehnt *Wagner* eine analoge Anwendung des § 839a BGB noch ab. Hier stellt *Wagner*, kongruent zu *Schöpflin*,[752] fest, dass eine Abwicklung über einen Direktanspruch gegen den Sachverständigen durch eine analoge Anwendung des § 839a BGB für die Praxis zweckmäßig wäre. Dabei wird durch *Wagner* jedoch ebenfalls unterstrichen, dass der Verschuldensmaßstab in diesem Fall auf grobe Fahrlässigkeit beschränkt sei. Demgegenüber wäre eine Haftungsbegründung auch für leichtfahrlässiges Handeln zu begrüßen, da „der behördlich beauftragte Sachverständige nicht gesetzlich verpflichtet ist, den Auftrag zu übernehmen, den Preis frei aushandeln und sich entsprechend versichern kann, umgekehrt der Behörde jedoch das Spruchrichterprivileg des § 839 II BGB nicht zugutekommt."[753]

Für einen Rückgriff auf die §§ 823 ff. BGB wird nur vereinzelt plädiert.

Brückner und *Neumann* sprechen sich in einem gemeinsamen Aufsatz für einen Rückgriff auf das frühere Haftungskonzept aus. § 839a BGB erfasse ausschließlich den in einem gerichtlichen Verfahren gleich welcher Art durch

---

747 *Schöpflin*, ZfS 2004, S. 241 (243).
748 *Grüneberg/Sprau*, BGB, § 839a Rn. 2.
749 *OLG Koblenz* NVwZ-RR 2006, 262.
750 *OLG Köln* BeckRS 2018, 21459.
751 *Geigel/Haag*, Haftpflichtprozess, Kap. 34 Rn. 5.
752 *Schöpflin*, ZfS 2004, S. 241 (243).
753 *Wagner*, NJW 2002, S. 2049 (2063).

ein staatliches Gericht berufenen Sachverständigen. Dabei unterstreichen sie den zu § 404 Abs. 1 S. 2 und 3 ZPO sowie zu § 407 Abs. 1 ZPO parallelen Wortlaut des § 839a BGB.[754]

In einer späteren Publikation vertritt *Zimmermann* gleichermaßen die Auffassung, dass sich die Haftung eines behördlich berufenen Sachverständigen nach den allgemeinen deliktischen Vorschriften begründet.[755]

Eine deliktische Haftung des Sachverständigen gegenüber dem Geschädigten richte sich, so *Wagner*, maßgeblich nach den §§ 823 und 826 BGB, sofern das Vertragsverhältnis zwischen Sachverständigen und Behörde einer privatautonomen Vertragsgestaltung zugänglich ist. Denn unter diesen Umständen sei es dem Sachverständigen insbesondere möglich, seine Vergütung zu bestimmen sowie seine Haftung zu begrenzen.

Vertragliche Schadensersatzansprüche gegen den Sachverständigen könne der Geschädigte hingegen nicht geltend machen. Hierfür beruft sich *Wagner* auf eine höchstrichterliche Rechtsprechung, die eine Drittschutzwirkung des zwischen Behörde und Gutachter geschlossenen Vertrags ablehne.[756]

Teilweise wird eine partielle Analogiebildung im Schrifttum befürwortet. *Wagner* äußert sich nach neuer Auffassung zustimmend, den Haftungstatbestand des § 839a BGB analog anzuwenden, sofern eine Gutachtenerstattungspflicht besteht.[757]

Dabei differenziert *Wagner* danach, ob ein Sachverständiger hoheitlich tätig wird. Unter Berufung auf die materielle Rechtslage begründe sich eine Ersatzpflicht in diesem Fall ausschließlich nach § 839 BGB i. V. m. Art. 34 GG, sodass der Rechtsträger der handelnden Behörde hafte. Eine hoheitliche Tätigkeit sei in jedem Fall bei Sachverständigen anzunehmen, denen der Beamtenstatus zukomme. Werde ein privater Sachverständiger herangezogen, müsse individuell festgestellt werden, dass dieser in Ausübung eines öffentlichen Amts tätig geworden sei.[758]

---

754 *Brückner/Neumann*, MDR 2003, S. 906 (907).

755 *Zimmermann*, DS 2008, S. 8 (8).

756 MüKoBGB/*Wagner*, § 839a Rn. 16; so bereits *Wagner*, Das neue Schadensersatzrecht, S. 79; *Wagner*, NJW 2002, S. 2049 (2063), hier macht *Wagner* zudem darauf aufmerksam, dass das Spruchrichterprivileg des § 839 Abs. 2 BGB nicht für eine Behördenentscheidung gelte.

757 In diese Richtung bereits *Wagner* NJW 2002, S. 2049 (2063).

758 MüKoBGB/*Wagner*, § 839a Rn. 15 f.

Wagner betont: „Zieht die Behörde den Sachverständigen auf der Grundlage von §§ 26 Abs. 1 S. 2 Nr. 2, 65 VwVfG als Beweismittel für eine Entscheidung heran, die allein von ihr zu verantworten ist, bedient sie sich seiner in gleicher Weise wie ein Gericht, nämlich zu dem Zweck, Tatsachen festzustellen, aus dem Tatsachenstoff Schlussfolgerungen zu ziehen oder die Kenntnis von Erfahrungssätzen zu vermitteln.“[759] Vor diesem Hintergrund sei durch das Oberlandesgericht Schleswig[760] bereits im Rahmen des ehemaligen Haftungskonzepts eine haftungsrechtliche Gleichstellung des behördlich beauftragten und des gerichtlich ernannten Sachverständigen erfolgt. Demnach werde der Haftungsmaßstab des Behördensachverständigen im Falle einer Haftung nach § 823 Abs. 1 BGB auf Vorsatz und grobe Fahrlässigkeit beschränkt.[761]

Dennoch stellt *Wagner* zunächst das Bedürfnis einer analogen Anwendung des § 839a BGB in Frage, sofern anstelle einer Haftung des Sachverständigen gegenüber einem Geschädigten eine Dreieckshaftung in Betracht komme. Im Rahmen dieser Dreieckskonstellation würde der betraute Sachverständige der berufenden Behörde gegenüber aus den vertraglichen Schadensersatzansprüchen gem. der §§ 634 und 280 f. BGB haften. Die hinter der Behörde stehende Körperschaft wiederum hätte dem geschädigten Verfahrensbeteiligten gegenüber gem. § 839 BGB i. V. m. Art. 34 S. 1 GG einzustehen.[762]

Allerdings betont *Wagner* nach neuerer Auffassung: „Tatsächlich stellt diese Konstellation einer doppelten Fahrlässigkeitshaftung ‚übers Eck‘ in der Praxis die Ausnahme dar, weil das Rechtsverhältnis zwischen Verwaltungsbehörde und dem von ihr herangezogenen Sachverständigen nicht privat- bzw. vertragsrechtlich, sondern analog zum Gerichtsgutachter öffentlich-rechtlich qualifiziert wird.“[763] Für einen in einem förmlichen Verwaltungsverfahren beauftragten Sachverständigen ergebe sich dies in jedem Fall aus § 65 Abs. 1 VwVfG, der unmittelbar sowie über einen Verweis auf die ZPO eine Begutachtungspflicht bestimme. Im Rahmen eines allgemeinen Verwaltungsverfahrens könne hingegen auf § 26 Abs. 3 S. 2 VwVfG abgestellt werden, der

---

759 Ebd., § 839a Rn. 16.

760 *OLG Schleswig* NJW 1995, 791.

761 MüKoBGB/*Wagner*, § 839a Rn. 16.

762 Ebd.; so bereits *Wagner*, Das neue Schadensersatzrecht, S. 79; *Wagner*, NJW 2002, S. 2049 (2063).

763 MüKoBGB/*Wagner*, § 839a Rn. 16.

eine einheitliche Entschädigung nach dem JVEG vorsehe. Damit sei ein Sachverständiger zumindest in seiner privatautonomen Ausgestaltung des Vertragsinhalts, insbesondere hinsichtlich seiner Vergütung, eingeschränkt. Folglich entspreche die Interessenlage eines behördlich beauftragten Sachverständigen der eines gerichtlichen berufenen Sachverständigen. Unter Berücksichtigung dieser Erwägungen spricht sich *Wagner* für eine analoge Anwendung des § 839a BGB aus.[764]

Wöstmann geht ausdrücklich mit *Wagner*[765] konform. Demnach sieht er eine analoge Anwendung des § 839a BGB in einem förmlichen Verwaltungsverfahren als geboten und begründet dies mit einer parallelen Rechtsstellung zu einem Sachverständigen in einem gerichtlichen Verfahren. Ferner begrüßt *Wöstmann* ebenfalls eine analoge Anwendung im Rahmen eines allgemeinen Verwaltungsverfahrens.[766]

Auch *Spickhoff* schließt sich dieser Ansicht *Wagners*[767] ebenfalls an und lehnt eine vergleichbare Interessenlage ab, sofern ein Sachverständiger privatautonom tätig wird. Ein Sachverständiger hafte im Verhältnis zur beauftragenden Behörde auch für leichte Fahrlässigkeit, soweit keine abweichende vertragliche Vereinbarung getroffen worden sei.[768]

Wie zuvor *Wagner*[769] grenzt auch *Dörr* die Fallkonstellationen ab, in denen ein Sachverständiger hoheitlich tätig wird.[770]

Darüber hinaus begrüßt *Dörr* ebenfalls eine analoge Anwendung des § 839a BGB.[771]

Explizit komme eine behördliche Beauftragung des Sachverständigen etwa im Rahmen eines förmlichen Verwaltungsverfahrens i. S. d. §§ 63 ff. VwVfG in Betracht.

---

764 Ebd.

765 Ebd.

766 *Staudinger/Wöstmann*, BGB, § 839a Rn. 35.

767 MüKoBGB/*Wagner*, § 839a Rn. 16.

768 *Soergel/Spickhoff*, BGB, § 839a Rn. 14.

769 MüKoBGB/*Wagner*, § 839a Rn. 15 f.

770 BeckOGK/*Dörr*, BGB, § 839a Rn. 24.

771 Ebd., § 839a Rn. 22 f., *Dörr* rückt ausdrücklich von seiner bis zum 1. Juli 2020 vertretenen Ansicht, dass ein Sachverständiger bei Erstattung eines unrichtigen Gutachtens nach den allgemeinen deliktsrechtlichen Vorschriften haftet, ab.

Unter Anführung der folgenden Erwägungen postuliert *Dörr* eine vergleichbare Interessenlage:

Zunächst unterstreicht er die Parallelen zwischen der Beauftragung eines Sachverständigen in einem förmlichen Verwaltungsverfahren sowie in einem Gerichtsverfahren. So diene die Beauftragung eines Sachverständigen in einem förmlichen Verwaltungsverfahren ebenfalls „der Beschaffung von Grundlagen für die behördliche Entscheidung."[772] Dabei gälten die Vorschriften der ZPO über den Sachverständigenbeweis gem. § 65 Abs. 1 VwVfG entsprechend. Hieraus folge zum einen die Pflicht des Sachverständigen zur Erstattung eines Gutachtens. Zum anderen sei das Verhältnis zwischen Behörde und Sachverständigem öffentlich-rechtlich ausgestaltet. Dies schließe insbesondere vertragliche Schadensersatzansprüche der Behörde oder eines Verfahrensbeteiligten aus. Zudem sei nach § 26 Abs. 3 S. 2 VwVfG ebenfalls eine Vergütung nach dem JVEG vorgesehen.

Alternativ zu einer analogen Anwendung des § 839a BGB kommt nach *Dörr*, so wie vor Einfügung des § 839a BGB, lediglich eine Haftung des Sachverständigen nach den allgemeinen deliktsrechtlichen Vorschriften in Betracht.

Eine Haftung für in der Praxis überwiegend verursachte Vermögensschäden richte sich dann maßgeblich nach § 826 BGB, der eine vorsätzliche sittenwidrige Schädigung voraussetze. Werde der Sachverständige gem. § 65 Abs. 3 VwVfG auf Antrag der Behörde durch das Verwaltungsgericht beeidigt, komme darüber hinaus durchaus eine Haftung nach § 823 Abs. 2 BGB i. V. m. den §§ 154 und 161 StGB in Betracht. *Dörr* zweifelt jedoch die praktische Bedeutung einer Beeidigung des Sachverständigen in einem förmlichen Verwaltungsverfahren an. Daneben verweist er auf die Rechtsprechung des Oberlandesgerichts Schleswig vom 12. Januar 1994.[773] Hier sei der Haftungsmaßstab eines behördlich beauftragten Sachverständigen im Rahmen einer Haftung nach § 823 Abs. 1 BGB bereits auf vorsätzliches oder grob fahrlässiges Verhalten beschränkt worden. Dies sei mit einer erforderlichen rechtlichen Gleichstellung von behördlich sowie gerichtlich berufenen Sachverständigen begründet worden.[774]

---

772 Ebd., § 839a Rn. 22.

773 *OLG Schleswig* NJW 1995, 791.

774 BeckOGK/*Dörr*, BGB, § 839a Rn. 22.

Aus der dargestellten Reflexion konkludiert *Dörr*: „Eine analoge Anwendung des § 839a auf behördlich ernannte Sachverständige würde sich hiernach weniger auf den im Ergebnis anzuwendenden und darum unbedenklichen Haftungsmaßstab als in Richtung auf eine Ausweitung des Vermögensschutzes zulasten des in Anspruch zu nehmenden Sachverständigen auswirken."[775]

Diese postulierte These der Konsequenz einer analogen Anwendung des § 839a BGB sieht *Dörr* aus den folgenden Gründen indessen als nicht kritisch:

Zunächst sei zu erwarten, dass Behörden und Gerichte auf eine korrespondierende externe Expertise zurückgreifen und dieser Personenkreis zudem gegen rechtliche Folgen einer fehlerhaften Begutachtung vollumfänglich versichert sei, unabhängig von einer behördlichen oder gerichtlichen Berufung. Ferner habe der Gesetzgeber mit der Einfügung des § 839a BGB eine neue Haftungsgrundlage für gerichtliche Sachverständige mit der Intention etabliert, das zuvor greifende Haftungskonzept abzulösen. Dabei sei insbesondere eine Differenzierung nach einer Beeidigung des Sachverständigen als nicht sachgerecht empfunden worden. Es erscheine eine analoge Anwendung des § 839a BGB auf die Haftung behördlich berufener Sachverständiger sowie eine damit korrelierende Anpassung der Haftungsvoraussetzungen und des Haftungsausschlusses legitim.

Daneben berücksichtigt *Dörr* die höchstrichterliche Rechtsprechung. In einem Urteil vom 6. März 2014[776] habe der Bundesgerichtshof eine analoge Anwendbarkeit des § 839a BGB bei einer staatsanwaltschaftlichen Berufung angenommen. Dies sei mit einer engen organisatorischen und institutionellen Nähe zum Gericht begründet worden. Eine solche Parallele zu einem verwaltungsbehördlich ernannten Sachverständigen könne durchaus angezweifelt werden. Jedoch äußere sich der Senat mit Entscheidung vom 24. Oktober 2019[777] sowie vom 25. Juni 2020[778] gegenüber der früheren Haftungsgrundlage betont ablehnend. Eine Analogiefähigkeit des § 839a BGB werde dabei mitunter unabhängig von einer expliziten Parallele einer Behörde zum Gericht bejaht. Hieraus konkludiert *Dörr*, dass mit § 839a BGB wohl vorwiegend ein generell überzeugendes Haftungskonzept etabliert sei.[779]

---

775 Ebd., § 839a Rn. 23.
776 *BGHZ* 200, 253.
777 *BGH* NJW 2020, 1592.
778 *BGHZ* 226, 116.
779 BeckOGK/*Dörr*, BGB, § 839a Rn. 23.

Huber sieht eine analoge Anwendung des § 839a BGB als gerechtfertigt, sofern der Sachverständige einer Vergütung nach dem JVEG unterliege und der Sachverständig zur Erstattung eines Gutachtens verpflichtet sei.[780]

Den Ausführungen *Zimmermanns*[781] und *Kilians*[782] hinsichtlich einer Planwidrigkeit hält *Huber* entgegen, dass es gerade gelte, den hypothetischen Willen des Gesetzgebers zu ermitteln. Daher stellten fehlende Reflexionen hinsichtlich behördlich berufener Sachverständiger in der Gesetzesbegründung kein Argument gegen eine Analogiefähigkeit dar. Außerdem bleibe ohne Belang, dass die Vorschrift durch ein als nicht überzeugend angesehenes Haftungskonzept explizit hinsichtlich der Ersatzpflicht gerichtlich beauftragter Sachverständiger angestoßen worden sei.[783]

Huber widerspricht zudem den dargestellten Erwägungen *Kilians*,[784] *Schöpflins*,[785] *Spickhoffs*[786] und *Zimmermanns*,[787] dass § 839a BGB aufgrund der Justiziabilität von Behördenentscheidungen nicht anwendbar sei. § 839a BGB setze keine Rechtskraft voraus. Er geht zudem von der Annahme aus, dass für die tatsächlichen Feststellungen in einem Zivilverfahren im Wesentlichen die erste Instanz entscheidend sei, und dies vermutlich auf das Verhältnis des Verwaltungsverfahrens zu einer daran anknüpfenden gerichtlichen Prüfung übertragen werden könne. Zudem lasse sich die Haftung des Rechtsträgers der Behörde entgegen der Auffassung *Kilians*[788] nicht gegen eine analoge Anwendung des § 839a BGB anführen. Dieser hafte in der Tat auch für leichte Fahrlässigkeit. Hieraus lasse sich jedoch lediglich schließen, dass eine Haftung nach § 839a BGB de facto an Bedeutung verliere. Es sei insbesondere denkbar, dass die Behörde nicht leicht fahrlässig gehandelt habe, während der Sachverständige grob fahrlässig ein unrichtiges Gutachten erstatte.[789] Daneben bestreitet *Huber* explizit die Argumentation *Spickhoffs*,[790]

---

780 NK-BGB/*Huber*, § 839a Rn. 24 ff.
781 *Zimmermann*, BuW 2003, S. 154 (156).
782 *Kilian*, ZGS 2004, S. 220 (222).
783 NK-BGB/*Huber*, § 839a Rn. 24.
784 *Kilian*, ZGS 2004, S. 220 (222).
785 *Schöpflin*, ZfS 2004, S. 241 (243).
786 *Soergel/Spickhoff*, BGB, § 839a Rn. 15.
787 *Zimmermann*, BuW 2003, S. 154 (156).
788 *Kilian*, ZGS 2004, S. 220 (225).
789 NK-BGB/*Huber*, § 839a Rn. 25.
790 *Soergel/Spickhoff*, BGB, § 839a Rn. 15.

dass Gerichtsentscheidungen eine höhere Richtigkeitsgewähr zukomme als Behördenentscheidungen.[791]

Huber macht geltend: „Akzeptiert man eine Analogie (...), erübrigt sich auch eine Sonderstellung bei Heranziehung eines Sachverständigen durch die Staatsanwaltschaft. Es kommt dann nicht darauf an, dass die Staatsanwaltschaft eine Behörde sui generis und zudem inhaltlich ein dem Gericht gleich geordnetes Organ sei, das Aufgaben der Justizgewährung erfülle. Solch diffizile inhaltliche Umschreibungen sind dann entbehrlich."[792]

III. Zwischenergebnis / Stellungnahme

Das Haftungsregime im Rahmen einer behördlichen Berufung des Sachverständigen in einem Verwaltungsverfahren ist nicht abschließend geklärt. Eine höchstrichterliche Entscheidung zu dieser Fallgruppe liegt nicht vor. In der Rechtsprechung der Untergerichte wird eine analoge Anwendung bislang abgelehnt.

Theoretiker vertreten hingegen im Rahmen eines kontroversen Diskurses divergierende rechtliche Perspektiven. Im Schrifttum wird insbesondere nach jüngerer Ansicht eine analoge Anwendung unter Berücksichtigung der Entscheidungen des Bundesgerichtshofs vom 6. März 2014[793] sowie vom 24. Oktober 2019[794] befürwortet, sofern der Sachverständige nicht hoheitlich tätig und in einem formellen Verwaltungsverfahren herangezogen wird.

Zunächst muss kritisch betrachtet werden, dass der Sachverständige nicht beeinflussen kann, ob er durch eine Behörde oder durch ein Gericht ernannt wird. Damit hinge die persönliche Haftung des Sachverständigen für Vermögensschäden letztlich von Zufälligkeiten ab. Eine gerichtliche Ernennung würde für einen Sachverständigen eine Benachteiligung bedeuten, da dieser in diesem Fall nach § 839a Abs. 1 BGB persönlich für Vermögensschäden haftet. Hingegen würde ein behördlich berufener Sachverständiger nur in Ausnahmefällen haften.

---

791 NK-BGB/*Huber*, § 839a Rn. 24.
792 Ebd., § 839a Rn. 26.
793 *BGHZ* 200, 253.
794 *BGH* NJW 2020, 1592.

Von zentraler Bedeutung ist, ob sich zwischen einer behördlichen Beauftragung in einem Verwaltungsverfahren und einer gerichtlichen Ernennung in einem gerichtlichen Verfahren Parallelen konstatieren lassen. Erforderlich ist eine korrespondierende Funktion der Behörde zum Gericht sowie eine kongruente Ausgestaltung des Verwaltungsverfahrens zu einem gerichtlichen Verfahren.

Diese These wird nicht zuletzt mit Blick auf die höchstrichterliche Rechtsprechung vom 6. März 2014[795] sowie vom 24. Oktober 2019[796] bekräftigt. Der Senat beruft sich auf eine enge organisatorische und institutionelle Nähe sowie eine enge verfahrensrechtliche Verbindung der Staatsanwaltschaft, die als eine besondere Behörde qualifiziert werden kann, zum Strafgericht.

Vor diesem Hintergrund stellt sich im Weiteren die Frage: Muss zwischen einem allgemeinen und einem formellen Verwaltungsverfahren differenziert werden?

Eingangs lässt sich festhalten, dass § 26 Abs. 3 S. 2 VwVfG in einem Verwaltungsverfahren eine einheitliche Vergütung des Sachverständigen nach JVEG vorsieht.[797] Dies gilt sowohl für ein allgemeines als auch für ein formelles Verwaltungsverfahren.[798]

Dennoch liegt eine solche Abgrenzung zunächst nahe. Insbesondere im Rahmen eines formellen Verwaltungsverfahrens bestehen Parallelen zu einem gerichtlichen Verfahren. Diese Prämisse findet unter Theoretikern etwa bei *Dörr*,[799] *Spickhoff*[800] und *Wagner*[801] Anklang, die insbesondere für ein förmliches Verwaltungsverfahren eine vergleichbare Interessenlage annehmen.

Damit kann erwogen werden, dass § 839a BGB lediglich im Rahmen eines formellen Verwaltungsverfahren analogiefähig ist. Diese These wird dabei von folgenden Erwägungen getragen:

---

795 *BGHZ* 200, 253.

796 *BGH* NJW 2020, 1592.

797 Die Untersuchung der Fallgruppe erfolgt auf Grundlage der Vorschriften des (Bundes)VwVfG. Freilich gelten die aufgestellten Thesen auch für landesbehördliche Verwaltungsverfahren nach den (Landes)VwVfG. Die normative Ausgestaltung der Verfahren entspricht im Wesentlichen dem (Bundes)VwVfG.

798 § 1 Abs. 1 S. 1 Nr. 1 JVEG erfasst in direkter Anwendung nur Verwaltungsbehörde in Verfahren nach dem Gesetz über Ordnungswidrigkeiten.

799 BeckOGK/*Dörr*, BGB, § 839a Rn. 22.

800 *Soergel/Spickhoff*, BGB, § 839a Rn. 14.

801 MüKoBGB/*Wagner*, § 839a Rn. 16.

Zunächst lässt sich eine sachliche Differenz hinsichtlich einer Sachverständigenpflicht konstatieren. Grundsätzlich besteht gem. § 26 Abs. 3 S. 1 VwVfG keine Pflicht des Sachverständigen zur Erstattung eines Gutachtens in einem Verwaltungsverfahren. Eine Ausnahme hiervon ist gem. § 65 Abs. 1 S. 1 VwVfG und daneben über den Verweis in § 65 Abs. 1 S. 2 VwVfG auf die ZPO insbesondere für das formelle Verwaltungsverfahren normiert. Damit begründet der Bestellungsakt des Sachverständigen in einem förmlichen Verwaltungsverfahren gem. § 65 Abs. 1 VwVfG ein öffentlich-rechtliches Verhältnis. Vertragliche Schadensersatzansprüche können nicht geltend gemacht werden. Hieraus resultiert, dass sich ein Schadensersatzanspruch des geschädigten Verfahrensbeteiligten zwingend nach den Vorschriften für eine unerlaubte Handlung richtet. Daneben kann auf die Vertragsbedingungen, insbesondere auf einen Haftungsausschluss sowie auf einen Haftungsmaßstab, durch den Sachverständigen kein Einfluss genommen werden. Anders liegt der Sachverhalt im Rahmen eines allgemeinen Verwaltungsverfahrens.

Die Verpflichtung des Sachverständigen zur Erstattung eines Gutachtens stellt eine zentrale normative Wertung dar, der § 839a BGB durch eine Haftungsprivilegierung des Sachverständigen Rechnung trägt.[802] Kontrahiert ein Sachverständiger daher mit einer Behörde oder darüber hinaus mit einem Verfahrensbeteiligten in einem Verwaltungsverfahren, steht dies konträr zur gesetzgeberischen Intention des § 839a BGB.

Dennoch spiegeln sich in der Gesetzesbegründung zu § 839a BGB weitere normative Wertungen wider. Die Möglichkeit zur Vertragsgestaltung allein vermag daher nicht, eine Analogiefähigkeit a priori für ein allgemeines Verwaltungsverfahren auszuschließen.

Ein förmliches Verwaltungsverfahren weist darüber hinaus fundamentale verfahrensrechtliche Parallelen zu einem gerichtlichen Verfahren auf, die insbesondere mit Blick auf die besonderen Verfahrensvorschriften der §§ 63 ff. VwVfG deutlich werden. Diese Vorschriften gestalten das Verwaltungsverfahren gegenüber einem allgemeinen, nichtförmlichen Verfahren gerichtsförmig aus. Das förmliche Verwaltungsverfahren enthält typische prozessuale Elemente wie etwa verfahrenseinleitende Anträge gem. § 64 VwVfG, die Mitwirkungspflicht von Zeugen und Sachverständigen gem.

802 BT-Drucks. 14/7752, S. 28.

§ 65 VwVfG, erweiterte Mitwirkungsrechte der Beteiligten gem. § 66 VwVfG und insbesondere die Durchführung einer mündlichen Verhandlung gem. der §§ 67 und 68 VwVfG. Das Verfahren wird gem. § 69 VwVfG mit einer schriftlich zugestellten Entscheidung abgeschlossen. Insoweit besteht eine partielle Identität zwischen förmlichen Verwaltungsverfahren und gerichtlichen Verfahren. Die Interessenlage eines behördlich berufenen Sachverständigen an sich ist in einem förmlichen Verwaltungsverfahren damit kongruent mit der eines gerichtlich bestellten Sachverständigen.

Indessen muss zumindest eine institutionelle und eine organisatorische Nähe zwischen Behörde und Gericht entschieden abgelehnt werden. Anders als eine Staatsanwaltschaft nimmt eine Verwaltungsbehörde in der Regel gerade keine das gerichtliche Verfahren vorbereitende Rolle wahr und lässt sich nicht dem Funktionsbereich der Rechtsprechung zuordnen. Vielmehr ist im Rahmen der Behördentätigkeit üblicherweise kein sich anschließendes gerichtliches Verfahren vorgesehen, in dem ein Gericht etwaige Erkenntnisse der Behörde verwertet.

Die spezifische Untersuchung der Analogiefähigkeit des § 839a BGB in einem staatsanwaltschaftlichen Ermittlungsverfahren durch den Bundesgerichtshof spricht dafür, dass sich eine Haftungsbegründung des Sachverständigen im Falle einer behördlichen Ernennung in einem Verwaltungsverfahren nicht allgemein nach § 839a BGB analog richtet, sondern dies vielmehr einen Ausnahmefall darstellt.

Auch aus den Ausführungen des Oberlandesgerichts Köln vom 20. Juli 2018[803] kann darauf geschlossen werden, dass das Gericht eine analoge Anwendung des § 839a BGB im Falle einer behördlichen Beauftragung in einem Verwaltungsverfahren zwar nicht generell ablehnt. Dennoch bleibt eine Analogie in den Fällen einer behördlichen Ernennung die strenge Ausnahme.

Daneben könnte eine Analogie vor dem Hintergrund einer Interpretation der Entscheidung des Oberlandesgerichts Schleswig vom 12. Januar 1994[804] erwogen werden.

Das Oberlandesgericht Schleswig nimmt partiell eine rechtliche Gleichstellung des Behördensachverständigen zum Gerichtssachverständigen vor, indem es den Haftungsmaßstab des behördlich beauftragten Sachverständigen

---

803 *OLG Köln* BeckRS 2018, 21459.

804 *OLG Schleswig* NJW 1995, 791.

im Rahmen einer Haftung nach § 823 BGB ebenfalls auf Vorsatz und grobe Fahrlässigkeit beschränkt.

Hierfür verweist das Oberlandesgericht Schleswig zunächst auf ein Urteil des Bundesverfassungsgerichts, das am 11. Oktober 1978 in der Sache Weigand ergangen ist.[805] Dabei stelle das Bundesverfassungsgericht den Verfassungsverstoß einer richterlichen Rechtsfortbildung fest, die eine Haftungsfreistellung eines gerichtlich berufenen psychiatrischen Gutachters in einem gerichtlichen Verfahren auch für grob fahrlässiges Handeln vorsehe. Das Oberlandesgericht Schleswig leitet hieraus die verfassungsrechtliche Konformität ab, sofern eine Haftung des gerichtlichen Sachverständigen für leichte Fahrlässigkeit ausgeschlossen ist. Entsprechendes gelte für einen behördlich berufenen Sachverständigen.

Aus der Entscheidung des Oberlandesgerichts Schleswig lassen sich präzise zwei Implikationen ableiten. Zum einen wird auch für einen behördlich beauftragten Sachverständigen das Bedürfnis einer Haftungsprivilegierung gesehen.

Zum anderen scheint dieses Bedürfnis unabhängig von einer Verpflichtung des Sachverständigen zum Tätigwerden zu bestehen und damit insbesondere auch außerhalb eines formellen Verwaltungsverfahrens.[806]

Historisch betrachtet findet so bereits vor Einfügung des § 839a BGB in der Rechtsprechung eine Annäherung der deliktischen Haftung von behördlichen und gerichtlichen Sachverständigen statt. Eine Analogie zu § 839a BGB in einem behördlichen Verfahren könnte damit die konsequente Fortführung einer in der Rechtsprechung bereits etablierten Rechtsauffassung bedeuten.

Es handelt sich jeweils um einen Gutachter, der ein psychiatrisches Profil erstellt, das als Grundlage für die Entscheidung über eine zwangsweise Unterbringung dient. Es variiert lediglich das ernennende Organ. Das Oberlandesgericht erwähnt selbst, dass der Haftungsmaßstab für einen psychiatrischen Sachverständigen, der durch ein Gericht berufen wird, angepasst worden sei. Hierzu heißt es: „Der vom Gericht hinzugezogene psychiatrische Sachverständige haftet für eine Verletzung der in § 823 BGB genannten Rechtsgüter nur,

---

805 *BVerfGE* 49, 304.

806 Dies wird insbesondere mit Blick darauf deutlich, dass das Unterbringungsverfahren erst durch den Arzt initiiert wurde.

falls die Verletzung auf einer grob fahrlässigen Falschbegutachtung beruht."[807] Daraus könnte man interpretieren, dass sich das Oberlandesgericht explizit auf die Parallele eines psychiatrischen Gutachters beruft.

Des Weiteren bliebe unberücksichtigt, dass dem Oberlandesgericht zu diesem Zeitpunkt eine Berücksichtigung der gesetzgeberischen Intentionen hinsichtlich § 839a BGB nicht möglich ist. Daher kann die Rechtsprechung, die im Rahmen einer Haftung nach § 823 Abs. 1 BGB erfolgt, nicht ohne weiteres übertragen werden.

Zudem liegt das Problem nicht in der Anwendung eines bestimmten Haftungsinstituts. Vielmehr sind die im Zeitpunkt der Entscheidung maßgeblichen allgemeinen deliktischen Vorschriften sowohl auf gerichtlich als auch auf behördlich berufene Sachverständige anwendbar. Es wird lediglich der dem § 823 Abs. 1 BGB immanente Haftungsmaßstab jeweils angepasst.

Daher kann die Analogiefähigkeit des § 839a BGB für die Fälle einer verwaltungsbehördlichen Beauftragung nicht aus der Rechtsprechung des Oberlandesgerichts Schleswig konkludiert werden.

Auch darüber hinaus scheint eine analoge Anwendung aus mehreren Aspekten fraglich zu sein.

Dem Gesetzgeber kommt es mit Perspektive auf die gesetzgeberischen Erläuterungen zu § 839a BGB[808] gerade auf die Besonderheiten einer gerichtlichen Ernennung an. Eine parallele Funktion des Sachverständigen in einem behördlichen Verfahren zu einem Sachverständigen in einem gerichtlichen Verfahren genügt gerade nicht. Damit lässt sich allgemein konstatieren, dass es unerheblich ist, dass eine Behörde ex aequo wie ein Gericht auf die Expertise des Sachverständigen zugreift.

Entscheidend ist jedoch, dass gem. § 839 BGB i. V. m. Art. 34 S. 1 GG ein Amtshaftungsanspruch gegen den Rechtsträger der Behörde statuiert ist. Gegen eine Analogie kann letztlich angeführt werden, dass § 839 BGB eine dem § 839a BGB vorrangige Spezialvorschrift darstellt und diesen als lex specialis verdrängt.

Für eine persönliche Haftung des Sachverständigen über § 839a BGB spricht zwar, dass der Sachverständige durch ein verschuldetes Handeln den Schaden verursacht hat. Daher könnte ein direkter Durchgriff auf den

---

807 *OLG Schleswig* NJW 1995, 791 (792).

808 BT-Drucks. 14/7752, S. 28.

Sachverständigen geboten sein, sodass die Behörde als Intermediär wegfällt. Letztlich kann den Sachverständigen aber zumindest im Innenverhältnis eine Regresspflicht treffen. Damit besteht kein Bedürfnis, den Haftungstatbestand des § 839a BGB analog im Falle einer behördlichen Berufung in einem Verwaltungsverfahren anzuwenden.

§ 839 BGB i. V. m. Art. 34 S. 1 GG begründet eine Haftung sowohl bei der Berufung des Sachverständigen in einem allgemeinen als auch in einem formellen Verwaltungsverfahren, sodass eine Differenzierung nicht erforderlich ist.

In der Konsequenz scheint eine analoge Anwendung des § 839a BGB aus mehreren Gründen allgemein nicht vertretbar.

Insbesondere kann durch eine staatshaftungsrechtliche Restitution bereits die dogmatisch erforderliche objektive Regelungslücke angezweifelt werden.

Die Schadensersatzpflicht für Vermögensschäden tritt unabhängig von einer Beeidigung des Sachverständig oder einem vorsätzlich sittenwidrigen Handeln ein. Hierdurch bedarf es keines Rückgriffs auf § 839a BGB bzw. die allgemeinen deliktischen Vorschriften.

Überdies umfasst der Verschuldensmaßstab des § 839 BGB auch leichte Fahrlässigkeit und geht so weiter als § 839a Abs. 1 BGB. Für den geschädigten Verfahrensbeteiligten wirkt sich eine Haftungsbegründung nach § 839 BGB damit sogar begünstigend aus. Diese Haftungsverschärfung stellt keine Privilegierung des Geschädigten zulasten des Sachverständigen dar, da eine nach § 839 BGB begründete Haftung gem. Art. 34 S. 1 GG de jure auf den Staat übergeleitet wird.

Daneben lassen sich folgende weitere Erwägungen gegen eine analoge Anwendung des § 839a BGB anführen:

Entscheidendes Merkmal einer gerichtlichen Entscheidung i. S. v. § 839a Abs. 1 BGB gegenüber einer Behördenentscheidung ist ihre Unanfechtbarkeit.

Ein Gericht trifft im Gegensatz zu einer Behörde gerade die Letztentscheidung. Behördenentscheidungen entfalten keine Rechtskraft. Die Differenzierung zwischen behördlich und gerichtlich herangezogenen Sachverständigen lässt sich somit durch den gerichtliche Rechtschutz gegen behördliche Rechtsakte sachlich rechtfertigen.

Daher kann dem geschädigten Verfahrensbeteiligten zugemutet werden, die behördliche Entscheidung in einem gerichtlichen Verfahren auch mit dem Risiko eines klageabweisenden Urteils überprüfen zu lassen. Hierfür ist gerade ein effektives Rechtsschutzsystem etabliert, das durch die Gerichte gewährleistet wird. Eine analoge Anwendung des § 839a BGB kann somit als Umgehung des insoweit vorrangigen gerichtlichen Rechtsschutzsystems gesehen werden und würde dieses partiell konterkarieren.

Ferner ließe sich nur schwer argumentieren, dass generell bereits durch eine Behördenentscheidung ein erheblicher Schaden entstehen könnte, da dieser letztlich regelmäßig reversibel ist. Anders ist dies etwa bei einer auf einem unrichtigen Gutachten beruhenden Anklageerhebung der Fall. Eine solche kann gerade nicht angefochten werden. In Anbetracht der sachlichen Differenz ist auch eine divergierende Haftung zu einem staatsanwaltschaftlich berufenen Sachverständigen in einem Ermittlungsverfahren gerechtfertigt.

Den gesetzgeberischen Intentionen des § 839a BGB kommt bei der Analyse der Analogiefähigkeit eine herausragende Bedeutung zu. „Mit der Regelung soll auch dem Umstand Rechnung getragen werden, dass der Rückgriff auf den Sachverständigen für den in einem Rechtsstreit auf Grund eines falschen Sachverständigengutachtens Unterlegenen oft die einzige Möglichkeit ist, materielle Gerechtigkeit zu erlangen.“[809] Die grundsätzliche Anfechtbarkeit von Behördenentscheidungen sowie ein Amtshaftungsanspruch nach § 839 BGB i. V. m. Art. 34 S. 1 GG scheinen hierzu im Widerspruch zu stehen.

Kilian,[810] *Schöpflin*,[811] *Spickhoff*[812] und *Zimmermann* weisen zutreffend darauf hin, dass behördliche Entscheidungen grundsätzlich einer gerichtlichen Kontrolle unterliegen. Gerichtliche Entscheidungen unterliegen gem. § 839 Abs. 2 BGB hingegen einem Spruchrichterprivileg und entziehen sich daher allgemein einer gerichtlichen Kontrolle.

Huber[813] spricht in diesem Kontext einen durchaus veritablen Punkt an. Eine Rechtskraft der Entscheidung wird demnach in der Tat nicht durch § 839a BGB vorausgesetzt. Hieraus lässt sich jedoch nicht e contrario schlussfolgern, dass § 839a BGB pauschal jegliche nicht rechtskraftfähige sowie nicht dem Spruchrichterprivileg unterfallende Entscheidung erfasst. Vielmehr muss explizit eine Parallele zu einer gerichtlichen Entscheidung vorliegen.

---

809 BT-Drucks. 14/7552, S. 28.

810 *Kilian*, ZGS 2004, S. 220 (222).

811 *Schöpflin*, ZfS 2004, S. 241 (243).

812 *Soergel/Spickhoff*, BGB, § 839a Rn. 15.

813 NK-BGB/*Huber*, § 839a Rn. 25.

In der Folge ist ein System etabliert, dass dem Betroffen hinreichend Schutz bietet. Sollte ein Amtshaftungsanspruch ausscheiden, kommt eine gerichtliche Korrektur in Betracht. Ist ein Schaden irreversibel eingetreten, lässt er sich also auch infolge einer gerichtlichen Korrektur nicht rückgängig machen, so kann ggf. zumindest ein Schadensersatz über einen Amtshaftungsanspruch geltend gemacht werden.

Der durch *Wagner*[814] dargestellten Schadensabwicklung übers Eck kommt insofern nur eine untergeordnete Rolle zu. Das Innenverhältnis zwischen Behörde und Sachverständigen ist letztlich irrrelevant. Es kommt alleine darauf an, dass dem Geschädigten ein Amtshaftungsanspruch zusteht und die Möglichkeit zur gerichtlichen Korrektur der Behördenentscheidung besteht.

Damit ist eine analoge Anwendung des § 839a BGB nicht erforderlich. Darüber hinaus kann eine Schadensabwicklung übers Eck explizit nur im Falle der Berufung des Sachverständigen durch eine Behörde in einem Verwaltungsverfahren erwogen werden. Bei einer gerichtlichen Berufung scheitert ein Amtshaftungsanspruch am Spruchrichterprivileg i. S. v. § 839 Abs. 2 BGB.

Nach *Huber*[815] stehen die Ansprüche aus § 839a BGB analog sowie § 839 BGB i. V. m. Art. 34 S. 1 GG nebeneinander. Dabei führt *Huber* auf den ersten Blick schlüssig an, dass eine potentielle Haftungslücke geschlossen werde, sofern der Behörde, auch nicht in zurechenbarer Weise, ein leicht fahrlässiges Handeln vorgeworfen werden könne, der Sachverständige hingegen grob fahrlässig ein unrichtiges Gutachten erstattet hätte. Zumindest insoweit könnte man *Huber* zustimmen und eine Regelungslücke annehmen. Dennoch ist eine generelle Alternativität der Ansprüche kritisch zu betrachten, da, wie festgestellt, eine vergleichbare Interessenlage abzulehnen ist. Darüber hinaus ist folgender Aspekt zu berücksichtigen. Über § 839 BGB ist der Geschädigte nicht schutzlos gestellt. Vielmehr ist er hinsichtlich des gegenüber § 839a BGB weitergehenden Haftungsmaßstabs sogar privilegiert. Demgegenüber besteht für einen Geschädigten in einem gerichtlichen Verfahren infolge des Spruchrichterprivilegs keine Möglichkeit zusätzlich einen Amtshaftungsanspruch geltend zu machen. In einem

814 MüKoBGB/*Wagner*, § 839a Rn. 16.

815 NK-BGB/*Huber*, § 839a Rn. 25.

gerichtlichen Verfahren ist eine Alternativität der Ansprüche daher ebenfalls ausgeschlossen. Zudem trägt der Geschädigte hier das reziproke Risiko, dass der Sachverständige ein unrichtiges Gutachten nicht grob fahrlässig erstattet hat und damit ein Anspruch nach § 839a BGB versagt ist. Mit einer zusätzlichen analogen Anwendung des § 839a BGB wäre ein Geschädigter im Falle einer behördlichen Berufung unverhältnismäßig vor Schadensrisiken geschützt. Er wird nicht ersichtlich, weshalb der Geschädigte im Fall einer behördlichen Berufung des Sachverständigen in einem Verwaltungsverfahren mit einem zusätzlichen Schadensersatzanspruch nach § 839a BGB analog begünstigt werden sollte.

Im Ergebnis sollte eine persönliche Haftung des Sachverständigen gegenüber dem geschädigten Verfahrensbeteiligten nach § 839a BGB in analoger Anwendung abgelehnt werden. Gegen eine behördliche Entscheidung kann regelmäßig gerichtlicher Rechtsschutz erlangt werden.

Wird der Sachverständige infolge der behördlichen Ernennung in Ausübung eines ihm anvertrauten öffentlichen Amts tätig, begründet sich die Haftung nach § 839 Abs. 1 BGB, die nach Art. 34 S. 1 GG mit einer befreienden Haftungsübernahme durch den Rechtsträger der handelnden Behörde korreliert.

B. Jugendamt in Verfahren nach § 8a SGB VIII

I. OLG Koblenz, I. Zivilsenat, Urteil vom 18. März 2016, NJW-RR 2016, 796

Mit Urteil vom 18. März 2016 ergeht durch das Oberlandesgericht Koblenz eine richtungsweisende Entscheidung gegen eine Haftungsbegründung nach § 839a BGB in analoger Anwendung.

Das Oberlandesgericht befasst sich mit einem Schmerzensgeldanspruch gegen einen durch ein Kreisjugendamt beauftragten rechtsmedizinischen Sachverständigen. Dieser prüft den Verdacht einer Kindeswohlgefährdung. Dem Gutachter wird vorgeworfen, grob fährlässig von einer Kindesmisshandlung ausgegangen zu sein. Infolge eines Schutzantrags des Jugendamts kommt es zu einer familiengerichtlichen Sorgerechtsentziehung.[816]

Obwohl der Senat die Rechtsauffassung vertritt, dass die Regelung des § 839a BGB über ihren Wortlaut hinaus in analoger Anwendung eine Haftung des durch ein Jugendamt in einem Verfahren nach § 8a SGB VIII berufenen Sachverständigen begründen könne, kommt er zu dem Schluss, dass ein solcher Sachverständiger in Ausübung eines ihm anvertrauten öffentlichen Amts tätig werde. Hierdurch werde § 839a BGB durch § 839 BGB i. V. m. Art. 34 S. 1 GG als leges specialis verdrängt.

---

[816] *OLG Koblenz* NJW-RR 2016, 796 (796).

Das Oberlandesgericht wird dabei in den Entscheidungsgründen von folgenden Erwägungen geleitet:

Eine unmittelbare Anwendung des § 839a BGB wird mit der Begründung abgelehnt, die Anspruchsnorm erfasse keinen von einer Behörde in einem Behördenverfahren beauftragten Sachverständigen.

Das Gericht bezieht sich in seiner Entscheidung explizit auf die höchstrichterliche Rechtsprechung vom 6. März 2014. Hier fände § 839a BGB auf die Haftung eines in einem Ermittlungsverfahren durch die Staatsanwaltschaft beauftragten Sachverständigen analog Anwendung. Dies werde mit einer organisatorischen sowie institutionellen Nähe der Staatsanwaltschaft zum Gericht begründet.[817] Demnach nehme die Staatsanwaltschaft keine typische Behördenfunktion wahr. Vielmehr übernehme die Staatsanwaltschaft eine vorbereitende Rolle. Gemeinsam mit den Gerichten erfülle sie so die Aufgabe der Justizgewährung auf dem Gebiet der Strafrechtspflege.

Das Oberlandesgericht Koblenz räumt ein, dass sich diese Erwägungen „auf die besondere Aufgabenstellung des Jugendamts im Rahmen des gesetzlichen Schutzauftrags bei Kindeswohlgefährdung“[818] transferieren ließen.[819]

Zur Übertragung der höchstrichterlichen Dogmen erläutert das Oberlandesgericht Koblenz folgendes:

Dem Jugendamt sei hier primär nach Art. 6 Abs. 2 GG sowie Art. 25 Abs. 1 S. 2 RhPfLVerf ein staatliches Wächteramt anvertraut.[820] Gem. § 8a Abs. 1 SGB VIII habe das Jugendamt bei Vorliegen gewichtiger Anhaltspunkte das Risiko einer Kindeswohlgefährdung einzuschätzen sowie unter Umständen zu obstruieren. Hierbei sei ausschließlich das jeweilige Jugendamt zuständig und ihm komme eine eigene Fach- und Sachkompetenz zu. Das Jugendamt könne gem. § 8a Abs. 2 S. 1 SGB VIII nach eigenem Ermessen an das Familiengericht herantreten. Darüber hinaus bestehe gem. § 8a Abs. 2 S. 2 SGB VIII die Möglichkeit zur Inobhutnahme von Kindern und Jugendlichen bei Vorliegen einer dringenden Gefahr. Das Jugendamt übernehme insoweit

---

[817] *BGHZ* 200, 253, Rn. 24 ff.

[818] *OLG Koblenz* NJW-RR 2016, 796, Rn. 13.

[819] Insoweit stimmt der Senat den erstinstanzlichen Ausführungen des Landgerichts Mainz zu.

[820] In der Entscheidung wird auf Art. 25 Abs. 1 S. 2 RhPfLVerf abgestellt. Darüber hinaus wird dieses Wächteramt auch in anderen Landesverfassungen dem Jugendamt übertragen.

eine das gerichtliche Verfahren vorbereitende Rolle. Im Anschluss gehe das staatliche Wächteramt i. S. d. §§ 1666 und 1666a BGB auf das Familiengericht über. Nach Ansicht des Oberlandesgericht Koblenz bilden Jugendamt und Familiengericht so zusammen eine Verantwortungsgemeinschaft, die dazu verpflichtet sei, auf dem Gebiet der Kinder- und Jugendhilfe kooperativ zusammenzuarbeiten.

Die Bewertung der Gefährdungslage durch das Jugendamt diene in der Regel als Grundlage für eine anknüpfende gerichtliche Entscheidung.[821] An diese Funktion des Jugendamts knüpft das Oberlandesgericht Koblenz für die Übertragung der höchstrichterlichen Erwägungen an. Folgere man hieraus zwischen Jugendamt und Familiengericht somit ebenfalls zum einen eine organisatorische und institutionelle Nähe und zum anderen eine enge verfahrensrechtliche Verbindung, sei es gerechtfertigt, dass § 839a BGB die Haftung eines durch ein Jugendamt berufenen Sachverständigen in einem Schutzverfahren nach § 8a SGB VIII begründe.[822]

Im Rahmen der Prüfung der Passivlegitimation führt das Oberlandesgericht Koblenz folgendes an:

Der Senat lehnt eine persönliche Haftung des Sachverständigen nach § 839a Abs. 1 BGB ab. Der durch das Jugendamt beauftragte Sachverständige werde in Ausübung eines ihm anvertrauten öffentlichen Amts tätig. Die Haftung begründe sich daher nach § 839 Abs. 1 BGB i. V. m. Art. 34 S. 1 GG. Daraus folge eine befreiende Haftungsübernahme durch den Träger des zuständigen Jugendamts.[823] § 839 BGB verdränge als vorrangige Spezialregelung sämtliche konkurrierenden deliktischen Ansprüche. Hierzu zähle auch § 839a BGB.

Das Sachverständigengutachten beeinflusse maßgeblich die Entscheidung des Jugendamts im Rahmen des ihm übertragenen staatlichen Wächteramts. Daher sei die Gutachtenerstattung „untrennbar mit dem hoheitlichen Handeln der Behörde verbunden."[824]

Das Gericht bezieht seine Ausführung dabei auf den konkreten Fall, lässt aber auch durchblicken, dass sowohl ein berufener interner als auch

821 So bereits in *OLG Koblenz* NJW 2012, 3108 (3110 f.).

822 *OLG Koblenz* NJW-RR 2016, 796, Rn. 13.

823 In dem Fall ist der Rechtsträger konkret der Landkreis gem. § 1 Abs. 1 AGKJHG (§ 2 Abs. 1 AGKJHG a. F.).

824 *OLG Koblenz* NJW-RR 2016, 796, Rn. 24.

ein berufener externer Sachverständiger im Rahmen eines Schutzverfahren nach § 8a SGB VIII grundsätzlich in Ausübung eines ihm anvertrauten öffentlichen Amts handele.[825]

II. Darstellung der im Schrifttum vertretenen Rechtsaufassungen

Die Fallgruppe des Jugendamts in Verfahren nach § 8a SGB VIII findet in der Literatur bislang wenig Beachtung.

Dörr schließt sich unter Verweis auf die Entscheidung vom 18. März 2016 der Rechtsauffassung des Oberlandesgerichts Koblenz an.[826]

Huber konstatiert eine Parallele zwischen Jugendamt und Staatsanwaltschaft, die jeweils mit dem Gericht zusammenarbeiten und dabei eine öffentlich-rechtliche Aufgabe erfüllten.[827]

III. Zwischenergebnis / Stellungnahme

Das Oberlandesgericht Koblenz räumt ein, dass eine analoge Anwendung des § 839a BGB durchaus gerechtfertigt sein könne, wenn ein Sachverständiger durch ein Jugendamt in einem Schutzverfahren nach § 8a SGB VIII berufen wird.

Dennoch nimmt das Gericht letztlich de jure eine konträre Position ein. Verletze das Jugendamt seine Pflicht aus § 8a Abs. 1 SGB VIII, stelle dies eine Amtspflichtverletzung i. S v. § 839 BGB dar. Gleiches gelte bei Einschaltung eines externen, durch das Jugendamt beauftragten Sachverständigen, der nach Ansicht des Gerichts in Ausübung eines ihm anvertrauten öffentlichen Amts handele.

Eine Geltendmachung des Anspruchs aus § 839a BGB analog scheitert so letztlich an der Passivlegitimation des Sachverständigen. § 839a BGB wird von § 839 BGB als leges specialis verdrängt. Dies führt zu einer Haftungsüberleitung auf den Träger des Jugendamts nach Art. 34 S. 1 GG. Hierdurch wird die praktische Relevanz der analogen Anwendbarkeit des § 839a BGB

---

[825] Ebd., Rn. 22 ff.

[826] BeckOGK/*Dörr*, BGB, § 839a Rn. 24.

[827] NK-BGB/*Huber*, § 839a Rn. 26.

faktisch konterkariert. Inwieweit § 839a BGB analog in einem Schutzverfahren nach § 8a SGB VIII eine Haftung begründen könnte, bleibt fraglich.

Die Entscheidung des Oberlandesgericht Koblenz bezieht sich konkret auf den Fall, dass ein Rechtsmediziner als externer Berater beauftragt wird. Zwar formuliert das Gericht die Entscheidungsgründe dahin gehend, dass die Passivlegitimation des Sachverständigen explizit für den vorliegenden Fall fehle.

Das Gericht lässt aber auch durchblicken, dass ein extern berufener Sachverständiger im Rahmen eines Schutzverfahren nach § 8a SGB VIII grundsätzlich in Ausübung eines ihm anvertrauten öffentlichen Amts handele. Dies müsste erst recht für einen internen Sachverständigen gelten.

Aus den folgenden Erwägungen kann diese differenzierte Auffassung des Oberlandesgerichts überzeugen:

Zunächst ist zu unterstreichen, dass sich die durch den Bundesgerichtshof in seinen Entscheidungen vom 6. März 2014[828] sowie 24. Oktober 2019[829] hinsichtlich eines staatsanwaltschaftlichen Ermittlungsverfahrens aufgestellten Dogmen in der Tat übertragen lassen.

Demnach setzt eine analoge Anwendung des § 839a BGB entsprechend eine institutionelle, eine organisatorische sowie eine verfahrensrechtliche Parallele voraus.

Eine institutionelle Nähe zwischen Jugendamt und Familiengericht kann mit Blick auf § 1666 BGB durchaus erwogen werden. Hiernach wird das staatliche Wächteramt im Familienrecht von den Jugendämtern und den Familiengerichten gemeinsam ausgeübt. Jugendamt und Familiengericht erfüllen insbesondere gemeinsam die Aufgabe des Schutzes des körperlichen und seelischen Wohls im Rahmen des staatlichen Wächteramts.

Zudem ist auch eine organisatorische Nähe zwischen Jugendamt und Familiengericht gegeben. Die Aufgabe eines Jugendamts in einem Schutzverfahren nach § 8a Abs. 1 SGB VIII korrespondiert dabei mit der Aufgabe der Staatsanwaltschaft in einem Ermittlungsverfahren. Das Jugendamt übernimmt ebenfalls eine vorbereitende Rolle. Dieses ermittelt, ob und inwieweit eine Kindeswohlgefährdung vorliegt und fällt eine Prognoseentscheidung. Im Anschluss wird das Verfahren an das Familiengericht abgegeben.

---

[828] *BGHZ* 200, 253.

[829] *BGH* NJW 2020, 1592.

Auch besteht eine enge verfahrensrechtliche Verbindung zwischen Familiengericht und Jugendamt. Ein Schutzverfahren nach § 8a SGB VIII stellt ein besonderes Verwaltungsverfahren dar. Über die dargestellte Aufgabe und Funktion des Jugendamts wirkt dessen Entscheidung somit in das gerichtliche Verfahren ein.

Daneben ist zu berücksichtigen, dass die behördliche Prognoseentscheidung nicht anfechtbar ist. Somit ist insbesondere eine divergente Behandlung zu einem generellen Verwaltungsverfahren gerechtfertigt.

Im Ergebnis wird § 839a BGB jedoch durch § 839 BGB i. V. m. Art. 34 S. 1 GG als lex specialis verdrängt.

Zwar würde ein Direktanspruch gegen den Sachverständigen mittels analoger Anwendung des § 839a BGB das Verfahren auch im Falle einer Berufung durch das Jugendamt vereinfachen.

Dennoch kann neben den Parallelen auch auf eine klare sachliche Differenz zwischen einem Jugendamt in einem Schutzverfahren nach § 8a SGB VIII und einer Staatsanwaltschaft verwiesen werden. Einem staatsanwaltschaftlich ernannten Sachverständigen wird gerade nicht generell eine hoheitliche Aufgabe übertragen. Bezeichnend stützt der Bundesgerichtshof mit Entscheidung vom 6. März 2014 die Ersatzpflicht lediglich für den Fall, dass ein Rechtsmediziner eines Universitätsklinikums als fachkundiger Gutachter herangezogen wird, auf einen Amtshaftungsanspruch gegenüber dem Rechtsträger des Universitätsklinikums. Hierzu divergent nimmt ein Jugendamt in einem Verfahren § 8a SGB VIII allgemein eine hoheitliche Aufgabe wahr.

Die Verdrängung des § 839a BGB durch § 839 BGB als vorrangige Spezialnorm wirkt sich jedoch auch hier für den geschädigten Verfahrensbeteiligten begünstigend aus. Dieser kann einen leicht fahrlässig verursachten Schaden des externen Sachverständigen, der in Ausübung eines ihm anvertrauten öffentlichen Amts tätig wird, geltend machen. Eine solche Begünstigung des Verfahrensbeteiligten scheint gerade hier gerecht, da bei einer fehlerhaften Begutachtung in einem Schutzverfahren nach § 8a SGB VIII regelmäßig bedeutende Individualrechtsgüter außerhalb des Vermögens betroffen sind. Je gewichtiger das in Rede stehende Rechtsgut ist, desto größer ist das Bedürfnis nach einem strengen Haftungsmaßstab. Demgegenüber trifft den Sachverständigen faktisch keine Benachteiligung. Eine Pflicht zur Erstattung des Gutachtens für den Sachverständigen ist im

SGB VIII nicht normiert. Haftungsrisiken können daher privatautonom eingegangen werden. Auch haftet der Sachverständige nicht persönlich für den verursachten Schaden.

In Betracht kommt lediglich ein Regressanspruch, den die Behörde geltend machten kann.[830] Für den Sachverständigen besteht hierbei die Möglichkeit, eine Anpassung des Haftungsmaßstabes zumindest individualvertraglich vorzunehmen.

---

[830] Art. 34 S. 2 GG statuiert zwar für vorsätzliches oder grob fahrlässiges Handeln des Sachverständigen die Möglichkeit eines Regressanspruches, der im Ermessen der Behörde steht. Somit liegt ein identischer Haftungsmaßstab zu § 839a BGB vor. Art. 34 S. 2 GG findet allerdings keine Anwendung sofern die Beziehung zwischen Behörde und Sachverständigen privatrechtlich ausgestaltet ist vgl. *Dreier/Wieland*, GG, Art. 34 Rn. 62.

C. Abgrenzung: Behördengutachten

I. Darstellung der im Schrifttum vertretenen Rechtsaufassungen

Dörr stellt fest, dass etwa in § 1 Abs. 2 JVEG zum Ausdruck komme, dass eine Behörde selbst als Sachverständiger gerichtlich berufen werden könne. Für ein Strafverfahren sei dies explizit in § 83 Abs. 3 StPO vorgesehen. Eine reziproke Norm für ein Zivilverfahren fehle hingegen. Die Fälle, in denen eine Behörde als Sachverständiger durch ein Gericht berufen werden könne, seien mitunter in § 73 Abs. 2 Nr. 8 BRAO für den Vorstand der Rechtsanwaltskammer sowie in § 67 Abs. 5 BnotO für die Notarkammer spezialgesetzlich normiert.[831]

Darüber hinaus komme die Ernennung einer Behörde auch ohne eine explizite Normierung in Betracht. Grundsätzlich genüge, dass eine Gutachtenerstattung zu den gesetzlichen Aufgaben der jeweiligen Fachbehörde zähle. *Dörr* verweist auf die höchstrichterliche Rechtsprechung vom 3. März 1998.[832] Der Bundesgerichtshof sehe etwa in § 2 Abs. 4 BWGPAG eine gesetzliche Grundlage zur Ernennung der Behörde als Sachverständigen. *Dörr* führt an, dass die Praktik der Ernennung einer Behörde nach Ansicht des Bundesgerichtshofs insbesondere dem Rechtsgedanken des § 404 Abs. 3 ZPO entspreche.[833]

---

[831] BeckOGK/*Dörr*, BGB, § 839a Rn. 16.
[832] *BGH* NJW 1998, 3355.
[833] BeckOGK/*Dörr*, BGB, § 839a Rn. 17.

Die durch das Gericht ernannte Behörde sowie sonstige öffentliche Stellen würden, so *Dörr*, hierbei jeweils in Wahrnehmung ihrer hoheitlichen Aufgaben tätig werden. Eine Haftung für eine fehlerhafte Begutachtung richte sich daher nach Amtshaftungsgrundsätzen.

§ 839 BGB verdränge als vorrangige Spezialregelung konkurrierende Ansprüche aus dem Deliktsrecht. Hierzu zählen neben den §§ 823 ff. BGB auch § 839a BGB.[834]

Wöstmann ergänzt, dass der Amtsträger gerade losgelöst von der gerichtlichen Ernennung eine generelle Amtstätigkeit ausübe, sofern die Erstattung eines Gutachtens zu seinem Pflichtenkreis zähle.[835]

II. Zwischenergebnis / Stellungnahme

Die Fälle einer behördlichen Ernennung des Sachverständigen in einem Verwaltungsverfahren sind von den Fällen abzugrenzen, in denen eine Behörde selbst durch ein Gericht als Sachverständiger beauftragt wird.

Eine Haftungsbegründung nach Amtshaftungsgrundsätzen im Falle der Beauftragung einer Behörde scheint ein konsequentes Ergebnis darzustellen.

Die normativen Wertungen des § 839a BGB lassen sich auf eine Behörde oder eine öffentliche Stelle nicht ohne Bedenken übertragen. Insbesondere eine einheitliche Haftung für Vermögensschäden ist bereits über § 839 BGB i. V. m. Art. 34 S. 1 GG als lex specialis gewährleistet. Somit ist eine Anwendung des § 839a BGB nicht erforderlich.

Zudem kann angezweifelt werden, ob eine Begrenzung des Verschuldensmaßstabs zugunsten der Behörde auf Vorsatz und grobe Fahrlässigkeit auch im Falle einer Pflicht der Behörde zur Erstattung eines Gutachtens billig wäre.

---

[834] Ebd., § 839a Rn. 18.

[835] *Staudinger/Wöstmann*, BGB, § 839a Rn. 38.

D. Selbstständiges Beweisverfahren

I. OLG Frankfurt a. M., IV. Zivilsenat, Urteil vom 11. Januar 2017, NJW-RR 2017, 984

Im Rahmen eines selbstständigen Beweisverfahrens wird ein Sachverständiger mit der Begutachtung des Energieverbrauchs eines Hauses beauftragt. Das selbstständige Beweisverfahren wird ohne eine Klageerhebung abgeschlossen. Anschließend macht der Kläger Schadensersatz wegen einer fehlerhaften Gutachtenerstattung geltend.[836]

Das Oberlandesgericht Frankfurt a. M. lehnt mit Urteil vom 11. Januar 2017 eine Ersatzpflicht des gerichtlich berufenen Sachverständigen nach § 839a BGB für den streitgegenständlichen Fall, dass kein Hauptverfahren eröffnet wird, ab.[837]

Dabei stützt das Gericht seine Argumentation auf folgende Erwägungen:

Zum einen erledige sich ein selbstständiges Beweisverfahren nicht durch eine gerichtliche Entscheidung i. S. v. § 839a Abs. 1 BGB. Zum anderen liege keine Einbringung und Verwertung des Gutachtens gem. § 493 Abs. 1 ZPO vor. Daher komme eine unmittelbare Anwendung des § 839a BGB nicht in Betracht. Das Oberlandesgericht Frankfurt a. M. betont, dass lediglich eine das Hauptsachverfahren erledigende gerichtliche Entscheidung i. S. v. § 839a Abs. 1 BGB eine Ersatzpflicht des Gerichtssachverständigen nach § 839a Abs. 1 BGB hätte begründen können.[838]

---

836 *LG Gießen* BeckRS 2016, 115673.
837 *OLG Frankfurt a. M.* NJW-RR 2017, 984, Rn. 11.
838 Ebd.

Zudem scheide eine analoge Anwendung des § 839a BGB aus. In der Gesetzesbegründung sei eine Haftung nur bei einer Verfahrenserledigung durch eine gerichtliche Entscheidung vorgesehen. Fälle anderweitiger Erledigung des gerichtlichen Verfahrens seien in der Gesetzesbegründung zu § 839a BGB hingegen ausdrücklich ausgeschlossen worden. In der Konsequenz begründe sich keine Ersatzpflicht eines Gerichtssachverständigen nach § 839a BGB, sofern sich an ein selbstständiges Beweisverfahren infolge eines unrichtigen Gutachtens kein Streitverfahren anschließe.[839]

Darüber hinaus sei eine Haftung des Gerichtssachverständigen zumindest nach § 839a Abs. 2 i. V. m. § 839 Abs. 3 BGB ausgeschlossen. Der Kläger habe versäumt, einen etwaigen Schaden durch Gebrauch eines Rechtsmittels abzuwenden.[840]

II. Darstellung der im Schrifttum vertretenen Rechtsaufassungen

Huber nimmt eine extensivere Sichtweise ein und befasst sich allgemein mit einer Ersatzpflicht des Sachverständigen bei Verwertung eines unrichtigen Gutachtens in einem Folgeprozess.

Eine Ersatzpflicht des Sachverständigen nach § 839a BGB kann nach *Huber* in Betracht gezogen werden, sofern die Verwertung des Gutachtens in einem weiteren Verfahren abzusehen gewesen und die gleiche Expertise maßgeblich sei. So würde wie bei einem Werkvertrag operiert werden. Hingegen sei eine Haftung, auch mit Blick auf § 411a ZPO, bei differierenden Verfahren ausgeschlossen. Dennoch sieht *Huber* eine Ersatzpflicht des Sachverständigen auch bei korrespondierenden Sachverhalten nicht unproblematisch. So steige etwa das Haftungsrisiko des Sachverständigen, insbesondere für die Fälle, in denen dem Sachverständigen im Folgeprozess nicht die Möglichkeit einer mündlichen Erläuterung des Gutachtens eingeräumt werde. Zudem verzögere sich die Verjährung. Daneben macht *Huber* auf Divergenzen hinsichtlich des Sorgfaltsmaßstabs, der Beweislast, des Beweismaßes und der Kausalität im Einzelfall aufmerksam. Demgegenüber seien die Parteien in einem Folgeprozess haftungsrechtlich nicht schutzlos gestellt. Denn im Falle

839 Ebd., Rn. 12.
840 Ebd., Rn. 13.

einer mündlichen Erläuterung des Gutachtens sei eine Haftung des Sachverständigen nach § 839a BGB eröffnet. Zumindest bleibe es den Parteien unbenommen, die Einholung eines weiteren Gutachtens zu beantragen.[841]

Nach *Schöpflin* setzte der Wortlaut des § 839a BGB nicht voraus, „dass es sich bei den Geschädigten um Beteiligte des Verfahrens handeln muss, in dem das Sachverständigengutachten erhoben worden ist."[842] Dennoch sieht er eine Orientierung an der Haftung eines auf vertraglicher Grundlage tätig werdenden Sachverständigen kritisch.

Insbesondere bestünde für den Sachverständigen ein unberechenbares Haftungsrisiko. Wenn die Parteien einen Antrag auf mündliche oder schriftliche Begutachtung durch den Sachverständigen stellen, wird dieser zum Gutachter des Folgeprozesses, sodass eine Haftung nach § 839a BGB in Betracht komme.[843]

Zimmerling lehnt eine Haftung des Sachverständigen nach § 839a BGB mit dem Argument ab, dass dieser nicht erneut vergütet werde.[844]

Jacobs betont, dass dem Sachverständigen im Falle der Verwertung in einem Folgeprozess die Gelegenheit zur Erläuterung des Gutachtens genommen werde. Es genüge nicht, dass dies lediglich auf Veranlassung der Parteien erfolge. Daher spricht sich *Jacobs* für eine Ergänzung des § 839a BGB aus, die eine Ersatzpflicht im Falle der Verwertung des Gutachtens in einem Folgeprozess ausschließt.[845]

Bleutge merkt eine Urheberrechtsverletzung zulasten des Sachverständigen an, sofern dessen Gutachten in weiteren Verfahren verwertet werde. Eine weitere Vergütung des Sachverständigen komme in Betracht, wenn dieser im Folgeprozess zur Erläuterung des Gutachtens geladen werde.[846]

Bayerlein steht einer Haftungsbegründung ebenfalls ablehnend gegenüber. Dabei knüpft er an die Haftungsvoraussetzung des Erstattens an. Gegen eine Erfüllung dieser spreche neben einer nicht kalkulierbaren Verjährung, dass dem Sachverständigen kein weiterer Vergütungsanspruch zukomme.[847]

---

[841] NK-BGB/*Huber*, § 839a Rn. 27 f.
[842] *Schöpflin*, ZfS 2004, S. 241 (243).
[843] Ebd.
[844] *Zimmerling/Wingler*, in: JurisPK-BGB, § 839a Rn. 26.
[845] *Jacobs*, DS 2006, S. 204 (205 f.).
[846] *Bleutge*, DS 2007, S. 91 (92).
[847] *Bayerlein/Bayerlein*, Praxishandbuch Sachverständigenrecht, § 34 Rn. 16.

Gleichzeitig macht *Bayerlein* ein geringes Haftungsrisiko geltend. So könne ein Gutachten in der Praxis nur in wenigen Fällen verwertet werden, da es einen konkreten Einzelfall betreffe. „Wenn man den Sachverständigen danach gerichtlich nicht befragt, kann in der Regel keine Unrichtigkeit des Gutachtens, geschweige denn ein Verschulden des Sachverständigen an Missdeutungen seines in anderem Zusammenhang erstatteten Gutachtens angenommen werden."[848]

Eine Haftung nach § 839a Abs. 2 i. V. m. § 839 Abs. 3 BGB sei ausgeschlossen, sofern der Geschädigte im Folgeprozess keine mündliche Erläuterung des Gutachtens durch den Sachverständigen beantrage.[849]

Kilian differenziert zunächst ebenfalls nach einer mündlichen Vernehmung des Sachverständigen im Folgeprozess.[850]

In späteren Publikationen befasst sich *Kilian* eingehend mit der Anwendbarkeit des § 839a BGB im Rahmen eines selbstständigen Beweisverfahrens nach den §§ 485 ff. ZPO und betont, dass dieses einen häufigen Anwendungsfall des Sachverständigenbeweises darstelle.

Im Ergebnis befürwortet *Kilian* ein Ersatzpflicht nach § 839a BGB. Eine gerichtliche Entscheidung müsse nicht unmittelbar dem Gutachten in derselben Instanz folgen. Vielmehr genüge es, wenn diese in einem Hauptsacheverfahren ergehe. § 839a Abs. 1 BGB erfasse daher auch gerichtliche Entscheidungen, die ein Gutachten, das in einem selbstständigen Beweisverfahren erstattet worden sei, nach § 493 Abs. 1 ZPO verwerten.[851] Zudem müsse ein Gerichtssachverständiger nicht von dem identischen Gericht oder insbesondere in dem identischen Verfahren bestellt werden, dessen Entscheidung den Schaden verursache. Gem. § 493 Abs. 1 ZPO stehe die selbständige Beweiserhebung einer Beweisaufnahme vor dem Prozessgericht gleich, wenn sich die Partei im Prozess auf die Tatsachen berufe, über die ein selbständiger Beweis erhoben worden sei.[852]

Problematisch sieht *Kilian* hingegen das Vorliegen einer auf einem unrichtigen Gutachten beruhenden gerichtlichen Entscheidung i. S. v. § 839a Abs. 1 BGB, sofern infolge des unrichtigen Gutachtens keine Klage

848 Ebd., § 34 Rn. 17.
849 Ebd., § 34 Rn. 18.
850 *Kilian*, VersR 2003, S. 683 (685).
851 *Kilian*, ZGS 2004, S. 220 (224).
852 Ebd. (221).

erhoben werde. Ein selbstständiges Beweisverfahren werde nicht durch eine gerichtliche Entscheidung abgeschlossen, sondern komme mit dem letzten Akt der Beweisaufnahme zum Abschluss. Dies könne etwa die Protokollierung der Sachverständigenvernehmung sein. Erst im Hauptprozess ergehe regelmäßig eine gerichtliche Entscheidung i. S. v. § 839a Abs. 1 BGB. Dabei werde das Beweisergebnis nach § 493 ZPO verwendet und trage so maßgeblich zur Überzeugungsbildung i. S. v. § 286 Abs. 1 ZPO bei. Anders sei dies bei einem isolierten selbstständigen Beweisverfahren.

Werde der Rechtsstreit in der Hauptsache nicht anhängig, komme es gem. § 494a ZPO lediglich zu einem Kostenbeschluss. *Kilian* weist auch auf die möglichen unmittelbaren Folgen eines in einem selbstständigen Beweisverfahren erstatteten unrichtigen Gutachtens hin. Werde die Hauptsache auf Basis des Gutachtens nicht anhängig, so stellten sowohl die Verfahrenskosten als auch eine Verjährung der materiellen Ansprüche einen konkreten Schaden dar. Die Schadensposten könnten mangels einer gerichtlichen Entscheidung allerdings nicht nach § 839a Abs. 1 BGB geltend gemacht werden. Für diesen Fall komme allenfalls ein Rückgriff auf die allgemeinen deliktischen Vorschriften in Betracht. Eine Erschütterung des Sachverständigenbeweises gem. der §§ 402 und 398 ZPO sowie eine erneute Begutachtung i. S. d. § 412 ZPO hält *Kilian* für wenig erfolgversprechend. Daher müsse ein prognostizierbares klageabweisendes Urteil angestrebt werden, um einen Anspruch aus § 839a BGB aufrechtzuerhalten. Erst hierdurch begründe sich eine Ersatzpflicht des Gerichtssachverständigen in einem Beweissicherungsverfahrens nach § 839a Abs. 1 BGB.[853]

Nach *Sprau* begründet § 839a BGB, unter Verweis auf die Entscheidung der Oberlandesgericht Frankfurt a. M. vom 11. Januar 2017,[854] keine Ersatzpflicht, sofern keine gerichtliche Entscheidung ergehe. In dem Fall sei die Voraussetzung der haftungsausfüllenden Kausalität nicht erfüllt.[855]

Nach *Haag* ist eine Ersatzpflicht nach § 839a BGB grundsätzlich an eine „Pflichtverletzungen im Verfahren der Erhebung von Sachverständigenbeweisen geknüpft."[856] Ein für die Praxis relevanten Fall stelle die

---

[853] Ebd. (224 f.).
[854] *OLG Frankfurt a. M.* NJW-RR 2017, 984.
[855] *Grüneberg/Sprau*, BGB, § 839a Rn. 4.
[856] *Geigel/Haag*, Haftpflichtprozess, Kap. 34 Rn. 4.

urkundenbeweisliche Verwertung eines Sachverständigengutachtens dar. Hier sei eine Ersatzpflicht des Sachverständigen jedoch ausgeschlossen, denn dieser müsse weder eine Verwertung erwarten noch werde er gesondert vergütet. Auf Seiten des Geschädigten führe dies zu keiner Benachteiligung, da dieser die Einholung eines weiteren Gutachtens oder eine mündliche Vernehmung des Sachverständigen beantragen könne.[857]

Auch im Rahmen eines selbständigen Beweisverfahren steht *Haag* einer Ersatzpflicht nach § 839a BGB ablehnend gegenüber, sofern keine Entscheidung des Gerichts in der Sache ergehe. *Haag* verweist dabei ebenfalls auf die Entscheidung des Oberlandesgerichts Frankfurt a. M. vom 11. Januar 2017.[858] Verfolge der Betroffene sein ursprüngliches Klagebegehren infolge des Gutachtens nicht weiter, sei der Schutzbereich des § 839a BGB nicht eröffnet.[859]

Nach *Wagner* gelte § 839a BGB auch im Rahmen eines selbständigen Beweisverfahrens, sofern es zu einer Hauptsache kommt. *Wagner* betont, dass die Beweiserhebung des selbstständigen Beweisverfahrens der Beweisaufnahme des Hauptsachverfahren gleichstehe. Damit seien die Parteien des Folgeprozesses als Verfahrensbeteiligte i. S. v § 839a Abs. 1 BGB zu qualifizieren. Insbesondere handele es sich bei einer Verwertung des Gutachtens nach § 411a ZPO „um einen von § 839a erfassten Sachverständigenbeweis."[860] Im Weiteren relativiert *Wagner* das Haftungsrisiko, da eine Ersatzpflicht auf Vorsatz und grobe Fahrlässigkeit beschränkt sei.[861]

Dem widerspricht *Huber*, denn es könne nicht ausgeschlossen werden, dass der Haftungsmaßstab zukünftig weniger rigoros ausgelegt werde.[862]

Ausschließlich durch *Dörr* wird eine analoge Anwendbarkeit des § 839a BGB auch dann angenommen, wenn das unrichtige Gutachten eine Partei dahingehend beeinflusse, von einer Klagerhebung abzusehen. Er verweist

857 Ebd.
858 *OLG Frankfurt a. M.* NJW-RR 2017, 984.
859 *Geigel/Haag*, Haftpflichtprozess, Kap. 34 Rn. 8.
860 MüKoBGB/*Wagner*, BGB, § 839a Rn. 39.
861 Ebd., § 839a Rn. 8, 39.
862 NK-BGB/*Huber*, § 839a Rn. 28.

in diesem Zusammenhang explizit auf die Parallelen zu einer Klagerücknahme.[863] Eine unmittelbare Anwendung scheide hingegen aus.[864]

III. Zwischenergebnis / Stellungnahme

In der Literatur wird allgemein diskutiert, ob eine Haftungsbegründung, bei Verwertung eines in einem anderen gerichtlichen Verfahren erstatteten Gutachten, nach § 839a BGB in Betracht kommt.

Einen gesonderten Unterfall stellt dabei die Verwertung eines in einem selbstständigem Beweisverfahren erstatteten Gutachtens in einem sich anschließenden gerichtlichen Verfahren dar.

In Anbetracht der durch *Kilian*[865] postulierten hohen praktischen Bedeutung des selbstständigen Beweisverfahrens für den Sachverständigenbeweis ist eine Anwendbarkeit des § 839a BGB von grundlegender Bedeutung.

Der Bundesgerichtshof hat bereits für weitere Fallgruppen, in denen das Verfahren mehrstufig ausgestaltet ist, eine Anwendbarkeit des § 839a BGB angenommen.[866] Das Verfahren, müsse in diesen Konstellationen einheitlich betrachtet werden. Sofern eine Relation zwischen den Verfahren bzw. den Verfahrensabschnitten besteht, ist eine Anwendung des § 839a BGB somit nicht ausgeschlossen. Zwischen einem selbstständigen Beweisverfahren und einem sich anschließenden Hauptverfahren besteht ein enger innerer Zusammenhang. Eine Auslegung der Rechtsprechung des Bundesgerichtshofs spricht damit für eine Anwendung des § 839a BGB.

Damit scheint es auch nicht unangemessen, dass ein Sachverständiger in diesem Fall keine weitere Vergütung beanspruchen kann, soweit die Verwertung bereits auf ein sich anschließendes gerichtliches Verfahren beschränkt wird. In einem Zwangsversteigerungsverfahren sowie in einem Strafverfahren steht dem Sachverständigen ebenfalls lediglich eine einmalige Vergütung zu.

---

863 BeckOGK/*Dörr*, BGB, § 839a Rn. 53.

864 Ebd., § 839a Rn. 44.

865 *Kilian*, ZGS 2004, S. 220 (224).

866 Für ein Zwangsversteigerungsverfahren: *BGHZ* 198, 265; für ein staatsanwaltschaftliches Ermittlungsverfahren: *BGH* NJW 2020, 1592.

Im Mittelpunkt der Kontroverse im Schrifttum steht das vielfach angesprochene Haftungsrisiko:

Das Haftungsrisiko für einen Sachverständigen, der in einem selbstständigen Beweisverfahren berufen wird, ist jedoch überschaubar. Der Sachverständige muss geradezu damit rechnen, dass es zu einem Hauptverfahren kommt und das Gutachten hier verwertet wird. Man kann von einer engen verfahrensrechtlichen Verknüpfung zwischen einem selbständigen Beweisverfahren und einem sich anschließenden gerichtlichen Verfahren sprechen. Mit einer Klagerhebung wird ein fließender Übergang geschaffen. So können das selbstständige Beweisverfahren und das anschließende gerichtliche Verfahren als eine Einheit betrachtet werden.

Damit vermag eine Verwertung für den Sachverständigen in diesem Fall voraussehbar zu sein. Eine Ersatzpflicht führt zu keiner übermäßigen Benachteiligung des Sachverständigen. Letztlich kann es wohl keinen Unterschied machen, ob der Sachverständige in einem selbstständigen Beweisverfahren ernannt wird und das Gutachten anschließend im Hauptsacheverfahren verwertet wird oder der Sachverständig zu Erstattung eines Gutachtens erst in der Hautsache an sich berufen wird.

Daneben lassen sich normative Erwägungen anführen. § 839a BGB wurde mit der Intention integriert, das Risiko zu kompensieren, dass eine unrichtige auf dem Gutachten beruhende gerichtliche Entscheidung rechtskräftig wird und die materiellen Ansprüche infolgedessen nicht mehr realisiert werden können. Hierfür bietet § 839a BGB eine Regressmöglichkeit gegenüber dem Sachverständigen. Diese gesetzgeberische Wertung sollte vollumfänglich berücksichtigt werden. Unerheblich ist daher, ob die gerichtliche Entscheidung auf einem in einem Beweissicherungsverfahren oder in einem Hauptprozess erstatteten Gutachten beruht.

Zudem werden insbesondere auch die Wirkung sowie die Wertung des § 493 Abs. 1 ZPO berücksichtigt. Über § 493 Abs. 1 ZPO kann ein im Beweissicherungsverfahren erstattetes Gutachten in den Hauptprozess integriert werden. Im Prozess der Hauptsache ergeht dann regelmäßig eine gerichtliche Entscheidung i. S. v. § 839a Abs. 1 BGB, die dogmatisch eine Ersatzpflicht begründen kann. § 493 Abs. 1 ZPO dient der Förderung eine prozessökonomischen Verfahrensablauf. Diese gesetzgeberische Intention würde größtenteils konterkariert werden, sofern die Parteien befürchten müssten, einen Regressanspruch zu verlieren. Damit würde voraussichtlich regelmäßig die Einholung eines weiteren Gutachtens beantragt werden. Demgegenüber steht in der Tat ein erhebliches Haftungsrisiko des Sachverständigen. Daher scheint es zumindest in Einzelfällen geboten die Regresspflicht aufrechtzuerhalten.

Ergeht eine gerichtliche Entscheidung in der Hauptsache auf Grundlage eines im einem selbstständigen Beweisverfahren erstatteten Gutachtens, scheint eine Ersatzpflicht nach § 839a BGB gerechtfertigt zu sein.

Diese Auffassung hat auch in der Literatur unter *Kilian*[867] sowie *Wagner*[868] Anklang gefunden.

Entscheidend kommt es nun auf die Frage an, ob § 839a BGB anwendbar ist, sofern in einem selbstständigen Beweisverfahren unter dem Eindruck eines durch einen gerichtlich berufenen Sachverständigen erstatteten unrichtigen Gutachtens von einer Klageerhebung abgesehen wird. Hier scheint ein divergentes Ergebnis angebracht.

Eine unmittelbare Anwendung des § 839a BGB muss mangels einer gerichtlichen Entscheidung in der Tat aus dogmatischen Gründen ausscheiden.

Die hier in Betracht kommende relevante analoge Anwendung wird durch das Oberlandesgericht Frankfurt a. M.[869] unter einem pauschalen Verweis auf die herrschende Auffassung abgelehnt. Dabei wird unter anderem explizit auf die Entscheidung des Bundesgerichtshofs vom 9. März 2006[870] verwiesen.

Es scheint bereits fraglich, ob der Senat hier abschließend zu den Fällen einer anderweitigen Erledigung Position bezieht.

In seiner Entscheidung vom 25. Juni 2020[871] vertritt der Senat indessen, wie bereits festgestellt, teilweise eine diametrale Rechtsauffassung. Diese höchstrichterliche Rechtsprechung findet in der Entscheidung des Oberlandesgerichts Frankfurt a. M. noch keine Berücksichtigung.

Hinsichtlich der aktuellen Rechtsprechung des Bundesgerichtshofs ist zu berücksichtigen, dass sich der erkennende Senat gerade nicht mit der hier evident vergleichbaren Fallgruppe der Klagerücknahme befasst. Da der Senat lediglich Fälle anderweitiger Erledigung des Verfahrens behandelt, bei denen

---

867 *Kilian*, ZGS 2004, S. 220 (224).
868 MüKoBGB/*Wagner*, BGB, § 839a Rn. 39.
869 *OLG Frankfurt a. M.* NJW-RR 2017
870 *BGHZ* 166, 313.
871 *BGHZ* 226, 116.

er § 839a BGB für anwendbar erachtet, kann auch vorliegend die Hypothese aufgestellt werden, dass die Entscheidung des Oberlandesgerichts Frankfurt a. M. mit dem höchstrichterlichen Willen konform geht. Das Oberlandesgericht kommt daher zu einem überzeugenden Ergebnis, wenn auch eine Begründung wünschenswert wäre.

In der Literatur wird diese Fallgruppe deutlich mehr problematisiert.

Zunächst ist festzuhalten, dass es sich bei einem das selbstständige Beweisverfahren abschließenden Kostenbeschluss unter Berücksichtigung der im Rahmen der Fallgruppe der Rechtsmittelrücknahme genannten Erwägungen um keine gerichtliche Entscheidung i. S. v. § 839a Abs. 1 BGB handelt.

Kilian[872] entzieht sich einer konkreten Positionierung. Respektive lässt er offen, ob eine analoge Anwendung des § 839a BGB in Betracht komme, sofern infolge eines in einem selbstständigen Beweisverfahren erstatteten unrichtigen Gutachtens keine Klage in der Hauptsache erhoben wird. Damit liefern die Ausführungen lediglich einen Überblick über den Problemkreis. Ein durch *Kilian* in Erwägung gezogener Rückgriff auf die allgemeinen deliktischen Vorschriften kann kaum überzeugen. § 839a BGB stellt für gerichtlich berufene Sachverständige eine abschließende Sondervorschrift dar, die eine Anwendung der §§ 823 ff. BGB ausschließen soll.

Wird infolge eines unrichtigen Gutachtens keine Klage erhoben, nimmt lediglich *Dörr*[873] ausdrücklich eine analoge Anwendbarkeit des § 839a BGB an.

Eine Analogiebildung kann jedoch letztlich nicht überzeugen.

Sofern in einem selbstständigen Beweisverfahren unter dem Eindruck eines durch einen gerichtlich berufenen Sachverständigen erstatteten unrichtigen Gutachtens keine Klage in der Hauptsache erhoben wird, handelt es sich um einen zu einer Klagerücknahme kohärenten Sachverhalt. Hierbei besteht insbesondere ebenfalls die potentielle Gefahr einer Verjährung der objektiv gegebenen materiell-rechtlichen Ansprüche.

Damit sprechen gegen eine analoge Anwendung die im Rahmen einer Verfahrenserledigung durch eine Klagrücknahme genannten Dogmen, die sich wegen der evidenten Parallelen transferieren lassen.

---

872 *Kilian*, ZGS 2004, S. 220 (224).

873 BeckOGK/*Dörr*, BGB, § 839a Rn. 53.

Die von *Jacobs*[874] angeregte Ergänzung des § 839a BGB scheint nicht zwingend erforderlich. Zunächst vermag eine Pflicht zur ergänzenden Erläuterung des Sachverständigen in einem nachfolgenden gerichtlichen Verfahren nicht unbedingt zu überzeugen. Dies gilt aufgrund der engen zeitlichen und sachlichen Relation insbesondere in einem dem selbstständigen Beweisverfahren folgenden Hauptverfahren.

Sofern dem Sachverständigen keine Möglichkeit zu einer ergänzenden bzw. einer berichtigenden Stellungnahme eingeräumt wird, kommt zudem ein Haftungsausschluss nach § 839a Abs. 2 i V. m. § 839 Abs. 3 BGB in Betracht. Im Interesse der Rechtssicherheit könnte dennoch einer Ergänzung des Tatbestands angedacht werden.

---

874 *Jacobs*, DS 2006, S. 204 (205 f.).

E. Gesamtergebnis

1. Zusammenfassend wird in diesem Abschnitt festgestellt, dass eine persönliche Haftung eines behördlich ernannten Sachverständigen in einem Verwaltungsverfahren nach § 839a BGB analog nicht in Betracht kommt. Eine Haftung richtet sich vielmehr maßgeblich, wie in der Rechtsprechung mehrerer Untergerichte praktiziert, nach Amtshaftungsgrundsätzen.

Dies gilt insbesondere auch für den Fall, dass ein Sachverständiger im Auftrag des Jugendamts in einem Schutzverfahren nach § 8a SGB VIII berufen wird. Zwar lassen sich die höchstrichterlichen Erwägungen der Entscheidungen vom 6. März 2014 sowie vom 24. Oktober 2019 teilweise auf diese Fallgestaltung übertragen. Jedoch wird der Sachverständige dabei, wie das Oberlandesgericht Koblenz in einem Urteil vom 18. März 2016 feststellt, in Ausübung eines ihm anvertrauten öffentlichen Amtes tätig.

Wird eine Behörde in einem gerichtlichen Verfahren als Sachverständiger berufen, bestimmt sich eine Haftung ebenfalls nach § 839 BGB i. V. m. Art. 34 S. 1 GG.

2. Das Oberlandesgericht Frankfurt a. M. sowie die überwiegenden Stimmen im Schrifttum vertreten die Auffassung, dass eine Ersatzpflicht des gerichtlich berufenen Sachverständigen nach § 839a BGB ausgeschlossen ist, sofern auf Grundlage eines in einem selbstständigen Beweisverfahren erstatteten Gutachtens keine Klage erhoben wird.

Etwas anderes muss hingegen gelten, sofern das Gutachten in einem dem selbstständigen Beweisverfahren folgenden gerichtlichen Klageverfahren eine gerichtliche Entscheidung kausal herbeiführt.

Résumé

Die Sachverständigenhaftung ist zu einem integralen Bestandteil des Deliktsrechts mit signifikanter Bedeutung für die Praxis avanciert.

Es lässt sich eine progressive Dynamik der Anwendungsfälle des § 839a BGB konstatieren. Dabei unterliegt die Interpretation der Haftungsvoraussetzungen einem stetigen Prozess. Der originäre Haftungstatbestand konnte durch eine expansive Auslegung an Diversifikation gewinnen.

In der höchstrichterlichen Rechtsprechung, der Rechtsprechung der Untergerichte sowie unter Theoretikern werden die Fallgruppen kontrovers diskutiert. Insbesondere für die vorgestellten Fallgruppen sind zahlreiche Urteile durch den für Ansprüche gegen gerichtlich bestellte Sachverständige nach § 839a BGB zuständigen III. Zivilsenat des Bundesgerichtshofs ergangen.

Die Haftungsvoraussetzungen werden durch den Bundesgerichtshof allgemein bestimmt bzw. konkretisiert. Nach der initialen Einfügung des § 839a BGB lässt sich eine zunehmend weite Auslegung des Haftungstatbestands in der höchstrichterlichen Rechtsprechung konstatieren. In spezifischen Einzelfällen werden die Haftungsvoraussetzungen darüber hinaus modifiziert. Hinzu kommt, dass § 839a BGB kontinuierlich durch eine analoge Anwendung für weitere Fallgruppen herangezogen wird. Dies eröffnet mitunter die unmittelbare oder analoge Anwendung des sonderdeliktischen Haftungstatbestands des § 839a BGB auf umstrittene Sachverhalte. Teilweise erfolgt dies contra legem sowie diametral entgegengesetzt zur Gesetzesbegründung und den daraus abzuleitenden gesetzgeberischen Wertungen.

Unter Theoretikern wird eine etwaige analoge Anwendbarkeit des § 839a BGB zunächst zurückhaltend bewertet. Inzwischen haben sich die Positionen aber teilweise gewandelt, sodass im Schrifttum mitunter eine gegenüber der höchstrichterlichen Rechtsprechung expansivere Anwendung des § 839a BGB erfolgt. Die zunächst sehr vagen, inzwischen konkreteren Positionen in der Literatur tragen maßgeblich zur herrschenden Auffassung bei. Der Konsens nimmt dementsprechend zu.

Durch Eingliederung des § 839a BGB in das System des Deliktsrechts soll eine Vielzahl aufgestellter normativer Prämissen erreicht werden. In der Praxis und im Schrifttum hat sich die Position manifestiert, dass § 839a BGB ein beiderseits interessengerechtes, abgewogenes Haftungskonzept zugrunde liegt.

Der Bundesgerichtshof bringt wiederholt zum Ausdruck, etwa in den Entscheidungen vom 24. Oktober 2019[875] sowie vom 25. Juni 2020,[876] dass eine Haftungsprivilegierung des Prozesssachverständigen sowie eine einheitliche Haftung von Prozesssachverständigen für Vermögensschäden angestrebt wird. Vor diesem Hintergrund ist eine Transferierung auf vergleichbare Fallgestaltungen zwingend geboten.

Teilweise ist die weite Auslegung bzw. analoge Anwendung des § 839a BGB erforderlich, um Rechtsschutzlücken zu schließen.

So wird die essenzielle Bedeutung des § 839a Abs. 1 BGB für die Erlangung materiell-rechtlicher Gerechtigkeit deutlich. Die Analyse sowie die Evaluierung der Fallgruppen und die dabei gezogenen Schlussfolgerungen bieten eine dogmatische Einordnung.

Zusammenfassend werden aus der Arbeit folgende empirische Erkenntnisse gewonnen:

1. Nach gefestigter höchstrichterlichen Rechtsprechung findet § 839a Abs. 1 BGB zugunsten eines Erstehers in einem Zwangsversteigerungsverfahren gegenüber dem Verkehrswertgutachter i. S. v. § 74a Abs. 5 S. 1 ZVG Anwendung.

   Die hier angestellten Erwägungen lassen sich auf eine in einem Strafverfahren durchzuführende online ausgerichtete Versteigerung transferieren.

---

875 *BGH* NJW 2020, 1592.
876 *BGHZ* 226, 116.

2. Bei einer staatsanwaltschaftlichen Ernennung des Sachverständigen in einem Ermittlungsverfahren ist § 839a BGB, wie durch den Bundesgerichtshof judiziert, einer Analogiebildung zugänglich.
   Dieses Ergebnis lässt sich aufgrund der evidenten Kongruenz auf die Ernennung des Sachverständigen durch eine Finanzbehörde in einem von dieser gem. § 386 Abs. 2 AO selbstständig durchzuführenden Ermittlungsverfahren übertragen.
3. Trotz dogmatischer und verfassungsrechtlicher Bedenken, postuliert der Bundesgerichtshof die Analogiefähigkeit des § 839a BGB für die Fälle einer vergleichsweisen Erledigung des Verfahren.
4. Zumindest eine analoge Anwendung des § 839a BGB ist, wie in einem obiter dictum des Bundesgerichtshofs festgestellt, für die Fälle einer Verfahrenserledigung durch ein AV-Urteil sowie einer Rechtsmittelrücknahme, die eine vorinstanzliche auf einem unrichtigen Gutachten beruhende gerichtliche Entscheidung rechtskräftig werden lässt, gerechtfertigt.
   Dies gilt auch bei einer Rücknahme des Rechtsmittels infolge einer weiteren Beweisaufnahme in zweiter Instanz.
5. § 839a BGB gilt nicht für die Fallgruppe der Klagerücknahme und zumindest nicht uneingeschränkt für die Fallgruppe der beiderseitigen Erledigungserklärung.
6. Im Rahmen einer behördlichen Beauftragung in einem Verwaltungsverfahren ist eine persönliche Haftung des Sachverständigen nach § 839a BGB in analoger Anwendung ausgeschlossen. In diesem Fall kommt ein Amtshaftungsanspruch gegen den Rechtsträger der Behörde in Betracht.
   Gleichermaßen haftet explizit auch der Rechtsträger eines Jugendamts, das einen Sachverständigen in einem Schutzverfahren nach § 8a SGB VIII heranzieht.
   Entsprechendes gilt für den Rechtsträger einer Behörde, die selbst als Sachverständiger in einem gerichtlichen Verfahren tätig wird.
7. § 839a BGB findet im Rahmen der Fallgruppe des selbstständigen Beweisverfahrens Anwendung, sofern im Anschluss an das selbstständige Beweisverfahren Klage erhoben und ein unrichtiges Gutachten im Verfahren verwertet wird.

Komplementiert werden diese Resultate der individuellen Fallgruppen durch fallgruppenübergreifende Ergebnisse:

Bestimmte Haftungsvoraussetzungen sind repetitiv Teil des Diskurses und fallgruppenübergreifend von Bedeutung. Besonders prekär sind die

Haftungsvoraussetzungen der gerichtlichen Ernennung in einem gerichtlichen Verfahren sowie der gerichtlichen Entscheidung.

Ergänzend kann auf partielle Diskrepanzen hingewiesen werden, die die Haftungsvorschrift aufweist.

Die Möglichkeit der weiten Interpretation der Vorschrift ist gleichzeitig mit zum Teil unkonkreten Aussagen in der Gesetzesbegründung verbunden. Somit besteht mitunter Rechtsunsicherheit.

Im Zuge dessen lassen sich die Fallgruppen in der Rechtsprechung sowie in der Literatur bislang nicht vollumfänglich in die Dogmatik des § 839a Abs. 1 BGB integrieren. Einzelne Tatbestandsmodalitäten des § 839a Abs. 1 BGB lassen sich nicht umgehen.

Komplementiert werden die Diskrepanzen durch einen Wertungswiderspruch, der in der Gesetzesbegründung offenbar zum Ausdruck kommt.

Die Gesetzesbegründung erscheint teilweise inkonsequent. Leitbild des Gesetzgebers ist, mit § 839a BGB eine einheitliche deliktische Haftung für gerichtliche berufenen Sachverständige zu etablieren. Zusätzlich fließt der Gedanke der Durchsetzung normativer Gerechtigkeit in das Haftungskonzept mit ein. Eine Differenzierung nach der konkreten Art der Erledigung des Verfahrens oder etwa nach einer Berufung in einem Ermittlungsverfahren führt zu keinen sach- und interessengerechten Ergebnissen. Eine streng reglementierte Verkürzung der Regressmöglichkeiten wird diesen Wertungen nicht gerecht.

Zudem scheint der Haftungsmaßstab des § 839a BGB bei Ressourcenschäden wie etwa Leben, körperliche Unversehrtheit und Freiheit bedenklich zu sein. Eine Begründung der Ersatzpflicht für lediglich grobe Fahrlässigkeit scheint hier nicht gerecht. Vielmehr könnte eine Anpassung des Haftungsmaßstabs auf leichte Fahrlässigkeit erwogen werden.

Zur Begrenzung des Haftungsmaßstabs auf Vorsatz und grobe Fahrlässigkeit lassen sich der Gesetzesbegründung folgende Anhaltspunkte entnehmen.

Mit einem Ausschluss der Haftung für leichte Fahrlässigkeit soll die Unabhängigkeit des Sachverständigen gewahrt werden. Ein potentielles Rückgriffrisiko könne unter Umständen die innere Entscheidungsfreiheit des Sachverständigen beeinträchtigen. Zusätzlich wird dem Umstand Rechnung getragen, dass ein gerichtlich berufener Sachverständiger in der Regel zur Gutachtenerstattung verpflichtet ist.[877]

---

[877] BT-Drucks. 14/7752, S. 28.

Ausweislich der Gesetzesbegründung dient § 839a BGB insbesondere als deliktische Sondervorschrift für die einheitliche Geltendmachung von Vermögensschäden.[878] Ein konkreter Bezug auf die Verletzung absoluter Rechte unterbleibt.

Bei den angeführten Individualrechtsgütern kann allerdings kein identischer Maßstab gelten. Dies muss umso mehr gelten, da in der Praxis der Nachweis eines grob fahrlässigen Handelns des Sachverständigen in der Regel grundsätzlich nur schwer zu erbringen ist.

Zudem schließt der endgültige Charakter des § 839a BGB einen Rückgriff auf die allgemeinen deliktischen Vorschriften aus. Ein Ausgleich der genannten Rechtsgüter richtet sich allein nach § 839a BGB. Damit wäre ein Regressanspruch gegen den Sachverständigen trotz elementarer Rechtsgutsverletzungen teils inadäquat konterkariert.

Der Bundesgerichtshof sowie die Stimmen in der Literatur versuchen eine Balance der in Rede stehenden Interessen zu finden. Dies wird in der Tat faktisch überwiegend bewirkt. Für eine Analogiefähigkeit des § 839a BGB scheint es jedoch auch fragwürdig, auf ein so herbeigeführtes interessengerechtes Ergebnis abzustellen. Hier wird die Ebene eines dogmatisch vertretbaren und sachlichen Diskurses verlassen, ohne für eine weitere diskursive Auseinandersetzung offen zu sein. Dabei wird vereinzelt ein dogmatischer Ansatz verfolgt, der nur schwer zu überzeugen vermag. Insbesondere erfolgt dies nicht zuletzt entgegen des Wortlauts des § 839a BGB sowie der gesetzgeberischen Motive. Dennoch sind die gebildeten Fallgruppen partiell nicht abwegig.

Sowohl in der Praxis als auch in der Literatur hat sich eine klare Linie etabliert. Dabei steht ein fortschreitender Integrationsprozess des § 839a BGB im Fokus. Dieser wirkt bis heute fort und fördert eine stetige Realisierung weiterer Fallgruppen.

---

[878] BT-Drucks. 14/7752, S. 28.

Ausblick

§ 839a BGB fungiert als fundamentales Instrument der Prozesssachverständigenhaftung und findet bereits jetzt auf eine Vielzahl rechtlicher Sachverhalte Anwendung. Aus den höchstrichterlichen Entscheidungen als Indikator kann man antizipieren, dass der III. Zivilsenat des Bundesgerichtshofs § 839a BGB zukünftig noch extensiver auslegen wird.

Auch für die Literatur lässt sich eine fortschreitende Ausprägung der Fallgruppen prognostizieren. Voraussichtlich werden sich weitere Stimmen im Schrifttum der Senatsrechtsprechung anschließen.

Die Anwendung des § 839a BGB in der Praxis und die daraus resultierende teilweise noch weitgehendere Anwendung in der Literatur lassen darauf schließen, dass die Fallgruppen inkrementell ausgebaut werden. Grundlage hierfür bildet eine weitere Modifizierung der einzelnen Haftungsvoraussetzungen.

Es lässt sich postulieren, dass die Relevanz des § 839a BGB für die Praxis weiter zunehmen wird. Daher kann festgehalten werden, dass sich das Haftungskonzept des § 839a BGB voraussichtlich als vollumfänglicher Regressanspruch gegen Prozesssachverständige etablieren wird.

Angesichts des abschließenden Charakters des § 839a BGB werden die allgemeinen deliktischen Vorschriften für die Haftungsbegründung von Prozesssachverständigen obsolet.

Als fallgruppenübergreifendes Resultat stellt sich heraus, dass eine expansive Anwendung des § 839a BGB zunehmend sachlich geboten bzw. rechtspolitisch wünschenswert erscheint. Der Gesetzgeber hat bei der Neufassung des § 839a BGB vergleichbare Interessenlagen in anderen Fallkonstellationen nicht vollumfänglich berücksichtigt. Eine intensive Auseinandersetzung mit den entwickelten Fallgruppen lässt klar erkennen, dass ein gesetzgeberisches Handlungserfordernis besteht. Spätestens mit der Entscheidung des Bundesgerichtshofs vom 25. Juni 2020[879] wird ein Reformbedarf der Vorschrift deutlich.

Grundsätzlich können die Untergerichte trotz einer faktischen Bindung an die höchstrichterlichen Entscheidungen divergent vom Bundesgerichtshof judizieren. Insbesondere in Anbetracht der nicht durchwegs widerspruchsfreien Argumentation des Bundesgerichtshofs kann nicht ausgeschlossen werden, dass die Untergerichte von der Rechtsauffassung des Bundesgerichtshofs abweichen. Zudem steht nicht fest, ob der Senat an seiner Rechtsauffassung festhält. Damit besteht das Potential einer inkonsistenten Rechtsprechungslage.

Zu einigen abundanten, relevanten Rechtsfragen liegt bislang keine höchstrichterliche Rechtsprechung vor. Hier sind etwa die Fälle einer behördlichen Ernennung in einem Verwaltungsverfahren zu nennen.

Aufgabe der Gerichte ist es, allgemeine Grundsätze zur Auslegung und Anwendung des Gesetzes herauszuarbeiten, um so die Einheitlichkeit der Rechtsanwendung zu gewährleisten. Darüber hinaus obliegt ihnen die Fortbildung des Rechts. Hier geht es allerdings teilweise um die Definition materiell-rechtlicher Voraussetzungen.

Um die Grenzen richterlicher Rechtsfortbildung nicht zu überschreiten und einer rechtspolitischen Insuffizienz, in der die Bildung der Haftungsvoraussetzung der Rechtsprechung überlassen wird, vorzubeugen, wäre ein Tätigwerden des Gesetzgebers zu begrüßen.

Der Anwendungsbereich der Norm sollte ausdrücklich und abschließend definiert werden, um für die behandelten Fallgruppen Rechtssicherheit zu schaffen.

Die angeführten Diskrepanzen sind nur de lege ferenda überwindbar.

Es wäre opportun, eine novellierte Version des § 839a BGB auf den Weg zu bringen. Durch die in der Rechtsprechung des Bundesgerichtshofs sowie in der Literatur entwickelten Fallgruppen kann die Debatte hinsichtlich potentieller Reformvorschläge inzwischen substantiell geführt werden. Sachdienlich wäre dabei eine Kodifizierung der Rechtsprechungen des Bundesgerichtshofs. Zusätzlich kann erwogen werden, Fallgruppen aufzunehmen,

---

879 *BGHZ* 226, 116.

mit denen sich der Bundesgerichtshof noch nicht befasst hat. Durch den Ausbau und einer Nachjustierung des Haftungstatbestandes des § 839a BGB kann die Haftung von Prozesssachverständigen weiter forciert werden. Ad hoc empfiehlt sich eine Anpassung des Wortlauts für den § 839a Abs. 1 BGB, die dabei eine Ausweitung des Anwendungstatbestands vorsieht. Dies würde die Rechtsicherheit und das Vertrauen der Parteien in eine effektive Rechtspflege stärken.

Literaturverzeichnis

Alff, *Erhard*, Anmerkung zum Urteil des BGH v. 9. März 2006, Rpfleger 2006, S. 551 (zitiert als: *Alff*, Rpfleger 2006, S. 551).

Arndt, *Herbert*, Die Haftung des gerichtlichen Sachverständigen, DRiZ 1973, S. 272–273 (zitiert als: *Arndt*, DRiZ 1973, S. 272).

Arndt, *Herbert*, Kurzbeitrag, DRiZ 1974, S. 185–186 (zitiert als: *Arndt*, DRiZ 1974, S. 185).

Bayerlein, *Walter*, Praxishandbuch Sachverständigenrecht, hrsg. v. *Bleutge, Katharina/Roeßner, Wolfgang*, 6. Auflage, München 2021 (zitiert als: *Bayerlein/Bearbeiter*, Praxishandbuch Sachverständigenrecht).

Beck'scher Online Grosskommentar zum Bürgerlichen Gesetzbuch, hrsg. v. *Gsell, Beate/Krüger, Wolfgang/Lorenz, Stephan* u.a., Stand 1.4.2023, München 2023 (zitiert als: BeckOGK/*Bearbeiter*); Stand 1.2.2022, München 2022 (zitiert als: BeckOGK/*Bearbeiter*, Stand 1.2.2022).

Beck'scher Online Kommentar zur Prozessordnung, hrsg. v. *Vorwerk, Volkert/Wolf, Christian*, Stand: 1.3.2023, München 2023 (zitiert als: BeckOK/*Bearbeiter*).

Berz, *Ulrich/Burmann, Michael*, Handbuch des Straßenverkehrsrechts, hrsg. v. *Burmann, Michael/Heß, Rainer*, Band 1, Zivilrecht, 46. Ergänzungslieferung, München 2022 (zitiert als: *Bearbeiter*, in: *Berz/Burmann*, Handbuch des Straßenverkehrsrechts).

Blankenhorn, *Cornelia*, Die Neuregelung der Haftung des gerichtlichen Sachverständigen durch § 839 a BGB, Regensburg 2005 (zitiert als: *Blankenhorn*, Die Neuregelung der Haftung des gerichtlichen Sachverständigen durch § 839 a BGB).

***Bleutge**, Peter*, Neue rechtliche Regelungen für Sachverständige - Das Zweite Justizmodernisierungsgesetz ist in Kraft getreten, DS 2007, S. 91–94 (zitiert als: *Bleutge*, DS 2007, S. 91).

***Blomeyer**, Jürgen*, Zur zivilrechtlichen Haftung des gerichtlichen Sachverständigen, ZRP 1974, S. 214–221 (zitiert als: *Blomeyer*, ZRP 1974, S. 214).

***Blomeyer**, Jürgen*, Schadensersatzansprüche des im Prozeß Unterlegenen wegen Fehlverhaltens Dritter, in: *Baumgärtel*, *Gottfried* (Hrsg.), Prozeßrechtliche Abhandlungen, Heft 32, Köln 1972 (zitiert als: *Blomeyer*, Schadensersatzansprüche des im Prozeß Unterlegenen wegen Fehlverhaltens Dritter).

***Brückner**, Sascha/Neumann*, *Lorenz*, Die Haftung des Sachverständigen nach neuem Delikts- und Werkvertragsrecht, MDR 2003, S. 906–912 (zitiert als: *Brückner/Neumann*, MDR 2003, S. 906).

***Däubler**, Wolfgang*, Die Reform des Schadensersatzrechts, JuS 2002, S. 625–630 (zitiert als: *Däubler*, JuS 2002, S. 625).

***Damm**, Reinhard*, Die zivilrechtliche Haftung des gerichtlichen Sachverständigen, JuS 1976, S. 359–363 (zitiert als: *Damm*, JuS 1976, S. 359).

***Dreier**, Horst* (Hrsg.), Grundgesetz, Band 2, Art. 20–82, 3. Auflage, Tübingen 2015 (zitiert als: *Dreier/Bearbeiter*).

***Erman**, Walter*, Bürgerliches Gesetzbuch, hrsg. v. *Westermann*, *Harm Peter/ Grunewald*, *Barbara/Maier-Reimer*, *Georg*, 16. Auflage, Köln 2020 (zitiert als: *Erman/Bearbeiter*).

***Finkelmeier**, Max*, Anmerkung zum Urteil des BGH v. 25. Juni 2020, NJW 2020, S. 2471 (zitiert als: *Finkelmeier*, NJW 2020, S. 2471).

***Franzki**, Harald*, Die Reform des Sachverständigenbeweises in Zivilsachen, DRiZ 1976, S. 97–101 (zitiert als: *Franzki*, DRiZ 1976, S. 97).

***Hellmer**, Joachim*, Anmerkung zum Urteil des BGH v. 18. Dezember 1973, NJW 1974, S. 556 (zitiert als: *Hellmer*, NJW 1974, S. 556).

***Heumann**, Friedrich-Wilhelm*, Die Haftung des gerichtlich bestellten Sachverständigen in Familiensachen für fehlerhafte Begutachtungen unter Berücksichtigung des neuen § 839 a BGB, FuR 2002, S. 483–491 (zitiert als: *Heumann*, FuR 2002, S. 483).

Hopt, *Klaus*, Anmerkung zum Urteil des BGH v. 18. Dezember 1973, JZ 1974, S. 548 (zitiert als: *Hopt*, JZ 1974, S. 548).

Grüneberg, *Christian* (Hrsg.), Bürgerliches Gesetzbuch, 82. Auflage, München 2023 (zitiert als: *Grüneberg/Bearbeiter*); 79. Auflage, München 2020 (zitiert als: *Grüneberg* (ehemals: *Palandt*)*/Bearbeiter*, BGB, 79. Auflage).

Geigel, Reinhart, Der Haftpflichtprozess: mit Einschluss des materiellen Haftpflichtrechts, hrsg. v. *Haag*, *Kurt*, 28. Auflage, München 2020 (zitiert als: *Geigel/Bearbeiter*, Haftpflichtprozess).

Itzel, *Peter*, Analoge Anwendung von § 839a BGB auf Sachverständigengutachten in staatsanwaltschaftlichen Ermittlungsverfahren, jurisPR-BGHZivilR 3/2020 Anm. 3 (zitiert als: *Itzel*, jurisPR-BGHZivilR 3/2020 Anm. 3).

Jacobs, *Wolfgang*, Haftung des gerichtlichen Sachverständigen, ZRP 2001, S. 489–493 (zitiert als: *Jacobs*, ZRP 2001, S. 489).

Jacobs, *Wolfgang*, Streitverkündung gegenüber Gerichtssachverständigen wird abgeschafft - Bundesjustizministerium setzt BVS-Gesetzesvorschlag um, DS 2006, S. 204–206 (zitiert als: *Jacobs*, DS 2006, S. 204).

Jauernig, *Othmar*, Bürgerliches Gesetzbuch, hrsg. v. *Stürner*, *Rolf*, 18. Auflage, München 2021 (zitiert als: *Jauernig/Bearbeiter*).

Jankowski, *Klaus*, Das Rechtsverhältnis zwischen den Prozessbeteiligten, dem Gericht und dem gerichtlich bestellten Sachverständigen, NZBau 2006, S. 96–99 (zitiert als: *Jankowski*, NZBau 2006, S. 96).

Juris Praxiskommentar zum Bürgerlichen Gesetzbuch, hrsg. v. *Herberger*, *Maximilian/Martinek*, *Michael/Rüßmann*, *Helmut* u.a., Band 2 - Schuldrecht, 9. Auflage, Saarbrücken 2020 (*Bearbeiter*, in: JurisPK-BGB).

Katzenmeier, *Christian*, Haftung des gerichtlichen Sachverständigen nach neuem Recht – Zweifelsfrage und Streitstände zu § 839 a BGB, in: *Berger*, *Klaus P./Borges*, *Georg/Herrmann*, *Harald* u.a. (Hrsg.), Zivil- und Wirtschaftsrecht im Europäischen und Globalen Kontext (Private an Commercial Law in a European and Global Context) – Festschrift für Norbert Horn zum 70. Geburtstag am 18. August 2006, Berlin 2006, S. 67–81 (zitiert als: FS *Horn/Katzenmeier*, S. 67).

Kilian, *Matthias*, Zweifelsfragen der deliktsrechtlichen Sachverständigenhaftung nach § 839a BGB, ZGS 2004, S. 220–226 (zitiert als: *Kilian*, ZGS 2004, S. 220).

Kilian, *Matthias*, Die Haftung des gerichtlichen Sachverständigen nach § 839 a BGB, VersR 2003, S. 683–688 (zitiert als: *Kilian*, VersR 2003, S. 683).

Leisting, *Wolfgang*, Die Neuregelung der zivilrechtlichen Haftung des gerichtlichen Sachverständigen für ein unrichtiges Gutachten, R & P 2002, S. 224–229 (zitiert als: *Leisting*, R & P 2002, S. 224).

Linz, *Julian*, Haftung des gerichtlichen Sachverständigen nach § 839 a BGB analog wegen eines unrichtigen Gutachtens nach Erledigung durch Vergleich?, DS 2020, S. 271–275 (zitiert als: *Linz*, DS 2020, S. 271).

Münchener Kommentar zum Bürgerlichen Gesetzbuch, hrsg. v. *Säcker, Franz J./Rixecker, Roland/Oetker, Hartmut* u. a., Band 8, 8. Auflage, München 2020 (zitiert: MükoBGB/*Bearbeiter*).

NomosKommentar zum Bürgerlichen Gesetzbuch, hrsg. v. *Dauner-Lieb, Barbara/Langen, Werner*, Band 2,3: Schuldrecht, 4. Auflage, Baden-Baden 2021 (zitiert als: NK-BGB/*Bearbeiter*).

Pieper, *Helmut/Breunung, Leonie/Stahlmann, Günther*, Sachverständige im Zivilprozeß: Theorie, Dogmatik u. Realität des Sachverständigenbeweises, München 1982 (zitiert als: *Bearbeiter*, in: *Pieper/Breunung/Stahlmann*, Sachverständige im Zivilprozeß).

Rasehorn, *Theo*, Zur Haftung für fehlerhafte Sachverständigengutachten, NJW 1974, S. 1172–1174 (zitiert als: *Rasehorn*, NJW 1974, S. 1172).

Schöpflin, *Martin*, Probleme der Haftung des gerichtlichen Sachverständigen nach § 839a BGB, ZfS 2004, S. 241–246 (zitiert als: *Schöpflin*, ZfS 2004, S. 241).

Schwab, *Rouven*, Haftung des gerichtlichen Sachverständigen : zur Auslegung des § 839a BGB, Lohmar 2008 (zitiert als: *Schwab*, Haftung des gerichtlichen Sachverständigen : zur Auslegung des § 839a BGB).

Soergel, *Theodor*, Bürgerliches Gesetzbuch, Band 12: Schuldrecht 10 §§ 823 - 853 BGB, Produkthaftungsgesetz, Umwelthaftungsgesetz, 13. Auflage, Stuttgart 2005 (zitiert: *Soergel/Bearbeiter*).

Staudinger, *Ansgar*, Anmerkung zum Urteil des BGH v. 25. Juni 2020, JR 2021, S. 203 (zitiert als: *Staudinger*, JR 2021, S. 203).

Staudinger, *Julius von*, Staudingers Kommentar zum Bürgerlichen Gesetzbuch, Buch 2, Recht der Schuldverhältnisse, §§ 839, 839a BGB (Amtshaftungsrecht), Berlin 2020 (zitiert als: *Staudinger/Bearbeiter*); Berlin 2013 (zitiert als: *Staudinger/Bearbeiter*, BGB, 2013).

Stöber, *Kurt*, Zwangsversteigerungsgesetz : Kommentar zum ZVG und EGZVG, 23. Auflage, München 2022 (zitiert als: *Stöber/Bearbeiter*).

Thole, *Christoph*, Die Haftung des gerichtlichen Sachverständigen – Haftungsfalle für den Prozessanwalt?, AnwBl 2006, S. 91–94 (zitiert als: *Thole* AnwBl 2006, S. 91).

Thole, *Christoph*, Die Haftung des gerichtlichen Sachverständigen nach § 839a BGB, Köln u. a. 2004 (zitiert als: *Thole*, Die Haftung des gerichtlichen Sachverständigen nach § 839a BGB).

Thora, *Cornelius M.*, Anmerkung zum Urteil des BGH v. 25. Juni 2020, VersR 2020, S. 1324 (zitiert als: *Thora*, VersR 2020, S. 1324).

Tödtmann, *Ulrich/Schwab*, *Rouven*, 10 Jahre Sachverständigenhaftung - Ein Überblick über die Rechtsprechung zu § 839a BGB, DS 2012, S. 302–305 (zitiert als: *Tödtmann/Schwab*, DS 2012, S. 302).

Ulrich, *Jürgen*, Der gerichtliche Sachverständige: Ein Handbuch für die Praxis, 13. Auflage, Köln u.a. 2019 (zitiert als: *Ulrich*, Der gerichtliche Sachverständige).

Volze, *Harald*, Haftung wegen unrichtigen Gutachtens auch nach Vergleich, DS 2020, S. 235 (zitiert als: *Volze*, DS 2020, S. 235).

Wagner, *Gerhard*, Das neue Schadensersatzrecht, Baden-Baden 2002 (zitiert als: *Wagner*, Das neue Schadensersatzrecht).

Wagner, *Gerhard*, Das Zweite Schadensersatzrechtsänderungsgesetz, NJW 2002, S. 2049–2064 (zitiert als: *Wagner*, NJW 2002, S. 2049).

Wagner, *Gerhard/Thole*, *Christoph*, Die Haftung des Wertgutachters gegenüber dem Ersteigerer – Zugleich Anmerkung zu den Urteilen des BGH v. 20. Mai 2003 und v. 6. Februar 2003, VersR 2004, S. 275–279 (zitiert als: *Wagner/Thole*, VersR 2004, S. 275).

Wagner, *Gerhard/Thole*, *Christoph*, Die zivilrechtliche Haftung des gerichtlichen Sachverständigen, FPR 2003, S. 521–525 (zitiert als: *Wagner/Thole*, FPR 2003, S. 521).

Zimmermann, *Peter*, Sachverständigenhaftung für Mangelfolgeschäden einer falsch durchgeführten Begutachtung - Teil IV: Allgemeine

Deliktshaftung, DS 2008, S. 8–11 (zitiert als: *Zimmermann*, DS 2008, S. 8).

Zimmermann, *Peter*, Sachverständigenhaftung für Mangelfolgeschäden einer falsch durchgeführten Begutachtung - Teil III: Die Schadensersatzhaftung des gerichtlich ernannten Sachverständigen nach § 839a BGB, DS 2007, S. 367–371 (zitiert als: *Zimmermann*, DS 2007, S. 367).

Zimmermann, *Peter*, Neuregelung zur Haftung gerichtlich ernannter Sachverständiger für Falschbegutachtung, BuW 2003, S. 154–159 (zitiert als: *Zimmermann*, BuW 2003, S. 154).

Rechtsprechungsregister

Bundesverfassungsgericht

1) BVerfG, I. Senat, Beschluss vom 11. Oktober 1978, 1 BvR 84/74, BVerfGE 49, 304

Höchstrichterliche Rechtsprechung

2) BGH, IV. Zivilsenat, Urteil vom 10. Juli 1952, IV ZR 15/52, BGHZ 6, 398
3) BGH, III. Zivilsenat, Urteil vom 8. Oktober 1953, III ZR 206/51, BGHZ 10, 333
4) BGH, VII. Zivilsenat, Urteil vom 19. November 1964, VII ZR 8/63, BGHZ 42, 313
5) BGH, VI. Zivilsenat, Urteil vom 30. Januar 1968, VI ZR 153/66, NJW 1968, 787
6) BGH, III. Strafsenat, Urteil vom 14. Juli 1971, 3 StR 73/71, BGHSt 24, 170
7) BGH, III. Zivilsenat, Urteil vom 5. Oktober 1972, III ZR 168/70, BGHZ 59, 310
8) BGH, VI. Zivilsenat, Urteil vom 18. Dezember 1973, VI ZR 113/71, BGHZ 62, 54
9) BGH, XII. Zivilsenat, Urteil vom 17. März 1993, XII ZR 256/91, NJW 1993, 1717

10) BGH, III. Zivilsenat, Urteil vom 3. Juni 1993, III ZR 104/92, BGHZ 123, 1

11) BGH, VI. Zivilsenat, Urteil vom 7. Oktober 1997, VI ZR 252/96, NJW 1998,

12) 162BGH, III. Zivilsenat, Urteil vom 9. Oktober 1997, III ZR4/97, BGHZ 137, 11

13) BGH, X. Zivilsenat, Urteil vom 3. März 1998, X ZR 106/96, NJW 1998, 3355

14) BGH, X. Zivilsenat, Urteil vom 14. November 2000, X ZR 203/98, NJW 2001, 514

15) BGH, III. Strafsenat, Beschluss vom 30. März 2001, StB 4, 5/01, BGHSt 46, 349

16) BGH, X. Zivilsenat, Urteil vom 26. Juni 2001, X ZR 231/99, NJW 2001, 3115

17) BGH, III. Zivilsenat, Urteil vom 13. September 2001, III ZR 228/00, NJW-RR 2002, 307

18) BGH, III. Zivilsenat, Urteil vom 6. Februar 2003, III ZR 44/02, NVwZ-RR 2003, 401

19) BGH, VI. Zivilsenat, Urteil vom 20. Mai 2003, VI ZR 312/02, NJW 2003, 2825

20) BGH, V. Zivilsenat, Urteil vom 2. Juli 2004, V ZR 213/03, BGHZ 160, 8

21) BGH, III. Zivilsenat, Beschluss vom 16. September 2004, III ZB 33/04, NJW 2004, 3488

22) BGH, III. Zivilsenat, Urteil vom 9. März 2006, III ZR 143/05, BGHZ 166, 313

23) BGH, III. Zivilsenat, Beschluss vom 28. Juli 2006, III ZB 14/06, NJW-RR 2006, 1454

24) BGH, III. Zivilsenat, Urteil vom 5. Juli 2007, III ZR 240/06, BGHZ 173, 98

25) BGH, V. Zivilsenat, Beschluss vom 19. Juni 2008, V ZB 129/07, NJW-RR 2008, 1741

26) BGH, VI. Zivilsenat, Urteil vom 31. Januar 2012, VI ZR 43/11, BGHZ 192, 261

27) BGH, III. Zivilsenat, Urteil vom 10. Oktober 2013, III ZR 345/12, BGHZ 198, 265
28) BGH, III. Zivilsenat, Urteil vom 6. März 2014, III ZR 320/12, BGHZ 200, 253
29) BGH, X. Zivilsenat, Anerkenntnisurteil vom 6. Mai 2014, X ZR 11/14, NJW-RR 2014, 831
30) BGH, III. Zivilsenat, Beschluss vom 27. Juli 2017, III ZR 440/16, NJW-RR 2017, 1105
31) BGH, III. Zivilsenat, Urteil vom 24. Oktober 2019, III ZR 141/18, NJW 2020, 1592
32) BGH, III. Zivilsenat, Urteil vom 25. Juni 2020, III ZR 119/19, BGHZ 226, 116

Instanzliche Rechtsprechung

33) OLG Schleswig, IV. Zivilsenat, Urteil vom 12. Januar 1994, 4 U 116/92, NJW 1995, 791
34) OLG Celle, IV. Zivilsenat, Beschluss vom 6. Mai 2004, 4 U 30/04, BauR 2004, 1481
35) OLG Koblenz, V. Zivilsenat, Beschluss vom 6. Juni 2005, 5 U 687/05, NVwZ-RR 2006, 262
36) OLG Koblenz, X. Zivilsenat, Urteil vom 14. Juli 2006, 10 U 1685/05, DS 2007, 193
37) OLG Schleswig, XIV. Zivilsenat, Urteil vom 6. Juli 2007, 14 U 61/06, DS 2008, 32
38) OLG Rostock, V. Zivilsenat, Urteil vom 27. Juni 2008, 5 U 50/08, DS 2008, 386
39) OLG Brandenburg, XIII. Zivilsenat, Teilurteil vom 11. November 2009, 13 U 73/07, BeckRS 2009, 86068
40) OLG Köln, II. Zivilsenat, Urteil vom 8. Dezember 2010, 2 U 8/10, BeckRS 2011, 25253
41) OLG Nürnberg, XII. Zivilsenat, Beschluss vom 7. März 2011, 12 W 456/11, NJW-RR 2011, 1216

42) OLG Koblenz, XI. Zivilsenat, Beschluss vom 29. Mai 2012, 11 UF 266/12, NJW 2012, 3108

43) OLG Frankfurt a. M., III. Zivilsenat, Urteil vom 10. Oktober 2012, 3 U 56/07, BeckRS 2013, 18847

44) OLG Zweibrücken, VIII. Zivilsenat, Urteil vom 10. Dezember 2013, 8 U 84/11, BeckRS 2015, 16524

45) OLG Hamm, IX. Zivilsenat, Hinweisbeschluss vom 14. Januar 2014, I-9 U 231/13, DS 2014, 157

46) OLG Koblenz, V. Zivilsenat, Beschluss vom 3. März 2015, 5 U 2/15, BeckRS 2015, 16409

47) OLG Koblenz, I. Zivilsenat, Urteil vom 18. März 2016, 1 U 832/15, NJW-RR 2016, 796

48) OLG Frankfurt a. M., IV. Zivilsenat, Urteil vom 11. Januar 2017, 4 U 38/16, NJW-RR 2017, 984

49) OLG Brandenburg, VII. Zivilsenat, Urteil vom 7. März 2018, 7 U 87/16, BeckRS 2018, 9692

50) OLG Köln, V. Zivilsenat, Hinweisbeschluss vom 14. Juni 2018, 5 U 200/17, BeckRS 2017, 151407

51) OLG Köln, V. Zivilsenat, Beschluss vom 20. Juli 2018, 5 U 200/17, BeckRS 2018, 21459

52) OLG München, I. Zivilsenat, Urteil vom 25. Juli 2019, 1 U 4460/18, BeckRS 2019, 45782

53) OLG Hamm, VII. Zivilsenat, Urteil vom 24. Januar 2020, 7 U 59/18, BeckRS 2020, 29529

54) OLG Brandenburg, II. Zivilsenat, Urteil vom 23. Juni 2020, 2 U 46/19, BeckRS 2020, 17114

55) LG Gießen, V. Zivilkammer, Urteil vom 25.01.2016, 5 O 97/15, BeckRS 2016, 115673

56) LG Hagen, II. Zivilkammer, Urteil vom 20. Juni 2018, 2 O 331/17, BeckRS 2018, 19575

57) LG München I, XV. Zivilkammer, Urteil vom 7. November 2018, 15 O 182/18, BeckRS 2018, 53046

58) LG Freiburg, I. Zivilkammer, Urteil vom 25. Januar 2019, 1 O 100/17, DAR 2019, 521

Abkürzungsverzeichnis

a. F.	alte Fassung
Abs.	Absatz
AGKJHG	Gesetz zur Ausführung des Kinder- und Jugendhilfegesetzes
Alt.	Alternative
Anm.	Anmerkung
AO	Abgabenordnung
Art.	Artikel
AV-Urteil	Anerkenntnis- und Verzichtsurteil
BGB	Bürgerliches Gesetzbuch
BGBl.	Bundesgesetzblatt
BGH	Bundesgerichtshof
BnotO	Bundesnotarordnung
BRAO	Bundesrechtsanwaltsordnung
BWGPAG	Gesetz über die Gemeindeprüfungsanstalt des Landes Baden-Württemberg
Bzw.	Beziehungsweise
EGBGB	Einführungsgesetz zum Bürgerlichen Gesetzbuche
EGZPO	Einführungsgesetz zur Zivilprozessordnung
f./ff.	Folgender/Folgende
FamFG	Gesetz über das Verfahren in Familiensachen und in den Angelegenheiten der freiwilligen Gerichtsbarkeit
FGO	Finanzgerichtsordnung

Gem.	Gemäß
GG	Grundgesetz für die Bundesrepublik Deutschland
GrdstVG	Grundstückverkehrsgesetz
GV	Gerichtsvollzieher
GVG	Gerichtsverfassungsgesetz
Hs.	Halbsatz
i. S. d.	im Sinne des
i. S. e.	im Sinne eines
i. S. v.	im Sinne von
i. V. m.	in Verbindung mit
JVEG	Gesetz über die Vergütung von Sachverständigen, Dolmetscherinnen, Dolmetschern, Übersetzerinnen und Übersetzern sowie die Entschädigung von ehrenamtlichen Richterinnen, ehrenamtlichen Richtern, Zeuginnen, Zeugen und Dritten
KostO	Kostenordnung
LG	Landgericht
m. w. N.	mit weiteren Nachweisen
Nr.	Nummer
OLG	Oberlandesgericht
RhPfLVerf	Die Verfassung für Rheinland-Pfalz
Rn.	Randnummer
RPflG	Rechtspflegergesetz
S.	Satz
SchlHPsychKG	Psychisch-Kranken-Gesetz des Landes Schleswig-Holstein
SGB VIII	Sozialgesetzbuchs – Achtes Buch
SGG	Sozialgerichtsgesetz
Sog.	Sogenannt
StGB	Strafgesetzbuch
StPO	Strafprozessordnung
StrEG	Gesetz über die Entschädigung für Strafverfolgungsmaßnahmen
Vgl.	Vergleiche
VwGO	Verwaltungsgerichtsordnung

VwVfG	Verwaltungsverfahrensgesetz
ZPO	Zivilprozessordnung
ZSEG	Gesetz über die Entschädigung von Zeugen und Sachverständigen
ZVG	Gesetz über die Zwangsversteigerung und die Zwangsverwaltung